财富浪潮
美国商业200年

陈润 / 著

中华工商联合出版社

图书在版编目（CIP）数据

财富浪潮：美国商业200年/陈润著. --北京：
中华工商联合出版社，2017.2

（全球商业史）

ISBN 978-7-5158-1890-0

Ⅰ.①财… Ⅱ.①陈… Ⅲ.①商业史—美国 Ⅳ.①F737.129

中国版本图书馆CIP数据核字（2016）第321714号

财富浪潮：美国商业200年

作　　者：陈　润
出 品 人：徐　潜
策划编辑：李红霞
责任编辑：李红霞
封面设计：周　琼
责任审读：郭敬梅
责任印制：迈致红
出版发行：中华工商联合出版社有限责任公司
印　　刷：廊坊市印艺阁数字科技有限公司
版　　次：2017年5月第1版
印　　次：2022年6月第2次印刷
开　　本：710mm×1000mm　1/16
字　　数：241千字
印　　张：19.5
书　　号：ISBN 978-7-5158-1890-0
定　　价：62.00元

服务热线：010-58301130
销售热线：010-58302813
地址邮编：北京市西城区西环广场A座
19-20层，100044
http：//www.chgslcbs.cn
E—mail：cicap1202@sina.com（营销中心）
E—mail：gslzbs@sina.com（总编室）

“全球商业史”总序：世界历史就是一部全球商业史

一

全球商业史的起源可以追溯到公元前3000年，美索不达米亚人遵循商业约定，苏美尔人在幼发拉底河和底格里斯河做生意的过程中建立起契约精神，连当时的亚述人都遵从合约。腓尼基人和雅典人带着这类商业机制漂洋过海，推动地中海沿岸商人信守契约。不过，公司的发明却属于罗马人，他们还想出部分公司法的原始概念，整合家族资源以合伙方式建立公司，聘用专业人士管理决策。

罗马帝国衰亡后，商业中心转往东方。在此后数百年间，商业史的演进与海权争霸、大国崛起的路径密不可分。哥伦布、麦哲伦、达·伽玛等航海家相继发现新大陆的背后，是东印度公司、莫斯科公司、哈德逊海湾公司、非洲公司、维吉尼亚公司、马萨诸塞公司等商业机构与政府联手掘取财富的雄心，政治家大国崛起和商人富可敌国的梦想高度一致，并同步实现。由此，葡萄牙、西班牙、荷兰、英国、法国、德国、美国、日本通过海战称霸和殖民统治迈入强国之列。

16世纪之后，葡萄牙和西班牙以航海冒险野蛮掠夺率先崛起。信用体系和市场经济健全的荷兰后来居上。法国靠霸道和优雅独领风骚，时尚风潮席卷全球。英国借工业革命和科技创新傲视群雄两个世纪。美国诞生于殖民掠夺之中，却在 1776 年建国后的两百多年引领全球商业发展。日本称雄的起点是 1853 年因“黑船事件”被迫开国，由此走上“脱亚入欧”和富民强国之路。统一的德意志帝国直到 1871 年才建立，先后两次挑起世界大战，每次都因失败衰落却又迅速复兴，“工业精神”是长盛不衰的基因。

从这个意义来说，世界历史就是一部全球商业史。

纵观当今时势，全球商业引擎还是美国。IBM 和惠普的崛起意味着计算机时代到来，此后的互联网浪潮则催生出一批财富新贵，美国人始终以科技创新和商业变革掌控全球经济走向和财富命脉。与此同时，在 20 世纪 80 年代，有“亚洲四小龙”之称的韩国、新加坡、中国台湾、中国香港的经济腾飞震惊全球，中国以改革开放厚积薄发，并与巴西、俄罗斯、印度等新经济体一起飞速增长。这时候，大量跨国企业诞生，经济全球化和互联网化打破时间和空间界限，万象更新。

共享与多赢成为新时代的商业主流，跨界融合不断增强，爆炸式增长成为常态，大公司以多元化和国际化做大做强的传统路径被颠覆，新型企业以并购换时间，以扩张换空间，其诞生十年的规模和市值往往能超过老牌公司百年的积累，行业巨头轰然坍塌的悲剧与日俱增，王者更替的频率越来越快，许多百年企业盛极而衰，亡也忽焉。

尽管商业思维和经营规则正发生急剧变化，但将视野放大到全球格局与千年长河，有些规律始终未变，比如契约精神、信用体系、创新观念、商业逻辑、管理思想等。商业史如悠悠长河，波涛滚滚向前，时代变局与技术革命不断孕育新的繁荣，也泯灭昔日荣光，兴勃衰亡的故事每日上演。

二

全球商业史是一部大公司发展史，也是一部顶级企业家的创业史、成长史。

观察全球千亿美元市值公司的创业、变革史是研究全球商业史的重要方法之一。实际上，这套"全球商业史"系列图书中所讲述的诸多公司及其创始人，都在这全球千亿美元市值企业的研究范围之内。

1366 年，一家名叫邓翁的私人啤酒作坊在比利时鲁汶市创办。这一年，意大利的乔凡尼·德·美第奇年仅 6 岁，31 年后美第奇银行横空出世；欧洲最古老的私人公司斯道拉恩索获得瑞典皇家特许权已 19 年，特权带来的垄断资源令人艳羡。

在那个年头，包括邓翁啤酒、美第奇、斯道拉恩索在内，全球商业的主流是专卖权和特许经营，市值最大的公司都依附于统治权力之下，只是命运各有不同。邓翁啤酒在此后 600 多年间不断并购、重组、扩张，逐渐发展成拥有 300 多个品牌、成千上万家酒厂的百威英博公司，2014 年以 1 789 亿美元成为全球千亿美元市值企业中历史最久远的一家。

在此期间，1668 年诞生的默克公司至今基业长青，弗雷德里克·雅各布·默克收购德国法兰克福南 40 公里达姆施塔特的"天使药房"是这家企业的开端，后来由制药到化工，历三四百年风雨，市值 1 696 亿美元。

1781 年，第一家纯由美国人创办的公司北美银行诞生，3 年后，美国银行的前身马萨诸塞州银行创立，到 2014 年已创下 1 625 亿美元市值。不过，当时最热门的还不是银行业，到 1800 年全美境内 335 家商业公司中，从事运河及收费桥梁、公路的运输公司最多，银行业次之，制造与贸易仅占4%。

此后，自1800年至2016年的两百多年里，全球大企业的发展变迁史一共经历过六次大的浪潮。

第一次浪潮出现在1847—1852年。1847年，维尔纳·冯·西门子和机械师约翰·乔治·哈尔斯克共同创造西门子公司的前身西门子·哈尔斯克电报机制造公司，生产由西门子本人设计的指针式发报机。同一年，菲利普·莫里斯在伦敦邦德街开办一家出售烟草和卷烟的烟草店，经过半个多世纪的流转，1919年被美国股东收购，5年后万宝路诞生。1849年，查尔斯·辉瑞向父亲借2 500美元，与表哥查尔斯·厄哈特在纽约曼哈顿一座红砖小楼里建立查尔斯·辉瑞公司，生产碘酒制剂、柠檬酸及驱虫塔糖等。三年之后，亨利·威尔斯及威廉姆·法高在加利福尼亚州旧金山创办威尔斯法高银行（富国银行），从事速递服务和银行业务。

英国第一次工业革命从18世纪60年代开始，到19世纪40年代基本完成，但菲利普·莫里斯公司的诞生与此并无关联，倒是能侧面反映鸦片战争的时代因由。西门子诞生时，法拉第提出发电机理论基础已有16年，尽管以电力广泛运用为标志的第二次工业革命尚未到来，但德国正处在技术革新和发明狂热的社会变革期。包括默克公司在内的全球最早的制药领先企业都诞生于莱茵河流域，辉瑞两位创始人生于德国，19世纪40年代初期到美国发展，制药技术和商品化能力都是优势。富国银行成立于美国淘金热时期，安全可靠的运送和方便快捷的汇兑是发迹重要原因。总体而言，四家巨头在五年内密集诞生，并没有明显的共同特征和因由。

第二次浪潮出现在1882—1886年。1882年，石油大王洛克菲勒通过多年兼并与收购建立标准石油公司，这是美国乃至全球首家现代托拉斯企业，埃克森美孚公司即脱胎于此。第二年，哥德利布·戴姆勒创办戴姆勒公司，1886 年他将发动机安装在四轮马车上获得成功，世界上第一辆四轮汽车因此诞生。1885 年 12 月，美国亚特兰大的药剂师约翰·彭伯顿与三个合伙人成立彭伯顿化学公司，四人享有均等股份，这就是后来的可口可乐公司。1886 年，担任过战地医疗工作的罗伯特·伍德·强生将军与两个弟弟一起，在美国新泽西州的新布鲁斯威克创建强生公司，生产无菌外科敷料。

这段时期正是美国的“镀金时代”（1877 年到 1893 年）。南北战争之后，钢铁、铁路、石油等行业都得到井喷式的发展，洛克菲勒的财富狂飙就受益于此。英国医生约瑟夫·李斯特在南北战争时发现手术室内通过空气传播的细菌，这正是罗伯特·伍德·强生创业的理论基础。可口可乐源于古柯葡萄酒，19 世纪中期美国开始约束酗酒，彭伯顿为避开禁酒令的限制而改良成糖浆饮料上市销售。戴姆勒是四家公司中唯一的非美国企业，1867 年，德国工程师奥托制造出往复活塞式四冲程内燃机，十年后他宣布放弃四冲程内燃机专利，这是戴姆勒诞生的重要契机和德国汽车工业腾飞的历史性事件。

第三次浪潮出现在 1909—1912 年。1909 年，威廉·诺克斯·达西建立英国波斯石油公司，这就是英国石油公司的前身。1911 年，华尔街金融家弗林特投资霍列瑞斯的 CTR 公司，3 年后托马斯·约翰·沃森加入，十年后更名为国际商业机器公司（IBM）。1912 年，中国银行与联邦银行这两大金融机构分别在中国和澳大利亚成立，前者是中华民国成立后的改组产物，后者成立后 50 年间也曾担负中央银行的职能。

与前三次浪潮明显不同，从第四次浪潮开始，千亿美元市值企业每次集中出现都具有明显的行业、国家特征，我们可以据此捕捉到历次浪潮带来的变革与机遇。

第四次浪潮出现在 1975—1978 年。1975 年，比尔·盖茨与保罗·艾伦在华盛顿州的雷德蒙德市创办微软。第二年愚人节那天，史蒂夫·乔布斯与史蒂夫·沃兹尼亚克、龙·韦恩一起创办苹果电脑公司。又一年，拉里·埃里森与鲍勃·迈纳、爱德华·奥茨在硅谷创办软件开发实验室（甲骨文公司前身）。美国连续三年诞生三家全球顶级高科技公司，与以电子计算机发展为代表的"第三次工业革命"（信息革命）密不可分，而1971年纳斯达克资本市场问世也起到推波助澜的作用。另外，Visa与家得宝分别创办于1976年、1978年，二者所处的金融与零售、快消依然是美国的创业热土。值得注意的是，这五家企业都诞生于美国，从某种程度上意味着商业史已悄然进入美国称霸的时代。

第五次浪潮接踵而至，出现在1984—1987年，与第四次浪潮之间没有年代分际。1984年，中国工商银行成立，承担起原中国人民银行的工商信贷和储蓄业务。同一年，在大洋彼岸的美国，斯坦福大学的昂纳德·波萨克和桑德拉·勒纳夫妇创办思科系统公司。第二年7月，52岁的艾文·马克·雅各布与安德鲁·维特比等6位朋友创办高通，在无线通信领域独步天下。1987年，吉利德科学公司在加利福尼亚州诞生，从事药品开发和销售。同年，美国德州仪器公司的三号人物张忠谋回到台湾，在新竹科学园区创办台湾积体电路制造公司（台积电）。

五家企业有三家是通信、半导体所在的高科技领域，而且分属于美国和中国（包括台湾地区）。1984年后来被称为"中国公司元年"，联想、海尔、万科等一大批大公司都在这一年成立，而美国的思科、戴尔、高通等也诞生于1984年，这似乎预示着中国已赶上全球商业潮流，而且在下一次浪潮到来时会有更大的爆发。

第六次浪潮出现在1998—2000年，这是时间离今天最近、千亿美元市值公司出现最多的一次，两年间有8家公司密集问世。1998年底，腾讯与阿里巴巴先后诞生，中国互联网领域的两大巨头自此笑傲江湖，两个月之前，拉里·佩奇和谢尔盖·布林租用朋友的车库创办谷歌。1999年、2000年，中国石油与中国移动相继成立，这两家巨型央企都是中国国企改制的时代产物，为2001年中国加入WTO提前布局。1999年，德国的赫司特与法国的罗纳普朗克合并成立赛诺菲-安万特公司。第二年，另一家生物医药公司葛兰素史克因葛兰素威康与史克合并而成。同一年，美国的贝尔大西洋公司与GTE合并成立威瑞森。

这8家公司，中国企业占据半壁江山，互联网企业又二分其一。美国企业有两家，分别为互联网、通信行业。英法两国各占一家，都是生物医药公司。以此观之，那几年在全球范围流行的"中国崛起"的说法并非毫无根据，敏锐的商业观察家已经洞悉未来世界格局。从商业趋势来看，并购已成为企业做强做大的重要途径，全球化时代已经到来。

六次浪潮已基本描绘出近几百年间全球商业史的流变曲线，将时代变革、商业趋势和国家实力的沉浮起落速写呈现。不过，浪潮之外，如果将全球大企业发展史与更多权威排行榜数据相联系、对比，还会有更隐秘的商业逻辑浮出水面。

三

纵观2014年全球69家千亿美元市值企业，美国以34家独霸榜首，中国以9家位居次席，英、德两国各占5家，瑞士3家，荷兰、法国、澳大利亚各两家，日本、韩国、印度、比利时、丹麦、西班牙、巴西各有一家企业入选。

在全球69家千亿美元市值企业中，诞生于19世纪之前的仅有百威英博、默克、美国银行三家，数百年长盛不衰的秘密与所处行业有莫大关系，这三者所在的零售快消和生物医药以及金融至今仍是热门领域。

在千亿美元市值公司榜单中，金融和生物医药、能源矿业、零售快消分别以 14 家、10 家、10 家、8 家位居前四位行业。这种惊人的一致绝非巧合，背后蕴含的商业法则和经济规律值得探究。

以千亿美元市值企业数量与国家经济发展水平关联度来看，虽然不是严格对应，但基本相符。根据国际货币基金组织 2014 年 4 月 8 日公布的 2013 年世界各国 GDP 排名显示，位列前十位的分别为美国、中国、日本、德国、法国、英国、巴西、俄罗斯、意大利和印度。千亿市值企业数量与 GDP 排名前四位有三个相同，美国、中国、德国，这说明只有经济强国才能造就高市值公司，反之亦然。不过，日本与英国的这两项数据形成较大反差，也说明大量非高市值企业也可以成就经济强国，但市场经济一定发达。俄罗斯、意大利 GDP 高却无千亿市值企业，而瑞士、荷兰、澳大利亚、韩国等却相反，这与国土面积、人口基数等有直接关系，大国小企和小国大企的现象还将长期存在。

世界 500 强企业是千亿美元市值企业的摇篮，两者之间的对比或许更能反映各国的经济结构和企业实力。2014 年 7 月 7 日《财富》世界 500 强排行榜发布，美国有 128 家企业上榜，中国 100 家，其后分别为日本 57 家、法国 31 家、德国 28 家、英国 27 家、韩国 17 家、瑞士 13 家、荷兰 12 家。这项排名与世界 GDP 排名更吻合，前六位基本一致，只是德国与法国互换位置。与千亿美元市值企业榜单对照，更能体现日本、法国、韩国的世界 500 强企业多而千亿市值企业少，说明这些国家很多行业的市场集中度不高，而瑞士、荷兰更均衡。

从千亿美元市值企业榜单、世界 GDP 排行以及世界 500 强排行三项数据对比分析，不难发现经济发展水平越高、世界 500 强越多的国家千亿美元市值企业越多，同样，没有哪个国家企业发展水平低、市值规模小而经济发达，三者之间是互相促进、发展的因果联系。

从行业分布来看，全球69家千亿美元市值企业中，金融以14家位居第一，能源矿业与生物医药各以10家并列第二，其后是零售快消8家，互联网、通信各5家，多元制造、汽车各3家，消费电子、软件服务、半导体、传媒、烟草各2家，化工1家。将这组数据结合时代变迁来看，在过去六七百年间，金融、能源矿业、生物医药、零售快消四大领域长盛不衰，因为流动性、同质性高，容易形成寡头地位，形成高溢价。互联网、通信两大新兴产业因后来居上，汽车等制造业有所下滑，传媒、烟草、化工等传统产业已今非昔比。

2014年世界500强榜单也印证了这一点，以银行为代表的金融业55家，炼油企业40家，车辆与零部件33家，其后分别是采矿、原油生产、食品店和杂货店以及人寿与健康保险、电信等，半导体、软件等行业位居末席。虽然行业划分标准略有不同，但金融、能源矿业、零售快消、生物医药依然是强势行业。因此，世界500强与千亿美元市值公司的主要行业没有太大变化。

与GDP排名和世界500强排行榜一样，千亿美元市值企业发展史也是商业潮流和经济趋势、投资方向的晴雨表、风向标，真实反映国家经济实力和产业分布格局。如果延伸到更长远的历史跨度去考量，这就是一张近代全球商业史最珍贵的底片。

同样，以史为鉴，思辨得失，总结规律，这正是“全球商业史”系列图书的首要意义和价值所在。

陈　润

2017年1月18日凌晨于北京

序　言
美国商业史就是一部财富变迁史

财富的起源可以追溯到原始人互相交换物品，但财富大规模产生和积累是在公司诞生之后。如今，公司每年创造全球90%以上的生产总值。

公司的诞生源于冒险者对财富的巨大欲望。1600年的最后一天，女王伊丽莎白一世授权英国东印度公司垄断好望角以东各国贸易权，两年后荷兰东印度公司成立。

1606年，弗吉尼亚公司获得英王詹姆士一世授予的北美洲土地，组织144名移民分三艘商船前往美洲，开疆辟土。1620年9月，100人搭乘“五月花”号轮船开往美国，定居普利茅斯。这些冒险者既是股东，也是美国最早的企业家和经营者，他们从事农耕、捕鱼、伐木、种植烟草和毛皮贸易，到1775年独立战争爆发前，殖民地人均财富水平已超过宗主国，占总人口10%的白人富商和地主拥有社会65%的财富。从这个角度说，美国史也是一部大公司史，一部财富变迁史。

商业和贸易的发展催生航运业发达，因此最早的美国富豪是水手出身的康内留斯·范德比尔特就不足为怪了。蒸汽机发明之后，动力轮船的水上竞争转移到铁路领域，范德比尔特又成为“铁路大王”，与另一位富豪安德鲁·卡内基竞争。铁路延伸需要钢材，钢铁工业开始热火朝天，“钢铁大王”卡内基成为亿万富豪顺理成章，而石油的发现和开采则造就

“石油大王”约翰·洛克菲勒的财富。石油与钢铁成为汽车工业的两大引擎，亨利·福特T型车的流水线推动20世纪初的工业变革和管理革命，财富盛宴进入“汽车时代”。19世纪初到20世纪初的美国财富跟随交通格局和运输工具的变化而流动，整个国家的地理版图、贸易体系和生活方式也悄然转变。

冒险家和资本家紧紧拥抱，共同掀起创业和投资的财富浪潮，金融巨头约翰·皮尔庞特·摩根力挽狂澜，在大萧条和经济危机中投放源源不断的现金提振信心。IBM和惠普的崛起则意味着计算机时代的到来，比尔·盖茨、迈克尔·戴尔、拉里·埃里森等富豪皆出于此，盖茨是2016年福布斯富豪榜的美国首富，他已傲居该榜榜首20多年。互联网浪潮则催生出一批财富新贵，谢尔盖·布林、杰夫·贝佐斯、马克·扎克伯格等潜力巨大。投资领域的富豪依旧耀眼，沃伦·巴菲特、乔治·索罗斯点石成金的神奇令世人追慕。传统行业仅零售不倒，山姆·沃尔顿的后代长期稳居美国富豪榜前列。

美国200年的财富变迁遵循从农业、工业到服务业演进的规律，财富增长与经济发展、公司进化的逻辑完全吻合。富豪的财富挡不住时代洪流的冲击和涤荡，老牌大亨终将退出，富过三代的家族都是顺势而为的识时务者。2016年美国富豪前三大行业是零售、投资、科技。制造业的超级富豪并不多，尽管美国制造水平全球领先，但所用产品进口居多。

2016年全球富豪最多的国家依然是美国，前十大富豪中有7位美国人。一年前，全球十大富豪中美国人也有7位。首富仍然是比尔·盖茨，沃伦·巴菲特、拉里·埃里森、科赫兄弟及山姆·沃尔顿家族成员紧随其后，位居前十。另外，美国富豪数量、世界500强公司数量、GDP排名均为世界第一。

从卡内基、洛克菲勒到盖茨、巴菲特，美国超级富豪多是大慈善家，如果临终前还非常有钱对他们而言是一种耻辱。从本质上来说，所有的富豪都是财富管理者而非拥有者，只有让财富流动起来，创造更多的财富，才是财富的真义，也是富豪的价值所在。

而慈善，无疑是回归财富本义。

目 录

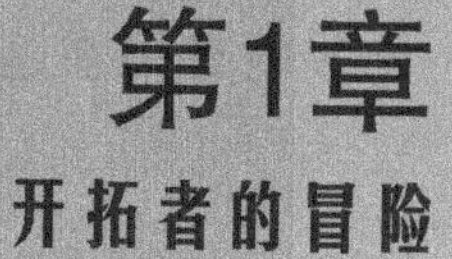

第1章

开拓者的冒险

1506 年，行将就木的哥伦布到最后也没能料到，他发现的“亚洲”大陆不仅和富饶的中国毫无瓜葛，就连现代文明也没有丝毫迹象，那里只有原始的土著和封存的自然资源。16 世纪初正处在美国殖民时代初期，直接的经济掠夺往往要比荒原上的开拓更具诱惑，以至于这片神奇的大陆被冷落了一个世纪之久。

然而，一个世纪足以发生太多改变，西班牙在南美洲发现的大量黄金让整个欧洲为之沸腾，美洲成为无数人向往的财富宝地。身材高大的英国人嗅到北美的金子味，他们立即行动，1606 年，英属弗吉尼亚公司诞生，第二年，他们就派出三条帆船开启殖民北美的冒险之旅。

1607 年 4 月，在狂风巨浪中牺牲了 39 人之后，105 个淘金者终于踏上北美的土地，建立起第一块殖民地——詹姆斯敦。由于他们的贪婪，印第安人从一开始便对其深恶痛绝。殖民者不得不安营扎寨，建立起防御工事，以预防来自印第安人的攻击。这群蓝眼睛白皮肤的文明人对这些挫折备感愤怒，他们既咒骂这片土地，又不遗余力地四处探寻矿产、宝藏，和印第安人的冲突也从未间断过。对金矿的狂热追求遮住了理智的双眼，甚至忽略了基本的生存问题。几个月后，报应终于降临到他们头上，不仅因为冬天的寒风刺骨，更因为他们从不耕种导致的饥荒。补给品的匮乏和毫无收成的土地让一半多的移民在这个冬天失去了生命，直到冬天结束，剩余不到40人。

对现实的恐惧几乎让所有人都感到绝望，一直寻找的金矿仍然没有任何踪迹。此时，军人出身的约翰·史密斯站了出来，成为殖民地的领导者，并开启一系列改革。首先，他要求殖民地的人们必须劳动，实行军事化管理，他根据《圣经》里的话"不劳动者不得食"来约束移民。其次，他请求伦敦公司派遣农夫、渔夫、伐木工、石匠、木匠等可用的人才将殖民地建设起来。最后，也是最重要的一点，他不仅改善了和印第安人的关系，还发起这片大陆上第一次商业行为——食品贸易。为此，作为领导人的史密斯亲自到印第安部落中去，让移民们的食物有了保障。史密斯的勇敢与智慧挽救了毁灭边缘的詹姆斯敦，他成为移民们依靠的对象。但是，推崇军事化管理的史密斯虽然稳定了殖民地，却让这个定居点成为类似于军团的驻扎地。虽然大家表面上井然有序地完成工作，但是从未在根本上改变移民们狂热的淘金欲，这注定悲剧会再次上演。

1609年冬天来临之前，史密斯因火药事故意外受伤，不得不返回英国。他建立起来的"军事基地"瞬间土崩瓦解，群龙无首的淘金者们迅速恢复本性，与印第安人的食品交易被中断，两年前的饥荒再度上演。更严重的是，这次饥荒足足持续将近一年。移民们吃掉任何可以吃的东西，老鼠、马革都成为果腹的食物，甚至发生人吃人的惨剧。饥荒让每个人再次心怀恐惧，仿佛被上帝遗弃的一群人远离文明，孤零零地漂泊在荒凉的美洲大陆上，初到此地的激情与野心早已烟消云散。

所幸的是，一批新的移民到达詹姆斯敦，他们带来了食物，驱散了饥饿的魔鬼。但他们发现这里一片荒凉，没有任何成熟产业，淘金的梦想被再次击碎，除了咬牙坚持之外，一筹莫展。直到 1612 年，移民们终于挖到真正的“金矿”——烟草。

这种原本就产于美洲的作物，被殖民者发现非常适宜在南美种植，经过改良后更是让英国人爱不释口。出口欧洲的想法提出后，大量的烟草种子被埋入詹姆斯敦的土地，仅仅一年就收获颇丰。从此，烟草贸易成为南美的支柱产业，到 1618 年出口量已达到 2. 5 万磅，1630 年更是飙升到 33 万磅之多。可以说，烟草拯救了整个詹姆斯敦，让濒临破产的移民计划起死回生，殖民地就此稳固下来。

此后，詹姆斯敦所在的地区被野心勃勃的弗吉尼亚公司冠上自己的名字，也就是后来的弗吉尼亚州。公司开始不断鼓励人们移民到此，为了鼓励移民，他们不惜给予大多数人股份，甚至任意一个愿意移民美洲的自由人都会获得一百英亩（折合 404. 69 公顷）的土地。移民们以在船实习的形式被免费运送到当时的美洲，并承诺在此地工作七年。七年其实并不能满足公司对劳动力的需求，公司又派遣 100 名女性到达殖民地，希望她们能成为殖民者的妻子，使得他们能永久定居下来。这一系列政策让殖民地不断壮大，北美大陆成为无数淘金者向往的宝地。

然而，历史却由另一群少数人所创造，虽然他们当时并不知道他们将担负开启美国历史的时代使命。

1620 年，一群清教徒饱受教会和战争的摧残，生活既痛苦又无奈。为了逃避这一切，他们不惜代价想要创造属于自己的天堂。于是，清教徒中的 50 余人自告奋勇，登上一艘注定创造历史的船——五月花号。

五月花号闻名于世，不仅仅因为它的乘客创造了富足的普里茅斯殖民地，更是由于一份《五月花号公约》。这份上岸之前签订的条约几乎涵盖美国的立国原则，是美国历史上第一份政治性契约。对美国人来说，这份公约的地位毫不逊色于《独立宣言》。后来的美国总统约翰·昆西·亚当斯认为这就是美国民主的起源，“这则积极向上的、富有创意的社会公约在人类历史上或许是绝无仅有的”。

《五月花号公约》规定：“凡是有益于殖民地利益的，公正和平等的法律、法规、条令、宪章与公职，我们都将遵守与服从。”这使得普利茅斯注定成为法治而非人治的社会，也预示着此处和其他殖民地不同。移民们齐心协力，不再只为矿产四处奔波，生存发展成为符合时代的主题。

虽然五月花号的乘客有着如此高尚的觉悟，旅途却不见得那么愉快。他们选择了最不适宜航行的季节出海，经历了惊涛骇浪的旅程。原本只在欧洲作为交易商船的五月花号显得如此渺小，随时可能船毁人亡。但和10多年前詹姆斯敦的开拓者的旅程不同，五月花号启航时的人数和下船时的人数一样多，其中有一人死亡，也有一人出生，移民们无不心存感激，认为自己受到上帝的眷顾。

事实上，他们原本想要到达弗吉尼亚北部，那里至少有已经到达的殖民者给予生活的必需品和生存技能。然而，由于恶劣的天气使得航路向北偏移，最终到达了尚未开发的新英格兰地区，并不得不在此落脚。也就是说，他们必须直面原始生存的困难。

踏上土地的安全感转瞬即逝，紧接着到来的寒冬直接击败了这群来自欧洲文明世界的开拓者，来自海上的寒风和装备的缺失使得一半人丧生。清教徒们在绝望中艰难挣扎，逃离了难以忍受的生活却面临死神的召唤，梦想已被吞噬，恐惧四处蔓延。

命运随时都可能出现转机，此时上帝又记起这群苦难又忠诚的信徒。

曾经作为詹姆斯敦敌人的印第安人，在这里成为他们的拯救者。伴随春天来临的不只是天气回暖，还有印第安人的使节。移民们和印第安人的交往让他们习得耕种、捕鱼、狩猎、饲养等生存技能。生存不再困苦，更幸运的是，天公作美，1621 年风调雨顺。丰收之日过后，为了感激印第安人以及上帝的恩惠，移民们举行了长达三天的庆典。他们饲养的火鸡和种植的南瓜成为佳宴的主菜，这便是人类历史上第一次感恩节。

普利茅斯的开拓者在保障生存之后，立即开始发展该地区的各种经济产业，现代文明的先天优势让原始大陆得到最大程度的开发。茂密的森林有无法估量的木材等待砍伐，海上的鱼成群结队地诱惑着渔民们出海，木材和渔业成为当地的支柱产业。尤其是对鱼储存方式的改良让出口欧洲成为可能，大量的鳕鱼和鲭鱼变成真金白银，这里的渔民们一度成为欧洲渔业的有力竞争者。到独立革命时期，渔业的出口额甚至达到该地对欧出口额的 90%，木材也成为该地第四大出口商品。殖民者们脚踏实地，金钱滚滚而来。

商业的发展成为殖民地兴起的根基，无论是南方的詹姆斯敦还是北方的普利茅斯，因地制宜的第一产业让殖民者们从生存走向发展。西方文明在这些新的土地上发出耀眼的光芒。

至此，移民们不断从欧洲横跨大西洋，开拓者们的经验成为宝贵的财富。新的殖民地不断兴起，老殖民地继续壮大，北美大陆自此迈入新纪元。

对于英国人来说，威廉·佩恩是海军史上不可磨灭的重要将领，他参与的战争见证了英国海军的崛起，也同样左右了战争的胜败。王室为了表彰他的丰功伟绩，将一块几乎和英格兰大小相似的殖民地以他的名字命名，这便是宾夕法尼亚，寓意为“佩恩的林地”。

但是英国王室却对他的儿子头疼不已，与父同名的小威廉·佩恩没有为英国做出任何贡献，却在美洲大陆大显身手。他开创了北方殖民方式的先河，他的思想成为美国精神的原型。

1659 年，18 岁的小威廉回到家时，没有像往常一样对老威廉跪地请安，而是连帽子都没摘就走到父亲面前说："朋友，我真为你健康的身体感到高兴。"老威廉目瞪口呆，旋即一股怒气冲上心头，将他逐出家门。儿子这样的行为在那个时代无论如何都不应该，究其原因，小威廉在牛津接触到的新思想——贵格会，让原本就叛逆的他更加离经叛道。也正因如此，他在后来的殖民统治上才敢于创新，开拓出一条辉煌的道路。

然而，当时英国对贵格会十分排斥，追求自由、和睦、平等的他们自然不被国教所容忍，就连清教徒也反戈相向。贵格会处处受到压迫和驱逐，即使在百家争鸣的牛津大学也一般无二。最终，小威廉因拒绝接受国教教规不仅使父亲大为光火，更使得自己被牛津除名。23 岁时，他正式皈依贵格会，并为此奋斗一生。

1670 年，老威廉去世，尽管对儿子大失所望，可还是把遗产悉数留给了他。其中不仅有大笔财产，还包括英国王室对老威廉拖欠的薪金和国库的欠款共 16 000 英镑，如果扣除通胀因素，这笔钱相当于 2008 年的 210 万英镑。所幸小威廉没有因为继承巨额财富而无所事事，享受时光，而是依旧狂热地投身到贵格会的发展中去，就算他已经因为公开阐述自己的信仰四次被投到伦敦塔。

当然，这笔遗产还有更重要的作用。1674 年，小威廉带领一部分饱受摧残的贵格会成员到北美洲寻求出路，他买下新泽西州西部的一块地皮，并命名为"西泽西"，作为教会发展的落脚点和理想的实现地。在随后的建设中，他将"我们把权利赋予人民"的方针应用到管理中去，成为未来宾夕法尼亚政策的雏形。

事实证明，小威廉的理想更为远大，他希望得到更多的土地来实现自己的“乌托邦”，让整个贵格会和受到宗教压迫的人获取自由。很快，他便回到欧洲，多次向英国王室索要欠款以扩大自己的土地。英国王室对此苦恼不已，巨大的金额根本无力偿还，在小威廉再次“讨债”的时候，他们终于做出一个改变美洲历史的决定——将整个宾夕法尼亚赠送给他，条件是债务一笔勾销。这一提案让小威廉感到震惊，他欣然接受，成为世界上最大的私人土地拥有者。同样感到欣慰的还有英国王室，不仅还清了巨额债务，还让恼人的贵格会远离本土，大西洋的距离足以让英王查理二世备感轻松。

时机已经成熟，一切准备就绪，小威廉秉承贵格会的平等与和睦精神，开始着手建立自己的理想国。法律中的第一条便是：禁止因宗教问题虐待任何人。主张将一切相信上帝的人都视为手足。宗教自由的确定甚至宽恕了抵触他们的新教徒和清教徒，并且诚挚邀请不同宗教和国家的人来到这片新生的殖民地，将引以为荣的自由天堂展现给他们。

当然，只有宗教的自由还不足以支撑整个宾夕法尼亚州的发展，明智的小威廉当然明白这个道理，经济建设被提到日程上来。最终，“代役租”这一概念被提出。所谓的“代役租”就是移民们只要付一定的费用，就可以获得租种地，之后再也不必承担任何费用和义务。这一政策在当时难以置信，小威廉也因此被誉为“史上最开明的封建主”。这项政策的实施使得宾夕法尼亚州的经济蒸蒸日上，每个人都在自己的土地上耕种，生产力的提升为今后的发展打下坚实的基础。

小威廉的开明政策远远不止这些，他曾说：“如果我们不愿受治于上帝，则我们必受治于暴君。”为了保障民主，在他任职总督时期，并没有赋予自己多大的权利，而是让一切法律政策由议会决定。因此，宾夕法尼亚成为当时北美大陆上最“另类”的一个州，吸引了无数追求自由的人来此发展。短短 20 年，人口就增长到 20 000 人，而同期的南卡罗来纳州仅增至4 000人。事实上，来到此处的不只是欧洲的移民，甚至还有相当数量的印第安人。小威廉对印第安部落的尊重让他赢得原住民的信任，他尊重原住民的土地权益，用合理的价格购买土地，保护原住民和移民者的自由贸易，使得他们的利益得到保障。这样的态度让无数逃难的印第安人涌入此地，带来充足的劳动力。

宾夕法尼亚州不仅因为小威廉的明智之举得到发展，还受益于一个很重要的因素——继承方式。北方的土地继承方式是父辈故去后，将土地平均分给儿子们。然而土地再怎么分都是有限的，一个家庭如果没有四五十英亩的土地就没有足够的经济支持。最后，一部分留在乡村的人建起一个个小型农场，而其余的人不得不到城镇里寻求出路。实际上，这并没有带来失业率的攀升，在那个各项产业刚刚发展的时代，充足的劳动力像催化剂一样让宾夕法尼亚的城镇和商业中心有增无减。来到城市的农民学习技能，大量的工匠与技工让北方各地的产业蒸蒸日上，从而丰富了产业的类型。

在南方，同样需求劳动力的经济发展却出现另一番景象，并且激起人类史上最耻辱的交易浪潮——奴隶贸易。

早在15世纪，奴隶贸易就已经开始。一个世纪后，西班牙在南美的开发需要大量的廉价劳动力，奴隶贸易的市场正式形成。17世纪中叶，北美殖民地上历史重演，一望无垠的土地等待开垦，需要的劳动力达到过去的10倍之多。这让奴隶贸易达到最高峰，每年十万左右的劳动力输入大大地加快了资本主义的原始积累。

为何南方对劳动力的需求如此之多？这还是要从政策说起。与北方不同，南方的继承方式是由长子继承全部土地，其余的子辈要么到城市工作，要么向西开垦新的殖民地。这样，大种植园得以保留，稻米和烟草的种植成为南方主要的经济支柱。在那个蒸汽机尚未出现的时代，农田必须靠人力种植，没有劳动力就等于没有土地，种植园的土地再多也不过是荒地一块。

面对这样的情形，种植园主把贪婪的目光投向黑奴——强壮又廉价的劳动力。对他们来说，奴隶不能当作人类来看待，奴隶的一切都应该属于主人，包括生命。被贩卖来的奴隶们受到非人的待遇，过度的体力劳动超乎想象，密西西比的黑奴每天要工作18个小时，佐治亚州甚至达到19个小时。这样的生存状态让黑奴的生命大大缩短，他们的平均工作年限只有7年，停止工作的原因只有一个——死亡。

但这对种植园主来说并不是问题，在他们眼里，奴隶不过是商品，死亡代表着需要购买新的劳动力。于是一艘艘来自非洲的商船满载“货物”来到东海岸倾销，经久不衰的市场让奴隶贸易成为当时世界上规模最大、赚钱最多的行业。聚敛无厌的奴隶贩子从欧洲带着枪支和廉价的生活必需品到达非洲，高价售出后再从本地的奴隶贩子手中购买大量的奴隶塞满船舱，随后驶往美洲倾销。为了获取更高的利益，每个奴隶的空间只有棺材大小，污浊的空气和恶劣的饮食让无数的奴隶死于途中。奴隶一旦生病，就会被扔进大海任其自生自灭，以免传染病蔓延。在美洲清空船舱后，奴隶贩子再带着金银、原料等商品回到欧洲。这便是黑三角贸易，一次出海有三次获利，利润高达成本的好几倍。无法估量的资本被引入欧洲，为未来的工商业革命奠定了基础。

实际上，南部的种植园依旧需要大量的劳动力，对奴隶的虐待使得他们的繁殖力并不高，只能靠进口保持数量。各州的发展离不开奴隶，政府也不遗余力地鼓励奴隶贸易。17世纪中叶，卡罗莱纳州甚至提出，购买一名男奴可得到20英亩的土地，女奴则为10英亩，以刺激生产力的提高。

南方的大种植园经济和北方的资本主义工业经济形成鲜明对比，虽然南北发展都极为迅猛，但南方劳动力的匮乏和北方生产技术上的落后还是成为美国资本主义发展的阻力。然而，更严重的掣肘在于英国政府的苛刻要求，一片阴云笼罩在北美大陆上空，未来的道路并不平坦。

自16世纪中叶开始，北美大陆成为数以万计欧洲人的第二故乡，一艘艘帆船乘风破浪，来往于大西洋彼岸。大量移民的涌入给这片大陆带来翻天覆地的变化，农业劳动生产力的提高让经济大幅进步，资本主义制度崭露头角。北方因第二产业的兴起形成资本主义工业经济模式，南方则依靠黑奴的生产力让种植园经济方兴未艾，两者都催生出殖民地第一批资本家，他们在自由的市场里翻云覆雨，收获大量金钱的同时也让殖民地有了初步的资本积累，为今后的独立埋下伏笔。

1764年，北美首富托马斯·汉考克的去世让《独立宣言》第一位签署人——约翰·汉考克开启了他的传奇人生。作为托马斯的养子，继承了大笔遗产后，经过几年奋斗，约翰·汉考克成为北美最有钱有势的人，他的野心与行动改写了整片北美大陆的历史。实际上，美国的第一位首脑并不是乔治·华盛顿，而是约翰·汉考克。他传奇的一生离不开养父为他创造的优越条件，雄厚的资金让他在政治上如鱼得水，而这一切都来源于白手起家的托马斯——殖民地商人的典范。

1703年，在美洲大陆上出生的托马斯其实算不上是一个殖民者，土生土长的他在一个牧师家庭长大。不算富裕的家庭虽然使他失去在哈佛读书的机会，却让他从小接触商业，成为一名书商学徒。聪明伶俐的托马斯在七年里学会所有图书相关的商业技能，从印刷、装订到销售样样精通，21岁的他就开始经营起自己的生意。

18世纪初，捕鲸者具备深海捕鲸的能力，鲸油和鲸骨的产量让沿海城市的商业迅速发展起来。托马斯看准行业形势，做起捕鲸产业相关的生意，将购买的海产品转售到国外赚取利益。这时，蜡烛的技术改革让鲸蜡的需求量大增，内地市场的开拓使得托马斯的生意如虎添翼。后来，鲸油的价格节节攀升，他的财富积累越发膨胀起来。

幸运的托马斯并没有就此止步，尽管在海产品市场上获得成功，但他从未放弃老本行——图书生意。在波士顿的图书行业，托马斯永远保有重要地位。他通过店里其他的商品吸引顾客前来购物，事实上一半的销售额来自于服装。从盐到胡椒，小刀到长剑，纽扣到成衣，甚至为出海航行的人准备航船指南针，他的商店里应有尽有，生意兴隆。

如果只是如此，托马斯也不过是一代富商而已。他成为首富最大的原因在于汇票的使用。北美大陆上的商人并非那么富有，货币，尤其是金银币的稀缺让企业难免左支右绌，屡见不鲜的赊欠阻碍了商业的发展。托马斯的公司使用汇票让寄售和易货交易变得容易，方便了商人们支取其他地方的交易资金，也让手中金银匮乏的商人可以在世界范围内购买商品。所以，商人们更愿意和他交易，节节攀升的交易额为他带来巨额财产。富甲一方的他在政治上也小有成就，名声远扬，生意蒸蒸日上，托马斯被殖民地商人奉为楷模。

托马斯的成功在北美大陆并不少见，白手起家的故事在各地广为流传。那是个充满机遇的时代，任何产业都可能迅速产生巨额财富。这片土地欣欣向荣，成就了一个又一个传奇人物，他们都是最初的资本家。

当然，不可能人人都成为资本家，有资本家就意味着还有更大数量的平民大众。这个状态不只在北方出现，南方更是如此。大种植园经济再怎么开发，土地也是有限的，80% 的南方白人没有足够的土地成立种植园，只能在狭小的土地上过活，成为自耕农。而且他们的产品根本无法和大种植园竞争，奴隶制下的低成本劳动力让大种植园的经济发展速度远远高于自耕农，同时成就了南方的资本家——种植园主。

虽然刚刚去世的父亲留下1 040公顷的土地和万贯家财，但是威廉·伯德并没有就此过上闲暇懒散的生活。事实上，一个种植园主如果要取得良好的经营业绩，需要承担的责任远远大于我们的想象。农作物的生长情况、土壤的肥沃程度、奴隶的健康状况都需要主人照料，产品的销售环节也需要主人和代理商讨价还价。在没有第三产业的年代，这些种植园主必须身体力行才能获得更高的收益，否则很难扩大土地，甚至有破产的风险。

作为弗吉尼亚的首富，威廉·伯德被后人所铭记当之无愧。从他的书信记录上来看，伯德对自己的生意相当了解，玉米、小麦、水果、蔬菜等农作物均有记录，畜牧业和木材也在种植园的经营范围之内。事无巨细的他自然会取得巨大成功。到他临终时，他拥有10个大种植园，总面积高达7 160公顷，接近继承父辈财产时的7倍。

让世界记住威廉的不只是他商业上的成就，除了经营生意之外，他创作的文学作品成了研究那段历史的宝贵资料。他的日记——《分界线的历史》记录了1729年深入内地考察的经历，《韦斯特卡沃手稿》在1841年发表，甚至到20世纪他的日记和信件还被出版，成为历史爱好者的研究读物。在他的日记里，我们看到了盛大热闹的舞会、豪华奢侈的聚餐，穿着和英国王公贵族一样服饰的才子佳人相约橡树下，大部分种植园主们的生活慵懒安逸，大有欧洲贵族的风度。相比之下，勤于工作的威廉腰缠万贯也就不足为奇了。

南北方的资本家都进行了效率极高的资本积累，任何经营上的创新和努力都在自由市场的发展下获得回报，根据供求关系而决定的价格让交易变得公平，北美大陆的发展蒸蒸日上。然而，作为殖民地的“母亲”——英国政府难免要分一杯羹。黑三角贸易带来的原始积累还不足以满足英国人的需求，政府财政的不景气让他们想到税收——管理者最义正词严的赚钱手段。

其实，在黑三角贸易初期，英国政府对这份高额的利益早已虎视眈眈，后来终于下手，对美洲的奴隶进口加以高额税收。不过这一举动并没有引起殖民地商人的强烈不满，因为黑三角贸易的利润实在太高，这部分税收还在他们的承受范围之内。英国政府尝到甜头，实际上，他们应该感谢这些奴隶商人的“好脾气”。当政府把税收的手伸到殖民地内陆时，他们才意识到，自己惹到一个让他们后悔一生的人。

对英国来说，建立北美殖民地的初衷是希望构成一个为本土服务、生产原材料的“生产基地”。但是作为殖民地的开发者，移民们更关心的是切身利益，他们从未觉得自己是被放逐到北美大陆的“劳工”，而是这片土地的主人。

面对成功开发的北美大陆，英国政府产生了这样一个错觉——收获的季节到来了！黑三角贸易虽然给英国带来巨额资本，但是政府财政并没有得到改善。北美殖民地要有应对印第安人和法国人的军队，海上要支持皇家海军的开支，政府常常感到捉襟见肘。在重商主义的驱使下，1651年，英国议会修改了一项法案——《航海条例》。这次修改法案的出发点很简单，通过抑制荷兰的海上贸易和加强对殖民地的监管，用税收和限制贸易的形式赚取利益。然而这次修改法案给英国政府带来巨大的麻烦，三次英荷战争以及北美殖民者对英国的反抗由此发端。

尽管对荷兰的战争最终以胜利告终，但是美洲的殖民者可不好对付。《航海条例》几经修改，在战争之后渐渐把矛头转向北美殖民地。大量的税收和对殖民地货物运输的限制让殖民地经济环境不断恶化，贸易赤字逐年上升。与18世纪20年代相比，到50年代税额已经翻了13倍，这让走私成为商人们获取利益的最佳途径。

1733年，英国颁布《糖税法》，英国下属殖民地的糖类商品除了从英国进口，均要交付高额关税。实际上，包括甜酒和众多奢侈品等都在这一法令之内，但这并没有难倒北美商人托马斯·汉考克，他只需将2 000英镑放入税吏的钱袋里就万事大吉，走私活动从未被官方阻挠。这一方式延续到1764年，新的《糖税法》颁布后，英国开始加大对走私的监管力度，希望能够真正收取税款以支持战争开销。然而，托马斯的养子、继承遗产的约翰·汉考克可不是省油的灯，他经过计算，发现需要上缴的税款竟达40 000英镑，这个数字在当时是什么概念？美国第一任总统乔治·华盛顿，进入上流社会的重要原因是娶了一位身价30 000英镑的寡妇。在利益的驱使下，汉考克最终做出了一个决定——公然抗税。

当然，汉考克还做不到揭竿而起把纳税官赶出波士顿的地步。他顶风而上，继续利用走私逃税，即使被发现也毫不畏惧，因为全新英格兰最好的律师站在他这一边，那就是后来的美国第二任总统——约翰·亚当斯。汉考克的两手准备让当地总督气愤不已，却又无可奈何，这更加助长了汉考克的反英倾向，《印花税法案》的遭遇更是证明了这一点。

1765年，英国政府发现走私依旧猖獗，殖民地的税款依然没有头绪，他们决定从交易入手，不再纠结于海关，颁布了《印花税法案》。该法案非常简单，任何印刷品都要征税，甚至包括学校的毕业证书。这一法案的通过激怒了所有的殖民地居民。对于汉考克来说，走私也干不成了，因为货单合同都在纳税的范围内。他看准时机，利用大家的愤怒煽风点火，在他的资助下，反进口商品协会和自由之子社成立。前者联合10 000多家商铺，拒绝从英国进口货物，并且绑架伦敦商户，告诉他们不游行就不发货款。最终，英国政府迫于压力，不得不取消《印花税法案》。

虽然反《印花税法案》成功，但是英国在取消的当天又发布一个新的公告，规定殖民地是为英国服务的，英国有权制定任何法律。绝大多数殖民者都认为这不过是英国政府的一厢情愿，没有人承认它是合法的。移民们刚刚对英国政府燃起的希望就被浇灭了。

汉考克看到英国政府在殖民地策略上的局限性，如果采用适当的方式就可以让这些大西洋彼岸议会里的人闭嘴。当地政府的资金来源于税款，而税款的管理者是议会，如果控制了议会，那么政府也就在掌控之中了。作为北方的首富，汉考克在议会的地位可想而知，他也成为该地区最有权势的人。在他和约翰·亚当斯的哥哥——塞缪尔·亚当斯组织的抗税运动中，波士顿的税收成果让英国窝火憋气，无法支撑下去的总督请求派士兵来维持秩序。这一决策正中汉考克下怀，他在一旁推波助澜，抗税运动愈演愈烈。终于，矛盾爆发了。

1770年3月5日，夜色渐渐降临，一名英国军官和一名年轻工人在港口发生矛盾，并大打出手，少年回去后叫来同伴，他们向英军投掷雪球还击。嗅觉灵敏的汉考克和亚当斯意识到机会来了，被他们控制的报社在几小时内就将消息传遍全城，愤怒的民众手持武器走上街头抗议，要求英国撤军。在英王街海关的民众面对海关更是情绪激昂，矛盾一触即发。慌乱中英国士兵开枪射击，当场死亡3人，6人受伤，第二天又有两人因伤势过重死去。这次事件被汉考克渲染成“波士顿惨案”。惨案发生后，各个殖民地相继表态，纷纷起来抗议英军的驻扎。在随后的葬礼上，送葬的队伍达到50 000人之多，要知道当时波士顿人口只有17 000万。殖民地对英国政府的愤怒愈发加深，反叛趋势逐渐显露出来。在汉考克和总督的谈判桌上，英方只同意撤离一个团的兵力，汉考克威胁道：“全城有4 000人随时可以拿起武器。”总督为了不让事态扩大，只得同意撤军。

汉考克让矛盾升级的做法看起来并没有让他获得直接利益，税收上政府一直拿他没有办法，如今做出这样的事更容易被扣上叛徒的帽子。

其实，汉考克的胃口早已不是避免交税那么简单，他想要的是美洲独立，这样才能获得更大的利益，汉考克的手渐渐伸向政治领域，和他一样转变的还有一个重要人物，那就是乔治·华盛顿。

当波及全美的《印花税法案》发布的消息传来，作为大种植园的主人，华盛顿和同僚们立刻在弗吉尼亚会议上展开讨论。会议期间，一位名为帕特里克·亨利的年轻律师发表演讲，他义愤填膺地指责英国政府无理干涉，认为弗吉尼亚有自己征税的权利。华盛顿被这次演讲深深震撼，他的爱国热情被点燃，觉得自己不仅仅是一个殖民地上的种植园主，而且是一个即将诞生的国家的公民，为了维护自己和国家的利益，必须站出来承担这份责任。

事实上，在反《印花税法案》的问题上，华盛顿并没有发挥出多大作用，虽然没有像其他种植园主一样上街游行或者捣毁行政机关，但是他从未让视野离开反抗的活动，并且已经把自己当成一个"美国人"。所以，一旦有机会，他就会立刻投身到革命中去。

很快，英国政府就给了他这个机会。始终对殖民地政策拿捏不定的议会再次失误，于1773年颁布《茶叶法》，以保护英国东印度公司在北美的茶叶盈利。实际上，这一做法只是针对该公司的税收大幅下调而颁布的，这样茶叶成本就能减去一半，他们就可以垄断北美的茶叶市场。这样一来，各大茶叶商都坐不住了，纷纷抗议这一法案的实行。政府在自由经济上的直接干预让他们蒙受损失，一直享受自由市场的他们无论如何也不能接受，这其中就包括汉考克这位"怒汉"。

汉考克对美洲独立一直蠢蠢欲动，因抗议无效，在《印花税法案》期间成立的自由之子社发挥了作用。1773年12月，波士顿人聚集在港口反对东印度公司的商船卸货，但是英国政府的代表、波士顿总督要求必须卸货，不然就按叛国罪处理。船长左右为难，只得暂时停靠在岸边等待事态的变化。但是，噩梦降临到他的头上，15日晚，"自由之子"们化装成印第安人潜入船舱，将 300 多箱茶叶抛入大海，这就是美洲历史上著名的“波士顿倾茶事件”。

面对殖民地的反抗行为，一忍再忍的英国政府终于按捺不住，英国本土的抗议声也越来越大，最终，英国政府决定用强硬的方式打击这一反叛行为，议会通过“波士顿港口法”。他们关闭了波士顿港口，军队再次驻扎进波士顿城，总督由文官换成武将，实行军事化管理。恐怖气氛笼罩着波士顿，也让殖民地和英国本土的矛盾大大加深，激起殖民地人民的反抗情绪，这直接导致第一次大陆会议的召开。

乔治·华盛顿抓住机会，在会议上一改往日的沉默，滔滔不绝地将自己对殖民发展的看法展现出来。华盛顿的热情感染了许多人。最后，大会一致认为英国的做法侵犯了波士顿所在州——马萨诸塞州的权益，并且声明人民生存、自由、财产以及他们拥有的其他权利。英国政府没有愚蠢到连这份声明都看不懂的地步，美洲独立势在必行，双方都开始为将来的长期利益做准备，战争一触即发。

为了自身权益的反抗者们面对强权的压迫临危不惧，成为独立战争的先锋队。自由经济和政府干预的矛盾在这片大陆上发挥得淋漓尽致，美国历史从此拉开序幕。

1775 年 4 月 19 日，当第一缕曙光照进莱克星顿，800 名全副武装的英国士兵悄悄摸进村庄，想要引燃殖民地民兵的军火库。但冲天的火焰并没有燃起，等待他们的是几十个怒目而视的村民，双方旋即展开交火。虽然英军依靠数量上的优势占领了村庄，但是军火库却无影无踪。难道是情报出现错误？正当指挥官怀疑之际，一发发子弹从四面八方射了过来，他这才意识到被包围了。在留下 247 个死伤的战士后，英军突破包围圈仓皇逃走。至此，独立战争打响了。

莱克星顿的枪声绝不是意外，英军走漏消息和民兵的先知先觉都因为一个组织——自由之子。在它的背后，有一双强有力的大手控制着整个美国的走向，他呼风唤雨，利用自己的经济力量和政治影响力燃起独立战争，这个人就是《独立宣言》第一位签署者约翰·汉考克。

当我们仔细阅读《独立宣言》时，不难发现正文的正下方有一个签名硕大无比，汉考克用这种方式告诉英王，他是这群造反者的领导人，更想表明他无所畏惧。实际上，他也不需要畏惧什么，战争已经挑起，上前线的士兵中根本没有他的影子，他正在这场战争的背后积玉堆金。

由于战场的指挥权交给了乔治·华盛顿，那么大陆会议上的代表们要做的事情只有一件，那就是赚钱。实际上，独立战争的发起者们作为资产阶级，战争的目的就是摆脱英国统治，所得的财富不被剥削，并获取更高的利润。事实上，他们并没有等到战争结束再分享蛋糕，而是在战争中立刻加入到投机的行列中去。

实际上，战争期间的经济形势不容乐观。一直以来，殖民地的贸易非常依赖英国，战争的启动让英国人大为光火，对于背叛者毫不犹豫地采取经济封锁。这样一来，原本战火纷飞的北美大陆就更不好过了，经济环境雪上加霜，加上一大批资本家的投机行为，通货膨胀、物价上涨、货币短缺等问题开始涌现。在没有一个统一的经济政策的情况下，美洲大陆各州只能采取最差劲的办法——发行纸币，即大陆币。这些纸币实质上并没有可兑换的金银做后盾，每次发行都让消费者信心下降，从而使得货币贬值。大陆会议在五年中一共发行了 2.26 亿美元的“大陆币”，每一次新的发行都导致它的价值下跌。

经济的不景气使得殖民地平民反裘负薪，持续上涨的物价和寥寥无几的军饷差点导致大陆军兵变，幸亏华盛顿的机敏才让军心渐渐稳定下来，但这并不能从根本上解决问题。中央政府逐渐意识到问题的严重性，如此下去独立战争势必失败，经济改革势在必行。但是到底应该怎么实行，大家都没有一个好的提议。此时，一筹莫展的议会想起了一个人

——罗伯特·莫里斯。

莫里斯作为宾夕法尼亚的首富和《独立宣言》的签署者，本身就是一个精明的商人。1781年，《联邦条例》的通过让各州真正联合到一起，有了行政权力的国会立刻任命莫里斯担任金融主管，希望他能改变事态，拯救衰落中的经济。这一职位相当于美国后来的财政部长。

莫里斯没有让美国失望。作为大陆商人，他亲眼见证了自己的企业因通货膨胀所遭受的巨大损失。善于思考的莫里斯早已想好应对方法，经济失控最大的原因不在于战争和投机，而是货币价值不稳定。因此，以控制货币价值为目的的北美银行应运而生。

1782年，第一个由国家颁发特许状的商业银行——北美银行在费城成立。具有发行纸币权利的银行承担起国家银行的职责，从这里出去的纸币不仅要可以在市场上流通，还必须保值。保值十分重要，回想一下，面值为一美元的大陆币最后只有1/146的价值，这是多么可怕的一件事情。通过用金币或者银币赎回纸币的方式，北美银行让纸币的价值有了保障，也让它本身有了信誉，成为后来纽约银行等大银行的模范。

当然，银行不是慈善机构，也需要资金运作。大量的金钱资本来源于银行股东的投资，而利益则来源于贷款给其他企业产生的利息。北美银行向企业发放短期贷款，收取的利息再分发给股东，股东们能获得14%的股票收益。良好的信誉让银行有了更大的交易额，促进了经济的活跃，平息了财政恐慌。

由于联邦国会的经费一直十分紧缺，军费的缺乏也一直是令国会最头疼的问题，这使得大陆军走在兵变的边缘。就算盘活经济也无济于事，毕竟政府的财政收入来自税收，而税收政策不能轻易改变。莫里斯临危不乱，在约克敦战役中，他自掏腰包，筹集140万美元充军，后来解散军队时又拿出80万美元，超过各州募集的解散费总和。

我们不禁疑惑，莫里斯的钱从哪里来？就算他的资金再怎么雄厚，这样巨大的数额也不可能轻易拱手充公。战争结束后，有人采访他是否破产，他轻描淡写地说："不赚不赔。"事实上，莫里斯的收入不光来源于自己的生意收益，更多是通过超乎寻常的利润交易——走私。其实，在那个时代走私并不少见，战争开始后，没有英国统治者的海关监督，走私变得更为容易。美国的商人们把渔船武装成走私船或者是私掠船（用来抢劫他国商船），有了作战能力的他们更加无法无天，直接突破海上英国皇家海军的封锁，甚至破坏英国军队的供给链。在这期间，英国因此付出2 000艘船沉没、12 000名水手阵亡以及1 800万美元商品损失的惨痛代价。私掠船为独立战争的胜利做出巨大贡献，也让走私商人们获利颇丰。

经过莫里斯对经济的调整，平民的生活水平有了一定的保障，更重要的是，各大资本家在战争中的资本愈加丰厚起来。战争带动许多产业的发展，仅靠军队的需求，军工产品、衣物、食品、帐篷、马具等产量大大增加，从中获利的自然是企业家。自耕农的食品或者其他产业完全无法和他们竞争，只能保持自给自足的状态。

当我们用冷静理智的方式重温这段历史，独立战争的荣誉和自由的光芒变得不那么耀眼，这其实是一场北美资本家的赌博，无论输赢他们都会从中获得大量财富。他们原本都是商人，却因反抗税收政策和经济环境投身政治领域，以最直接、最暴力的方式争取权益，最后成功掌控直至建立一个国家，金钱和权力的结合让他们成为美国最初的领导核心，也成为最初的门阀。

1783年9月，英国签订《巴黎和约》，承认美国独立。至此，美国独立战争结束，掌握国家政权的资本家们开始新的路途。他们不再是受制于政府的商人，今后的方向该如何抉择成为每个人必须思考的问题。无论怎样，命运之门已经打开，享受这片刻的荣耀后，未来还有无数的困难等待着他们拼力化解。

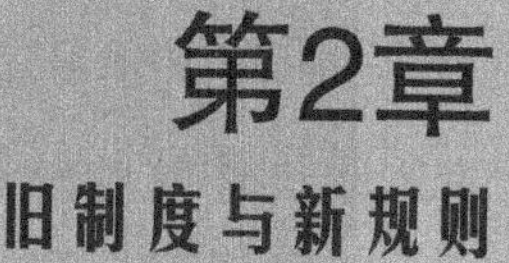

第2章 旧制度与新规则

1776 年，处在独立战争中的美国经济被封锁，英国工业产品无法进入市场导致美国物价飙升。作为马萨诸塞州一个小农场主的儿子，15 岁的伊莱·惠特尼展现出他在商业上的敏锐天赋。年轻的惠特尼开动脑筋，想到一个既投入简单又利润颇丰的商品——钉子。这种十分依赖进口的商品此时价格远远超出正常标准，而且自家的冶炼厂就可以生产，惠特尼当机立断投入生产，还雇了两个帮手。很快，钉子的销售额足以让他的产业扩大，当独立战争结束时，他的钉子产业已初具规模。但小赚一笔的惠特尼并没有打算在这个行业大展宏图，因为战争结束带来的不只是和平，还有英国工业品的倾销。囤积的货物一下子冲淡市场利润，钉子价格大幅下滑，惠特尼立即转向其他领域。

及时调整战略让惠特尼避免了大量的损失，他很快就找到新的生财之道。他发现女士们往往用三颗别针来固定软帽，并逐渐成为一种流行趋势。于是别针成为冶炼厂的主要产品，在鼎盛时期几乎垄断马萨诸塞州的别针市场。有所积累之后，他开始生产男士手杖以追逐时尚潮流，但渐渐发现力不从心，时尚的瞬息万变让惠特尼放弃这份难以掌握的利益，他就此告别少年时代短暂的商业之旅。

那一年惠特尼19岁，他已经小有成就，但决定继续学业。可父亲反对，家庭财产状况又不允许他自由翱翔，他必须靠自己的双手赚得学费。从莱斯特学院到耶鲁大学，惠特尼的兼职工作从临时教师变成机械维修师，直到27岁才拿到法律专业的毕业证书，这几年的勤工俭学让他养成知难而进的性格，也让他找到毕业后的出路。

事实上，惠特尼的奋斗并没有给他带来一片光明的未来。作为法律行业的后辈，他毫无优势，难以得到一份好工作，又没有足够的钱来开办律师事务所，一时间竟走投无路。所幸一位学长伸出援助之手，介绍他去一家南方种植园做家庭教师。

南方的舒适生活让惠特尼如置身天堂，工作轻松，乡村的自然环境很美丽，他有大把时间和精力去做喜欢的事——机械创造。他的雇主、种植园主人凯瑟琳·格林常常请他修理东西，重拾爱好的机会打开了惠特尼想象力的大门，他的创造热情被激发，闲暇之余还主动为女主人制作了一个绣花架。

才华终究无法被掩盖，当惠特尼看到凯瑟琳常常为棉花的收割速度发愁时，他意识到可以有所作为。仅仅10天的时间，世界上第一台轧棉机的模型就诞生了。很快，成品被制作出来，用它进行收割的奴隶惊奇地发现，收割棉花的速度竿头直上，比以往竟然提高50倍。振奋人心的结果让所有人为之疯狂，当惠特尼向凯瑟琳的朋友展示轧棉机时，有人立刻用100几尼将它买下来。惠特尼意识到轧棉机的价值，立刻决定到费城请求国务卿托马斯·杰斐逊颁发专利证书。

1794年3月14日，华盛顿总统签署这项专利。虽然得到财政部长奥利弗·沃尔科特的祝福，但是轧棉机的生产之路却异常坎坷。得到凯瑟琳投资的轧棉机工厂刚刚建造完毕就因为猩红热和黄热病的流行被迫关门，瘟神走后，紧接着一场大火又将工厂化为灰烬。深受打击的惠特尼沉寂了七个月，他鼓起勇气重新建起厂房继续生产，第一批轧棉机产量仅为26台。

虽然购买者里面有托马斯·杰斐逊这样的大人物，但是厄运并没有就此驱散，他的轧棉机生意最终还是失败了。由于要价过高，南方的种植园主大规模仿造惠特尼的发明专利自制轧棉机，他们猖獗侵权的背后是南方法律亟待完善的社会现实。为此，惠特尼进行了长达10年的上诉，在1807年最终赢得胜利。然而损失已无法挽回，轧棉机从发明到胜诉没有给他带来多少经济利益，反而因为上诉而损失惨重。惠特尼说："不可否定的是，佐治亚州的人在背后用轧棉机大肆敛财，过着金迷纸醉的生活，而我却深陷泥潭，承受巨大的债务。"

所幸天无绝人之路，惠特尼终将靠才华成就一番事业。为了从轧棉机的诉讼中解脱出来，他决定另寻出路，集中精力到发明创造中去，只和政府交易以保护产权。1797年，惠特尼发明了一种用来制定法律文件的铸模盖印刷机，并将图纸直接寄给欣赏他的财政部长沃尔科特。虽然政府最终没有采用，但是沃尔科特给了极高的评价。这让惠特尼重燃希望，他决定去华盛顿碰碰运气。

1798年6月21日，这对惠特尼来说是命运转折的一天。从这一天起，他不再依靠他人的经济支持、不再受到侵权的困扰、不再受到破产的诅咒，因为他和政府签订了一份13.4万美元的枪支合同，相当于现在的数百万美元，虽然在这之前惠特尼连一把枪都没有造出来过。他之所以能够拿下这份10 000支火枪的订单仅仅因为一封信。一个多月前，他在寄给沃尔科特的信中说："我相信用水力制造枪械的装置能极大地减少劳动力，并且让制造速度迅速提升。无论是锻造、轧制、平整、钻孔、磨削，还是抛光等，机器都能完美胜任。"沃尔科特相信了他的话，不仅是因为他十分看好这个具有创造才华的天才，更因为他对这一生产概念完全认同。于是，在舆论哗然中，这笔订单最终促成，惠特尼踌躇满志地开始军火生意。

然而惠特尼却让沃尔科特大失所望。到1798年末，从水动力来源到用铁来源，无论是枪械图纸还是制造机器，沃尔科特连个影子都没见到。1801年1月，订单到期已经四个月之久，惠特尼连一把枪都没交给政府。幸运的是，其他和政府签订合同的枪支生产商大多数也没能按时交货，而且有些业已破产，所以惠特尼并没有受到处罚，但是仍需做出解释。

在一月份的一个上午，衣着光鲜的惠特尼走进白宫，满怀信心，他这次绝不是来受罚的，而是用魔术般的技术征服在座的所有观众。在一众高级官员的注视下，惠特尼从箱子里拿出若干散落的零件，几分钟后就组装出火枪的外壳，并挑选出几个内部零件安装上去，让它成为一把真正的武器。旁观者们大为震惊，因为过去的火枪永远都是一对一的构造，即使是同一时间出厂的武器零件也不能通用。杰斐逊总统在此之后宣称："看到了'机械时代'的曙光。"很快，惠特尼就得到相当大一笔资金用来研发"标准化"生产。

但是事实果真如此吗？纽黑文的枪支博物馆展出的惠特尼火枪内部结构里，人们发现标有罗马数字"M"。史密森尼博物馆的博蒂森说："如果互换的可能性成立，那就不需要这么做。"惠特尼用"骗术"推出了自己的制造思想，无论这一行为是否符合公道，都让美国制造业体系得以诞生。不过在这次"演出"中，演员并不止惠特尼一人，在此之前的一个晚上，杰斐逊总统曾和他共进晚餐。

此后，惠特尼的事业一帆风顺，充足的资金足以支付厂房和研发费用。1812 年，他迅速交出 15 000 支枪，证明了自己的构想与能力。他根据“可替换零件”和“标准化生产”两个理念，使得工厂的生产一帆风顺，也让无数企业争相效仿，后来几乎所有的制造企业都使用这样的模式。

当我们回顾惠特尼的一生，发现这个天才不仅仅改变了制造业，早期的轧棉机也让整个美国历史得以改写。当惠特尼发明轧棉机时，南方各州的经济正处在萎靡状态，烟草对土地的消耗和海上贸易的封锁让种植园的日子并不好过，受到北方攻击的奴隶制也让南方不得不考虑经济转型。但是轧棉机的出现复活了整个南方经济，土地的价值重新被开发，劳动力需求骤然猛增，奴隶制起死回生。仅仅因为轧棉机的出现，南北差异进一步扩大，这也成为日后南北战争的导火索之一。

如果我们只从经济的角度来看，惠特尼的发明创新无疑都是天才之举，他引起整个美国的经济变革。惠特尼名声在外，去世后工厂依然生产出一流品质的产品。在惠特尼去世几十年后，另一名天才在他的工厂再现辉煌，引起又一次轰动，这个人就是山姆·柯尔特。

俄罗斯轮盘的规则很简单，一把左轮手枪，几个亡命之徒，还有几发致命的子弹就足够刺激得他们心跳加速。每个用手枪抵着自己脑袋的人都会说：“这一枪没有子弹！”生命和金钱同时被摆在运气的天平上。这个游戏的来源不是人们发掘了左轮手枪的独特魅力，而是来源于发明者山姆·柯尔特的营销手段。

柯尔特的名字未必家喻户晓，但是你一定听说过来自他公司的产品——M4A1 突击步枪。这家从 19 世纪中叶存活至今的公司在枪械上一直独步全球。如同他的创办者一样，鬼才的创新设计一次又一次挽救了公司。唯一不同的是，公司的风格从柯尔特去世后再也没那么强烈的火药味了。

1829 年，15 岁的柯尔特在马萨诸塞州的一家棉纺厂工作时就显露出卓越才华，只是这份“才华”没有给他带来好结果。他张贴了一张告示：“7 月 4 日，山姆·柯尔特将会轰飞一只木筏。”这一举动引来许多围观者，当天无数人站在岸边等着柯尔特到来。就在他们议论纷纷时，少年柯尔特眼前的木筏猛然掀起，和木筏一同起飞的还有水和泥浆。原来，柯尔特早已潜在水中等着给他们一个“惊喜”，被淋了一身的观众瞬间没了兴致，浑身又湿又脏，他们高声叫骂，打算给他点颜色看看。所幸技工伊莱沙·鲁特帮了他一把，让他免于责罚。其实，鲁特更感兴趣的是柯尔特如何让引线在水中不会短路。柯尔特告诉他：“很简单，用柏油裹紧就行了。”

天才总是会创造出一些不经意的小发明，当然也会脾气古怪、与众不同，偶尔还会做出令人发指的行为。比如在轰飞木筏的一年后，柯尔特用绚丽的烟花表演点燃了观众的激情，还顺手点燃了学校的校舍。为了避免承担可怕的后果，他选择出逃，通过父亲的关系成为一名水手。

这个决定改变了柯尔特一生的命运，他并没有在海上发现古老的宝藏，也没有因救起落难的富豪而交上好运，只是因为多看了几眼船轮或者绞盘之类的玩意，就用木块制作出转轮手枪的模型。天才必然有过人之处，母亲给他留下的手枪让他从小就在这方面高人一筹。柯尔特意识到自己的创造非常有价值，他迫不及待地回到家乡，打算立刻付诸行动，将模型变成实物。但父母对这几个木头块并不感兴趣，希望他能再次出海，参加一次长达 30 个月的捕鲸远航。柯尔特并没有顺从，他知道有更重要的事情等着他去做。

1832 年，柯尔特带着转轮手枪模型来到华盛顿——这座充满机遇和挑战的城市。当然，机智的柯尔特不会像无头苍蝇一样四处寻找投资人，他首先去申请专利。幸运的是，父亲的一个朋友亨利·埃尔斯沃思刚刚就任专利员。在亨利给柯尔特父亲的信中提到："他的专利申请一帆风顺，科学家和政客们给他的评价极高，想他定能成功，为此，我愿意伸出援手，签 300 美元的支票给他。"并且帮助柯尔特提交了一份保护专利申请，让柯尔特继续完善自己的设计。

即使有如此天才的创新，木头块和金属零件之间的距离还是很长。如果柯尔特想要制造出一把真正的左轮枪，他需要专业的军械技师。1834 年，柯尔特搬到巴尔的摩，并再次通过父亲的关系找到专业的军械师约翰·皮尔森。聘请皮尔森和研发成本得花费 300 美元，柯尔特需要拿到其他收入进项。善于开发新事物的特性在这个年轻人身上再次得到体现，他制作了一个移动实验室，用笑气作商品，50 美分可以嗅一次。柯尔特化身为"库尔特博士"，用"科学"的概念来吸引客户，并告诉他们："笑气会让你的神经系统产生神奇的反应。"这一营销方式让柯尔特取得不错的销售额，他每天能赚到 10 美元以支付各项开销。

但实际上，在这期间他一分钱也没攒下，因为他每天的支出达到 11 美元甚至更多，皮尔森多次向他抗议："你给我的钱根本不够支付你的账单。"事实上，笑气的生意很好，皮尔森的开销并不算高，只是柯尔特不断举债挥霍，让他和朋友们都陷入尴尬的境地。

直到 1826 年 2 月 25 日，一封邮件带来喜讯，左轮手枪的专利终于批下来了，这意味着柯尔特可以大量制造转轮枪和来复枪。很快，他就从父亲那里借来 1 000 美元，并让 33 个投资人加入进来，顺利筹集到 23 万美元建立枪械厂。就在这时，皮尔森的愤怒终于到达极限，他认为自己才是真正的发明家，柯尔特的专利署名以及独断专行的行事风格使他们分道扬镳。在随后的生产里，柯尔特修改了图纸，虽然他的设计并不差，但并不够专业，这让董事们难免心怀疑虑。

1837年，西点军校举办武器竞测，已生产出成品的柯尔特希望这次能出人头地，他疯狂贿赂官员以求得好名次。虽然华盛顿的官员对礼品照收不误，但柯尔特的连发武器并没有取得好成绩，一支枪甚至在测试中爆炸，军方最后给出的评价是："在特殊场合可能很有用。"这让柯尔特大发雷霆。但从公平的角度讲，一方面是军方对老式燧发枪的依恋和创新精神的缺失，另一方面则是柯尔特的枪械质量的确一般。转轮枪的卸料掌握不当和过于复杂都是问题，柯尔特的长枪甚至让一个测试的水手当场毙命。虽然大家欣赏他的设计，但是这些重大缺陷无法忽视。年轻的柯尔特选择继续贿赂官员而不是改进生产，因为改进生产会导致生产中断并且投入过多。这样的行径最终没有让质量得到改进，政府还是没能选择他的枪支。

工厂逐渐陷入困境，一封信件再次激起柯尔特的斗志。第二骑兵团的中校哈尼来信，希望试用100支来复枪以应付印第安人。柯尔特看到机会，立刻带上枪支前往，结果骑兵团非常满意。在测试中，31秒内发射出16枚穿透靶心的子弹，这样的成绩史无前例，过去的燧发枪至少需要20秒装弹时间，而20秒内骁勇善战的印第安骑兵足以冲过射程砍下美国人的脑袋。柯尔特获得了6 250美元的军方汇票，这让他大喜过望，认为自己的营销方式起了作用，他继续选择贿赂官员来促进销售，董事会对此不置可否，他们知道无法制止柯尔特的独断专行。

但是，武器竞测的规则更为严格，负责的官员也更为古板，在第二次测试时柯尔特依然没有取得好成绩，并且再也没出现过大笔订单。公司苦苦支撑到1840年6月19日，董事们决定停止生产，3 000支手枪与1 500支来复枪的产量与销售惨淡的现实让公司不得不宣布破产。

柯尔特跌入事业的低谷，但是作为天才的他并没有就此放弃。他不会因为负债而懊恼，也不愿依靠笑气生意平凡度日，他的雄心不允许被这些无聊的事情阻碍，而是选择学习机械和化学知识来完善设计。1842—1848年六年间，柯尔特一直待在纽约，并且和一个十分优秀的人一起做实验，那就是电报的发明者——塞缪尔·摩尔斯。事实证明，柯尔特潜下心来学习让他做好了充分的准备。1848年11月，机会来临了。

游骑兵采购武器的消息传来，蓄势待发的柯尔特看到一个老客户的名字——塞缪尔·沃克，当年第二骑兵团的军官！柯尔特立刻寄信给他，询问当年售出的武器状况，武器是否有所作为。沃克上尉回信称："这些武器给予我们迎战4倍于自己的敌人的信心。"此外还对武器本身赞叹不已，这是柯尔特这辈子听过的最动听的话语，旋即决定和沃克上尉合作。随后在两人的设计下，0.44口径六发左轮枪诞生，当时它还有个家喻户晓的名字——柯尔特沃克左轮手枪。由于沃克上尉的称赞和手枪本身的优秀性能，政府下了一笔柯尔特梦寐以求的订单——1 000支军用左轮手枪，3个月内交货。

面对同样的军火订单，柯尔特并不需要像惠特尼那样从头改进技术，他早已做好准备。破产后他没有工厂，没有员工，更没有制作机器。但是他找到最靠谱的代理——惠特尼在尼维尔的武器工厂。他要求技工们放下手中的工作，立即生产左轮手枪，为此不惜付双倍工钱。因为他知道，这是一个千载难逢的机会，更大的收益在等着他。

直到1847年10月这批武器才交付完成。随着游骑兵之后在对墨西哥枪骑兵的战役中大获全胜，柯尔特的手枪从此踏上历史舞台，订单像雪片一样飞来。柯尔特放弃了惠特尼的工厂，到故乡哈尔福德自立门户，并且聘用当年木筏事件的恩人、如今已经是出色机械师的伊莱沙·鲁特辅佐。随后，他们不断改良产品，引进最新的制造技术，成为世界上最顶尖的枪械制造工厂。柯尔特一飞冲天，他高傲地说道："我的经营从此由我做主，不再纠结于一群自称‘董事’的白痴的突发奇想。”当然，他有理由骄傲，因为他是山姆·柯尔特。

在营销方面，柯尔特运用许多“软广告”来宣传，这在当时无疑是鬼才之举。他邀请画师来制作用他生产的武器战斗的场景图，向各国王室赠送镶嵌金银的精美手枪，还散布亡命之徒用左轮手枪赌命的“英雄”事迹，也就是俄罗斯轮盘最初的版本。

1862年，47岁的柯尔特英年早逝，当时人们流行的评价是：“林肯解放了所有人，柯尔特让他们平等。”“上帝创造了人类，柯尔特让他们平等。”事实上，相当多的评价是柯尔特在营销中散播的口号。但这个口号并不算夸张，人们越来越认同这一观点，也有越来越多的人拿起柯尔特的武器保护自己的生命，维护自己的尊严。创新的枪械理念让他成为最成功的发明商人，柯尔特的武器在战争中成为有史以来最有威力的杀器，世界因此而改变。

当然，改变世界还有和平的方式，一个商业天才用冰块改变了人们的生活，同时也创造了巨额的财富，他就是弗雷德里克·图德。

1833年9月，一艘来自美国的商船运抵印度加尔各答，前来围观的人根本想不到这里面究竟是什么货物，是让人上瘾的鸦片还是神奇的蒸汽机？他们或多或少有心理准备。但当几个搬运工走进船舱的时候，他们简直不敢相信自己的眼睛：冰块，这个只有在冬天才能见到的东西，正等着他们运到岸上去。这在当时的印度引起轰动，随着冰块到来的还有冷藏的苹果、奶酪、黄油等美食。炎炎夏日，这些东西给他们带来奇妙的体验，让他们立刻就对冰块产生依赖感。在那个没有制冷机的年代，船上全部为天然冰块，并且来自远在地球另一端的新英格兰。弗雷德里克·图德，这艘船的主人，冰块生意的发起人，从此打开印度市场的大门。

1784 年，图德出生在新英格兰北部一个非常殷实的律师家庭，和三个哈佛毕业的哥哥们不同，图德从小就对学术毫无兴趣，无论是工业上的技术还是医学、法律他都嗤之以鼻，认为那都是“枯燥无味的无聊之举”，13 岁他就退学进入商界。图德绝非不学无术之人，他不过是提早选择了“最正确的道路”。在这片被外省人称为“只生产花岗岩和冰块”的新英格兰州，他创造了常人无法想象的商业奇迹。

在 1805 年冬天的一次宴会上，这些北方的波士顿人享受冰块带来的美食。冰淇淋、冷藏的食物、加冰的烈酒，难免让这些北方人心生自豪。图德的兄长开了个玩笑：“把这些冰块运到加勒比海的港口肯定赚钱。”言下之意，居住在热带的南方人只能顶着烈日饱受煎熬，根本无从享受冰爽的乐趣。的确，在炎热的赤道附近，冰块简直就是奢侈品，但就算有人出再高的价格也不可能买到，因为根本就没有供货商。图德对兄长的话念念不忘，他认为并非没有可能。当他将往南方贩运冰块的想法对家人公开时，他们吃惊的样子就像后来南方人第一次见到冰块出现时的表情。图德没有退却，尽管家乡人对他冷嘲热讽，但他丝毫不在意，并且在自己命名为《冰库日志》的笔记本上写道：“在一个回合后就不敢再次挥动拳头的人，做什么都不会成功。”以此表达对平庸之人的鄙视。图德很清楚，为了完成梦想，他要做的只有一件事，那就是如何让冰块在运送途中保持温度。

1806 年，筹备了一年的图德完善了冷藏技术，投入 10 000 美元将 130 吨（折合 130 000 千克）天然冰运送到炎热的马提尼克岛。这次生意不仅遭到波士顿人的冷眼旁观，就连目的地的马岛人也觉得这是天方夜谭。蒂芙里花园的老板直截了当地告诉图德：马岛不可能做出来冰淇淋，没等你运到这里冰块就会化成水！图德不置可否，直接让他老老实实准备好奶酪，等着看冰淇淋诞生。当蒂芙里花园在这一天售卖冰淇淋获利300美元时，他才心服口服，对图德崇拜有加，并告诉邻居们冰块有多么美妙。尽管有了客户的宣传，但是销售还是受到很大阻碍，很多人都不知道冰块的妙用，大量的冰块在滞销时间里融化。图德的第一次贩冰生意并不成功，4 000美元的损失让他捉襟见肘。此时又因为英国对美国的经济封锁，1807年杰斐逊总统签署《禁运法案》反击，使得海上贸易全部停止。图德索性躲在自家农场里，一方面思考生意上的对策，另一方面躲避债主讨债。

这段时间，图德丝毫没有因为家人的反对而动摇，反而更加确信自己掌握了得天独厚的商机。1809年，由于资产阶级的强烈反对，《不来往法案》代替《禁运法案》，除和英、法的交易，海上贸易再次活跃起来。此时图德也做好准备，无论销售还是技术都有改进。他的商船再次出海，虽然有所收益，但并不丰厚。图德并不着急，因为他的野心远远要大于这几船冰块的利益，他目光深远，深知现在所做的一切将会改变人类的生活。

图德清楚，绝不能仅仅靠运输冰块赚钱，这将是一个庞大的产业。毕竟技术含量、竞争门槛太低，只要他卖冰块获利，很快就会有许多人涌入进来，竞争将导致无利可图。垄断成为这个冰业发起人最明智的决定，他没有用赚来的钱享受生活，也没有扩大规模，而是申请冰块的合法经营专利以及在南方兴建冰库的权利。这样一来，其他人要加入必须得申请专利，还要有合适的地方贮存冰块，一旦设立标准，图德的优势就会显现出来。

不出图德所料，很快就有人开始效仿，企图分一杯羹。竞争者的出现没有让他困扰，只需要调低价格，他就能轻易将对手击垮。凡是他有冰库的地方，价格都被压低到每磅一便士，对手以此价出售必然亏损。

如果坐等涨价，他们没有冰库，只会让冰块一天天变小，他们没有等待的余地。很快，所有竞争者都退出该行业，图德轻而易举完成垄断，这都归功于他的深谋远虑。

当然，作为一个新兴产业，冰块的销售仍然有巨大的市场等待开拓。在南方的知名度还不够，图德必须改变当地人的生活方式。他看准了人们最常去的交流场所——酒吧，在烈酒里加入冰块的魅力非常大，他相信所有人都会爱上饮酒时冰爽的感觉。图德选择了一个最为明智的方式促销，免费为一家最出名的酒吧提供一年的冰块，人们饮酒的习惯很快就得以改变，冰块成为酒吧的必需品，市场需求就此挖掘出来。

冰块的作用当然不止如此，家用冰箱的出现让食物保鲜成为可能，图德自然不会放过大好机会，冰箱和冷饮器也成为他船上的常见货物。从此之后，城市里的美国人再也不用为吃不到新鲜的肉类和奶制品而苦恼。19 世纪 60 年代，冰箱成为美国南方家庭的日常用品。受益于冰的还有医生与患者，通过冰敷被拯救的人不计其数。远售到波斯的冰块让那里的病人起死回生，图德甚至收到波斯王子的感谢信，这让他更加为自己的事业感到自豪。

图德从未停止技术革新，他认为效率的提高和成本的降低取决于技术的改进。他不断尝试用刨花、羊皮、毛毯等物品改进冷藏技术，最后他终于设计出一种能经受住热带考验的冰库，将损耗率由 60% 降低到 8% 。1825 年，图德遇见一生中最重要的技术人才纳撒尼尔 · 韦思。韦思对切冰技术的创新如果得到应用，生产成本将直接下降 2/3。图德果断聘请韦思担任经理，韦思的商业天赋得到发挥，冰块的生产效率大幅提升，成本迅速下降，竞争优势更加强大。

1838 年，图德的冰业已经发展成为新英格兰重要的出口商品，凡是美国商船能到达的地方都有冰块的影子，远在印度的加尔各答也成为冰块销售的目的地。成熟的技术让图德对长达四个月的印度之旅充满信心，丰富的运输经验使得冰块到达印度后依然完整，销售上取得的成就改变了地球另一端人们的生活，越来越多的人对冰块产生依恋之情。

图德改变了美国消费文化的本质，也让人们学会了享受冰爽的感觉。饮品、食物、医疗等领域都因为冰的出现得到提升，冰也让人们感受到生活水平提高带来的舒适。生活原本就需要享受。在那个年代，对于很多人来说工作是一件痛苦的事情，受到资本家的压榨和剥削让他们辛苦度日，对工作难免产生怨恨之情。直到一群“洛厄尔女孩”的出现，工人阶级才第一次在工作中感受到幸福。

1834 年，美国的经济萧条让波士顿制造公司苦不堪言，不得不通过降低女工工资来削减成本。虽然降幅只有 15%，但这项决议立刻激起女工们的反对浪潮，洛厄尔女性劳动力协会组织罢工。起初支持罢工的投票率居高不下，看起来气势慑人，但最终大多数女性放弃罢工，重返工作岗位。罢工仅仅沦为一种无力的表态——如果洛厄尔在世，想必不会出现这么糟糕的情形。

弗朗西斯·卡波特·洛厄尔身为波士顿名门洛厄尔家族的一员，称其为含着金钥匙出生并不过分。他从小就表现得与众不同，和“枪王”柯尔特一样，他年轻时也曾放浪形骸：14 岁时因在哈佛校园点燃篝火而差点被开除。但是没过多久，1798 年，毕业五年的洛厄尔就利用家族提供的丰厚资金和政治地位，很快成为新一代富商大贾。那年他 23 岁，波士顿的码头船只频繁来往，载动着他的生意风生水起。当时，人人敬佩这个年轻人的成就。

波士顿作为北方最著名的贸易城市之一，具有典型的北方经济模式。在这片高纬土地上，寒冷的气候使农作物产量大幅降低，无法像南方种植园那般高产。正因如此，工业成为当地经济发展的唯一出路。在那个时代，只有来自北方的发明者和企业家才会满脑子创造革新，而南方人则沉浸在慵懒的生活里，富足的环境下，那儿诞生了各式各样的艺术家。但是有一点十分明确，那就是作为一个典型的北方商人、富家子弟，洛厄尔没有成为艺术家或者发明家，而是成为美国工业革命的领头羊。

1808 年，洛厄尔因《禁运法案》苦恼不已，作为天然港口的波士顿，海外贸易是商业的主流，洛厄尔在这方面做得越成功，受到的打击就越大。事实上，他的商船不仅在大西洋上驰骋，还从美国的东海岸驶向中国，丝绸和中国茶叶对他来说并不新鲜。巨大的贸易额日朘月减，他的商船被迫停靠在港口闲置，这让他心慌意乱。1810 年，洛厄尔再也无法放任生意上的挫败，想要转型却没有出路，他创办的一家朗姆酒厂根本无法满足他的商业胃口。身体上的不适也让他闷闷不乐，最终他决定到欧洲疗养一段时间，或许还能找到生意上的突破口。

1812 年，在英格兰的土地上，洛厄尔见识到什么才是真正的纺织业，工厂林立、机器飞转、工人忙碌……他备感震撼：工人有条不紊地工作，生产井然有序，机器在规律的节奏中运转。这才是工业！在当时的美国根本见不到这样的场景，英国人为了保证商品竞争力，严禁任何纺织技术出口，水动力纺织机从未对外展示过，任何企图带出图纸和技工的人将被处以重罚。但这样的规定仅仅适用于那些记性差的普通人，智力超群的洛厄尔仅需将纺织机的样子放进脑袋，便满怀激情回到了波士顿。

很快，洛厄尔就找到一名杰出的机械师保罗・穆迪，让他根据记忆和构想制作水动力纺织机，并且联合自己的妻弟——运河船长帕特里克成立波士顿制造公司。随后，一批投资者的加盟让公司资金壮大起来，大家都想看看这个卷土重来的年轻人如何起步。作为投资人之一的内森・阿普内顿很有信心，他将企业重组为一个注册资金高达 30 万美元的公司，并且通过出售股份继续吸引投资。不久，保罗·穆迪拿出研究成果，他利用水力带动齿轮和滑轮同时转动，使得多道纺织工序同步进行，大大加快了纺织速度。多个机器同时运行，工人们只需做好本职工作即可生产。简单标准的生产模式如今看似普通，在当时却是个不小的提升。1814年，沃尔瑟姆工厂正式成立，一体化的生产方式让工厂顺利运营，收益颇丰。

1817年，年仅41岁的洛厄尔就撒手人寰。他糟糕的身体状况并没有因为那趟欧洲旅程而恢复。在事业辉煌和身体健康之间，他毫不犹豫地选择了前者。但洛厄尔并不后悔，他已成为美国工业革命的先行者和引导者，对于整部美国商业史来说，他无疑立下汗马功劳。他的工厂激活了梅里马克河的经济，所在地逐渐发展成一座城市，这个城市被命名为洛厄尔。世界记住了这个英年早逝的商人，他的贡献让美国提前进入工业时代。记住他的还有另外一群人，那就是他的女工们，当时人们称之为“洛厄尔女孩”。

1822年，洛厄尔去世五年之后，投资者们决定扩大生产，新建厂房，招募一批年轻女孩成为工人主力。洛厄尔曾留下遗言，这个博爱主义者要求给予大部分女工良好的生活和工作条件。所幸的是，即使洛厄尔已不在人世，公司的董事们还是继承着他的理想。这些没有地位、收入微薄的农村姑娘在这里得到了应有的尊重，工厂使用12小时工作制，虽然现在看来十分苛刻，但在当时高强度劳动环境中算是优待。工厂提供良好的住宿条件、卫生保健和再教育等福利，让她们为工作感到自豪，“洛厄尔女孩”成为无数年轻姑娘羡慕的对象。虽然工资只有男工的一半，但在那个不平等的时代，这足以让她们摆脱父亲或丈夫的经济控制，经济上的独立让她们的精神得到解脱，这为后来男女平等观念的形成做出巨大贡献。

1834 年、1837 年的两次经济危机导致工厂薪水日减、女工罢工，但这些小风波并没有影响波士顿纺织公司善待女工的大宗旨。1840 年，著名的现实主义小说家查尔斯 · 狄更斯前来参观工厂。狄更斯是大文豪，也是一位坚定不移的人道主义者，他一贯抨击英国产业制度下工人糟糕的生活条件。来到此地，他赞不绝口："这里空气新鲜，环境整洁舒适，工作本应如此。"

洛厄尔的博爱精神和理想主义对企业家影响深远，人们不再认为工人就一定要在脏、乱、差、薪水微薄的条件下工作、生活，工人也应享有体面生活的权利。即使在后来的一百年里，资本家对工人的剥削和迫害日益加深，世界也从未忘记过，在波士顿纺织公司的工厂里，曾经有过一群幸福并自豪工作的"洛厄尔女孩"。

1810 年，波士顿纺织公司已经拥有美国最大的工业产业链。到 19 世纪 60 年代，工厂的棉轴数量已远远超过美国南方 11 个独立州棉轴数量的总和，而洛厄尔工厂生产的棉布数量则达到全美的 1/5，如此辉煌的成就注定在历史上留下浓墨重彩的一笔。但在之后，工厂的发展仿佛遭到诅咒一般，不明缘故地飞转直下，就连众多经济学家也未能找出确切原因。没过几年，洛厄尔的纺织工厂就无可挽回地衰落下去，唯其精神直至今日得以永存。

虽然洛厄尔英年早逝，但他的理想改变了女工们的待遇，也为美国后世的男女平等权利打下基础。"洛厄尔女孩"的自豪感与今天大公司员工一般，令企业美誉度提升。同时，作为工业革命的领跑者，美国工业也因他带来的一体化生产制度而发生根本性改变——大西洋两岸的经济差距迅速缩短，来自彼岸的无数新发明、新技术被洛厄尔的效仿者们带入美国。

自此，美国正式踏入工业革命时代。

第3章

左手科学，右手财富

1807 年 8 月 18 日，哈德逊河上出现一艘人们从未见过的“怪物”，它头上喷涂着黑烟和火星，庞大的身躯让它看起来就像正在喷发的移动火山。周围的船只东闪西躲，船上的水手们吓得趴在甲板上祈求“怪物”远离他们。

操纵“怪物”的罗伯特·富尔顿扬起嘴角，在他眼里，恐惧的水手们就像旧时代的臣服者，对他这位新的水上霸主顶礼膜拜。推动“怪物”的装置旋转起来，飞溅的浪花展现出它无与伦比的力量，岸上的农民惊慌失措地叫喊着“魔鬼来了！”实际上，作为第一艘蒸汽轮船，它奇特的外貌难免让人心生恐惧，就连乘客也惶惶不安，生怕锅炉爆炸殃及身家性命。而它的制造者富尔顿正怀着一颗自豪的心掌控船舵，他为这一天付出太多，也期待太久。他要做的就是让这艘蒸汽船平安无事地到达目的地，去接受应得的荣誉和赞美。

1790年，25岁的富尔顿已经远赴欧洲艰苦求学5个年头。然而，作为一名年轻艺术家，单靠绘画难以果腹。即使他优雅英俊，总能获得欧洲贵族们的喜爱，并因此经常得到给他们画像的机会，但也并不能维持生计。雄心勃勃的富尔顿家境贫寒，他背井离乡，在欧洲生活得并不顺利。在皇家艺术学院收藏的画作中，我们可以看出，长时间孤独无依的状态在他心中留下深刻的痕迹。富尔顿一直渴望拥有上层人士的生活，英俊的脸蛋给了他接触贵族的机会，但从未得到长期的经济支持，他的才华没有发挥的余地。

富尔顿开始反思，如果只凭外表恐怕不能直接被上层人士所接纳，他必须另寻出路。这时，一个机会摆在他面前，下层贵族威廉·考尼特向他伸出援助之手。不得不承认，威廉的名声完全可以用臭名昭著来形容，外表猥琐又有异装癖，他难免被人认为是个十足的变态分子。但富尔顿没有拒绝，成功的渴望过于强烈，纵然被流言攻击也在所不惜，他在威廉的城堡里待了三年半。这在期间，他和威廉一起作画、打猎，这些“高雅”活动固然闲散舒适，但富尔顿绝非好逸恶劳之人，他的野心远不止于此。才华横溢的富尔顿时常留心观察采石场开采大理石的过程，他很快就发明出一种机械式锯子以加快生产，这是他向机械师迈出的第一步。这个发明为他带来一块金牌，富尔顿得到社会肯定，从此开始迈上机械制造之路。

1793年，威廉的公司开始兴修运河，富尔顿从中看到机会。在不断观察和学习中，富尔顿察觉到运河将会出现的问题。公司董事长查尔斯·马洪决定修建防洪闸门来控制船的升降，以适应水位的变化。但富尔顿意识到，船只很可能因为下降的反作用力而停在斜面上。很快，富尔顿的信摆在查尔斯的办公桌上，不过在他看来，这位小画家明显外行，居然想对他的伟大计划指手画脚，最后还敢在结尾处申请100英镑作为活动资金来解决那莫须有的问题，这无疑是个投机取巧的骗子。所以查尔斯在回信中无情地拒绝了富尔顿，甚至羞辱道："我对你要成为真正的机械工程师这点深表怀疑。"富尔顿受到打击，并没有一蹶不振，反而激发起斗志，航运研究成为他的主要课题。一年之后的 6 月 3 日，富尔顿设计的沟渠挖掘机获得皇家专利权，那是作为一名工程师能得到的最高肯定，也意味着他完成了从艺术家到工程技术人员的转型。

富尔顿对工程的热情被激发出来，高超的天赋让他在这个行业如鱼得水。基于他优秀的绘画基础，他可以非常娴熟地根据比例绘制设计图，精确的尺寸和清晰的表达让工人们的施工异常顺利。这为他带来相当高的业界赞誉，富尔顿的设计草图往往被追捧得价值连城。

不过，富尔顿没有止步，他还记着当初在运河建议中被羞辱的事情。为了进一步证明自己，他向遥远的故国总统乔治·华盛顿致信，希望能建造一条连接纽约、费城和巴尔的摩的商业运河。尽管他强调这将会给公众带来巨大利益，但也没忘记开出自己的价码——希望能在这个项目上分一杯羹。然而，华盛顿拒绝了这项计划。

建功立业的抱负没有实现，富尔顿内心苦闷，他不顾英法战争中的地域封锁，强渡英吉利海峡度假。这次旅行改变了他的生活，爱情第一次降临到这个天才身上。在今天看来，富尔顿的这份爱情简直匪夷所思，因为他的恋人已为人妻，丈夫是美国富有的企业家乔尔·巴洛，三人却和和气气地生活在一起。虽然在新英格兰这样的事情不被认可，但在时尚前沿的巴黎却屡见不鲜。由于乔尔在法国的影响很大，富尔顿因此有机会接触到相当多的上流人士，这就代表着会有许多潜在的机会，富尔顿默默等待着。

在这段时间里，他一面享受爱情，一面开始新的事业——制造潜艇。英法战争愈演愈烈，富尔顿对战争怀有的憎恨与日俱增，他希望在自由贸易的基础上建立起一个繁荣世界的愿望越来越难以实现。最终，他决定帮助法国击败当时最强的英国皇家舰队来建立新的秩序。很快，富尔顿得到荷兰人的资助，潜艇“鹦鹉螺号”被建造出来。1800 年秋天，富尔顿和随行的同伴钻进潜艇，冒着生命危险在塞纳河对英国军舰发动攻击，但结果并不成功。几个月后，法国政府提供 2 500 美元用来研制潜艇，富尔顿却依旧没能做出有效应对战争的作品。毕竟那个时代并没有真正的鱼雷，只能依靠长杆将水雷送到敌船上去，动力也只能靠人力驱动。作为领先于时代的武器，受到技术制约在所难免，富尔顿注定失败。

1802 年，在巴洛夫妇的晚宴上，一个展露才华的机会降临到富尔顿的身上。参加晚宴的人都是法国掌握实权的达官显贵，其中包括外长塔利兰德。富尔顿在这次宴会上大谈用蒸汽驱动轮船的构想，这在法国一直是禁忌，科学院宣称蒸汽船是“愚蠢的想法”。塔利兰德对此大为震惊：“我不得不认为他疯了。”但富尔顿还是给在场的人留下深刻印象。不久之后的一次宴会中，巴洛夫妇邀请到时任美国全权公使罗伯特·利文斯顿。当富尔顿再次热烈地讨论起蒸汽船的构想时，利文斯顿终于找到知己，他早就萌发在哈德逊河上行驶蒸汽船的愿望。富尔顿和他一拍即合，两人当众宣布要造出一艘蒸汽动力的船来。

没过多久，两人就开始行动，利文斯顿利用政治地位对蒸汽船的制造提供相当大的帮助，巴洛夫妇也参与进来，给予资金和技术上的支持。1802 年 10 月 10 日，利文斯顿和富尔顿正式签订合同，前者提供现金，后者负责建造。

1803 年，在法国建造成形的蒸汽船首次露面，在码头等待主人第二天前来扬起风帆。但就在试航前夜，富尔顿家的大门在一阵急促的敲门声中打开：“富尔顿先生，您的船爆炸了。”他慌忙赶到码头，留下的只有在水底等待被打捞的蒸汽机和水面上漂浮的船体碎片。报纸上的报道称：这是船夫们的蓄意破坏。也有人说因为蒸汽机太过沉重，木板船无法支撑。但无论如何，富尔顿的工作只剩下没日没夜地维修那损坏的蒸汽机。

同年8月9日，修复成型的蒸汽船再次下水，没人知道富尔顿付出了多大的辛劳。傍晚6点，由两艘小船牵引的蒸汽船移出码头，很快就放开绳索，蒸汽船依靠自驱动力前行。塞纳河上一片寂静，观众们无不对蒸汽船暗暗称奇，尽管它的时速只有每小时3英里（折合4.83千米/时）。富尔顿对成功没有更多的感慨，他更看重能从中得到什么。在后来与拿破仑的谈判中，他并没有得到一笔想象中的订单——蒸汽军舰，因为他的贪婪给皇帝留下糟糕的印象："这个富尔顿格外贪婪，因此我们不会为其关心的机器付出更多。"但和他一起的利文斯顿从中捞到不小的油水——拿破仑同意以每英亩3美分不到的价格售卖北美土地。最终，5.65亿英亩（折合2.29亿公顷）的土地交易使得美国领土足足扩大一倍，利文斯顿也因此大发横财，回到自己的庄园养绵羊去了，而富尔顿则辗转到英国寻求新的发财机会。

此时的蒸汽船发明陷入低谷，富尔顿对此漠不关心，他重新开始研究潜艇鱼雷之类的武器，对海战的热情有增无减，并希望从中找出生财之道。他在给鲁思的信中提到："蒸汽船只有研制鱼雷系统一半的重要性。"但结果显而易见，他的鱼雷系统和潜艇并不被英国人看好，在换取了12 000英镑的研发补偿后，富尔顿于1806年12月回到纽约，结束长达15年的异国漂泊。与此同时，老朋友利文斯顿恰巧获得密西西比河上的运输权力，如果他们能利用新技术控制河运贸易，无疑将是一笔巨额财富。

1807年夏天，一艘宽12英尺（折合3.66米）、长146英尺（折合44.53米）的大船在哈德逊河下水。与众不同的是，它还配备了高15英尺（折合4.58米）的大烟囱以及轮式船桨，这意味着世界上第一艘蒸汽轮船诞生。这艘造型奇特的船显得不伦不类，前来围观的人称之为“富尔顿的蠢货”。富尔顿对此毫不在意，他说：“在我成功路上绝不会有祝福。”

通过试航，他将原来8英寸（折合20.32厘米）宽、3英尺（折合7.62厘米）长的桨叶式冲浪板加大了一倍多，速度得到了惊人的提升。一切准备就绪，是时候扬帆远航了！8月17日，“克莱蒙特”号正式航行，被邀上船的男士们都穿着整洁的衣服，女士们都戴着华丽的软帽，这是一次上流社会的“冒险”，因为富尔顿也心怀余悸：随时可能历史重演，包括他自己在内的乘客都有可能结束生命旅程。

所幸的是，在一个小小的故障排除之后，“克莱蒙特”号头顶黑烟，在哈德逊河上开始耀武扬威的首航。一个新的时代来临，老式船只无不退避左右，仿佛恭迎新的航运霸主。但直到1809年，富尔顿才获得属于自己的专利，在此之前他根本无法阻止他人的仿造。在首航后的两个星期，富尔顿开始真正的发财之路，付费乘客从四面八方赶来享受在河里飞驰的感觉。他们无疑也是最好的宣传者，每次航行旅客都会增多，富尔顿也对应地增加床位，修建房间，并在不断的小故障中完善轮船。

以“克莱蒙特”号为蓝本，富尔顿马上打造船队，21艘轮船的蒸汽船队的诞生代表着一个蒸汽船帝国在莱茵河上崛起。作为这个帝国的掌控者，富尔顿和利文斯顿政商结合，在几条大河上开始航运生意，金钱滚滚而来。发明家和政客的垄断生意比什么都让人安心惬意，富尔顿得到梦寐以求的地位和财富，漂泊一生的发明家终于找到归宿，成为那个时代最具代表的企业发明家。

蒸汽轮船在航运的统治地位一直持续到20世纪初，通过不断改进，蒸汽船一直是那个年代航运贸易的重要力量。人们在海上常常看见一缕黑烟直冲云霄，为归来的亲人欢呼雀跃。但在它的大家族里，却有一个让人类难以忘却的伤疤，那就是举世震惊的“泰坦尼克”号沉没事故。

1912 年 4 月 15 日，大西洋上发生人类史上悲剧的一幕：泰坦尼克号在与冰山的撞击中不幸沉没，这艘号称永不沉没的客轮仅仅下水 5 天就香消玉殒。全世界都深感意外，谁能想到它竟然如此短命，又有谁能料到这艘令人骄傲的巨轮是世界上第一个发出 SOS 求救信号的航船？那时候刚刚投入使用的 SOS 尚未普及，如果周围的船能明白收到信息的内容的话，想必损失或多或少能有所挽回。人们的反思并没有白费，莫尔斯电码在这次事故过后迅速普及，直到 1997 年，法国海军停止使用莫尔斯电码的时候发出最后一句话：“注意！这是我们永远沉寂前的最后一声呐喊。”相比其他代码，莫尔斯电码存活的时间是同类技术所无法企及的，人类永远怀念这项改变时代的技术，发明者塞缪尔·摩尔斯也因此名垂青史。

1827 年，36 岁的摩尔斯远赴欧洲，逃离让他痛苦不堪的美国。妻子和父母的相继去世让他失去在这片大陆生活的勇气，他不得不横跨大西洋到彼岸去寻找新的人生。踏上法国大陆没多久，他就被这个世界上最优秀的艺术殿堂迷住了，卢浮宫里的作品是那么富有魔力，野心勃勃的摩尔斯不断想象着自己的绘画将成为新的艺术标杆。在旅行期间，他结交了许多新朋友，不断地累计绘画才华，却在无意间埋下后半生奋斗的种子。

在巴黎的一次聚会上，摩尔斯抱怨信件的邮递速度过慢，他感慨道：“闪电或许能为我们提供帮助。”大家都以为他在开玩笑，但摩尔斯竟然开始构建如何实现这一荒诞的想法，他当众表示，信息能在电火花中通过某种方式传输。大家都认为他一时脑热，摩尔斯也只能悻悻作罢。

1832 年，摩尔斯决定回到美国重新开始，身为艺术家，他在欧洲得到许多启发，满脑子的艺术野心等着他去实现。但在乘坐法国邮船“萨利”号途中，一次谈话改变了摩尔斯的命运，对艺术的热情被转移到史上最伟大的发明——电报上。

夜幕降临，摩尔斯正在和其他船客共进晚餐，席间的谈话勾起他无尽的遐想。他的邻座是年轻的化学家查尔斯，他认为电流不会因导线的长度而影响传输速度。摩尔斯联想到，如果用电流传输信号，那么无论多远的距离都能瞬间传达。这一想法虽然算不上新鲜，但摩尔斯此前从未研究过此领域，虽然对此一无所知，但却能举一反三。于是，电报机成了话题的中心，摩尔斯了解到，早在 1824 年，英国研究者彼得·巴洛就得出结论，针式电报机不实用，一旦传输距离超过 200 英尺（折合 61 米），磁铁就会变得不稳定，偏差就会越来越大。结果晚宴成了一场学术讨论会，大家各抒己见，都心满意足地回到房间。摩尔斯在黑夜里睁开双眼，他想要突破电报机的技术瓶颈。

摩尔斯并不是一个纯粹的艺术家，发明创造是他从未放弃的爱好。1805—1810 年，在耶鲁大学就读的他就已经接触过电学方面的试验。1817 年，他和哥哥取得消防车挠性活塞泵的专利，还单独发明了一种大理石切割机。科学上的天赋虽然在年轻时有所显露，但摩尔斯还是选择了艺术的道路，直到在“萨利”号的旅途结束，他才找到真正能够大展宏图的方向。一个月后，摩尔斯下船时意气风发，他对船长说：“我亲爱的船长，这些天你听到我们关于电报的谈论，将无疑是世界的奇迹，请记住这一切是发生在你的船上。”他的自豪之情不言而喻，仿佛发明新型电报将一帆风顺。

然而，摩尔斯却在随后的十年里陷入人生低谷，遭受到一个发明者最为悲哀的待遇——贫困。他刚回到美国，就打算接下国会大厦里壁画的工作，欧洲的艺术之旅让他颇为自信，打算拿到这笔薪酬之后再去完成发明家的心愿。但摩尔斯完全高估了自己的能力，应聘失败的消息不仅意味着失去丰厚的报酬，还代表着他彻底失业。摩尔斯没有任何资金进行电报试验，只能靠给别人画像勉强度日。1835年，情况有所好转，他被任命为纽约大学教授，负责艺术设计教学。但薪酬只是从学生学费里抽取微不足道的一部分，甚至支付学校的房租都成问题。志向远大的摩尔斯不禁心怀苦闷，为自己的贫穷感到羞耻。

在万般困苦之中，属于摩尔斯自己的电报机终于横空出世，但传输距离仅仅20英尺（折合6.1米），这在整个电报机的研究上毫无意义。他通过加大电流来延伸传输长度，不过效果并不理想。同校的地质矿物学教授纳尔·戈尔注意到摩尔斯的发明，并且参与进来改进他的电路布置，由此可以将信号传输到更远的地方。他告诉摩尔斯："你不能奢望它能传输超过20英里。"但在时代的影响下，"不可能"这个词对摩尔斯来说就像是屈辱一般，他开动脑筋，告诉戈尔："我们可以配置一种中继系统，通过电磁运动不断地引起一段又一段的短距离传输，这样可以达到无限远。"事实上，他们已然走到电报的最前沿，欧洲的学者们正对这个问题绞尽脑汁，他们还没有找到解决传输距离的方法。

1837年，在纽约的一个教堂里，摩尔斯正在给一些教授做研究成果展示：如何将信号传达到1 700英尺（折合518.5米）远的演讲厅里去。接收信号的铅笔在纸上动来动去，在座的教授无不震撼：这将是一个多么伟大的发明啊！尽管如此，并没有人伸出援手，反而是一个毕业生意外地观察到展示的全过程，这个人就是摩尔斯后半生的合作伙伴——阿尔弗雷德·维尔。这个29岁的年轻人意识到电报必将在未来大有作为，当天晚上他就绘制出一条横跨美国的电报线路图，第二天就和父亲一起敲开摩尔斯的家门。维尔不仅甘当助手，还带来父亲的2 000美元投资，摩尔斯笑脸相迎，并许诺未来公司1/4的股份属于维尔父子。有了资金和人才，电报机的研究骤然加快，几个月后就有了新突破。

1838 年1 月24 日，纽约大学里的两根5 英里（折合8 046. 72 米）长的电线成了摩尔斯的见证品，他的电报机准确无误地将信号传达出去。摩尔斯意识到，技术已经成熟，黎明就在眼前。他将所有设备打包好，经过费城富兰克林学院科学委员会的考验，再到华盛顿去赢得一片喝彩。当时的报纸评价：“电闪雷鸣的敲击声燃起了首都的电报机风暴，大家争相观看这个奇迹。”这个“大家”也包括马丁·范·布伦总统和他的内阁成员、国会议员，电报机受到所有人的欢迎。

摩尔斯在一片赞许声中踌躇满志，在不断的展览中坐等政府的资金支持。1836 年，国会通过了国家发展规划的文件，但摩尔斯无论怎么翻看，都没有找到电报机的影子，这对他无疑是一个巨大的打击。实际上，众议院商业委员会主席弗朗西斯·史密斯曾提议拨款30 000 美元用以架设电报线，但经济萧条和一些国会议员的反对让这个提案不得不流产。在随后几年，摩尔斯毫无收益，不得不面对破产的困境，助手维尔得不到一分钱的报酬，教授戈尔也只得自寻出路。孤独的摩尔斯在51 岁时还吃不饱饭，但他从未放弃过梦想。1842 年，摩尔斯用沥青、柏油和橡胶包裹起电线，并将它沉入纽约市区到总督岛的水域里，尝试能否收发信号。当天晚上的试验一切正常，却在第二天的展示中功亏一篑，被众人嘲笑。深受打击的摩尔斯寻找原因时发现，问题并没有出在他身上，原来是一艘船的锚勾住了电线。

摩尔斯在痛苦中不断坚持，黎明之前往往是最黑暗的时刻，他终将迎来属于自己的曙光。经济回暖后，国会重新考虑电报机的议案，摩尔斯再次带着机器来到华盛顿。这次，他冷静地将完美的新机器展示给所有人，电学家约瑟夫·亨利赞美道：“这是我见过最漂亮、最灵敏的仪器。”1843 年3 月3 日，国会以89∶83 的票数涉险通过提案，30 000 美元的资金足矣让摩尔斯大显身手。

5月24日，从华盛顿到巴尔的摩的电报线完工，即将开始它的第一次考验，这也是对摩尔斯最重要的时刻，亨利对此给予厚望："当它投入运营时，我会同它在一起。"这无疑是对摩尔斯最好的鼓励。在国会大厦最高法院会议厅里，摩尔斯发送穿越300千米的信号，当巴尔的摩火车站收到并翻译过来时，全场发出热烈的欢呼！人类史上首个长距离电报的内容是："上帝创造了何等奇迹！"这句话就足以感人肺腑，也是一个时代更新最好的写照。

电报的成功给摩尔斯带来巨大的财富，失意和痛苦的研究没有白白付出，他终于得到应得的回报。摩尔斯并没有插手美国电报行业的发展，作为一个科学家，通过科学赢得财富是他最为骄傲的事。他承认自己在商业上的局限性，在组建了电磁电报公司后，他明智地选择委托别人妥善经营，自己则安享晚年，在荣耀和富有中走完最后一段人生。电报业从此迅速发展，将整个美国连成一体。

事实上，当时的电报要比火车跑得更远，也更为迅捷。长距离的电报可以带去亲人的思念，却无法将人们传送到对方的眼前。要想真正拥抱千里之外的亲人，人们必须在各个城市不断辗转，因为当时根本没有长距离铁路，群山峻岭成了最大的阻碍。而征服它们的方式，全靠一个人用一步步的脚印开拓出来，从山峰到峡谷，他成为跨洲铁路的"火车头"。

19世纪50年代，在广袤的美国大陆，人们常常看见一位晒得黝黑的探险家。无论是峥嵘险峻的山峰，还是寸草不生的沙漠，都曾出现过西奥多·朱达的身影。为铁路寻找适合的铺设地，他常常骑着马，牵着骡子，消失在人们的视野尽头。作为那个时代最杰出的铁路工程师，他承受了有史以来最艰苦的考验。险峻的山崖和咆哮的狮子对西奥多来说并不陌生，这些都不能阻止他的脚步。但就在他经受住了所有的勘探考验，功成名就后却被踢出心爱的铁路建设。作为一个工程师，他是所有人的典范，作为一个商人，他的失败在所难免，因为他的一腔热血都在铁路上，没有心思和狡猾的商人们斤斤计较。

1854年，28岁的工程师西奥多来到加利福尼亚州，他要完成一桩壮举——落基山脉以西的第一条铁路将在他的设计下动工。这在当地引起了轰动，铁路的建成代表着每一批货物都将安全快速地运达目的地，沿线的人们自豪又兴奋。但对西奥多来说，这不过是他工作的一部分，他正倾心于更为宏大的计划——跨州铁路。在当时的美国，火车已然称不上新鲜事物，这个蒸汽机时代的代表已经有了18 000英里（折合28 968千米）的跑道供它驰骋，但大都集中在东部。长距离铁路不仅要付出相当大的成本，而且要克服技术上的难关，还未必有足够的收益，同时也得不到政府的支持，没有人愿意蹚这趟浑水。

西奥多绝不放过任何一个值得挑战的事情，他的妻子评价他“意气风发，不畏困苦”，事实也证明了这一点。26岁他就敢将铁路镶嵌在陡峭的峭壁之上，下面咆哮的河水丝毫没有吓倒这个勇敢的年轻人，技术上的自信和果敢的作风让他一战成名，成为当时最有名的工程师之一。在外人眼里，这个年轻人的举动虽然疯狂，却用现实证明了自己的能力。但当他提出要用铁路征服7 000英尺（折合11 265千米）高的内达华谢拉岭时，大家都认为他真的疯了。“疯子朱达”成了他的外号，却依然受人尊敬。因为他那张饱经风霜的脸从荒郊野外归来时，绝对没有人会认为他是个只会说疯话的工程师，西奥多用他的行动打动了所有人，也让自己的阅历与日俱增。

1857年新年那天，西奥多放下行李，穿上长长的双排扣礼服，在华盛顿公布了自己的成果——《修建太平洋铁路的实施方案》。这份13 000字的专业文件足以表明他的决心，其中不仅介绍了建设方法，还对火车的构造提出了新的展望："在时速100英里的特快专列，将会有餐车、吸烟室和阅览室，宽敞的隔断卧铺会让旅客称心如意。"结果西奥多却被冷水浇头，几乎所有的科学界人士都对此不置可否，认为这不过是没有实际意义的幻想罢了。西奥多并没有因此沮丧，他拜访每一个对他公开批评的科学家，向他们展示90吨（折合90 000千克）机车和14英尺（折合4.27米）机械主动轮的力量。最终，他的行动赢得了大部分人的认同，并成功引起了国会的注意，跨州铁路的建设被提到日程上来。

但是事情并没有如西奥多想象的一帆风顺，国会喋喋不休的争论让事情迟迟没有定论，来自不同地方的代表争相要求建设在自己所在州的土地上，美国第一条跨州铁路的荣耀和利益成了争论的焦点。但不管是哪一条线路，都没有进行实地勘察，西奥多的计划也只是能征服萨克拉门地区的高山，其他地方或许有更多的艰难险阻。比如说挖掘多少的土石方、建造用石的来源、河流与暗渠的阻碍、雪崩和土著的威胁等现实性问题让线路根本无法确定。

随着国会讨论愈加热烈，西奥多取得了一定的特权。他有了自己的办公室，和年老的副总统、参议员、众议员总部成为邻居，屋子里满是地图、报告和来自各地的工程样品。西奥多俨然成为"太平洋铁路议案战斗指挥部部长"，每天面对的文件堆积如山，却迟迟没有定论，因为国家在分裂中根本没有时间去建设跨州铁路，南北战争的阴云已经笼罩在美国上空。第十五任总统布坎南曾接见西奥多，第一次见面时，他拍着这个年轻小伙子的肩膀说："忘记铁路吧，年轻人，等我们看清未来的道路再说吧。"但西奥多没那么容易屈服，在给布坎南展示了自己的构想和诱人的利益之后，布坎南表示愿意支持偏向南方的路线。

但直到1860年，依旧没有任何一条线路被确定下来，报告、讨论也没有结果，阴晴不定的政治环境带来了极大的阻力。从1月份开始，支持者们之间的矛盾无法从根本上解决，讨论的时间越长，矛盾就越深，西奥多明白，他们永远不会达成一个统一的意见。虽然政府在这项提案上并不吝啬，但始终没有对任何一条线路实施勘测，所有的讨论不过是纸上谈兵。显而易见，这点只有西奥多一清二楚，那些为自己所在州争取利益的政客们从来不考虑实用性。

西奥多决定，必须依靠自己的力量去开发真正的道路，在这里和政客们混迹一处对自己的事业丝毫没有帮助，他们甚至无休止地提问："为什么在高山上修铁路是可行的？"最终，西奥多回到萨克拉门，再次骑上马鞍，然后徒步翻越了塔霍湖上几个危险的隘口。他继续在山脊和深谷中勘测，还包括那个已经翻越了23次的峰顶。在这其中的经历对一个工程师来说无疑是一个噩梦，甚至在面对即将到来的暴风雪时不得不用刀划破帐篷仓皇逃生。但这一切都是值得的，通过西奥多的推算，他设计的铁路线完全可以征服谢拉岭的山峰，长长的隧道将成为最好的选择。西奥多拟定了铁路线的侧面地图，以及一份《中央太平洋铁路公司的公司章程》，很明显，他将不再受到国会的束缚，是时候依靠自己的力量完成梦想了！

但一个很现实的问题摆在了他的面前，那就是资金不足。根据加利福尼亚州的法律，组建公司需要先筹集到11 500美元才行，即计划投资中的1/10。一开始向大众游说以吸引投资并不顺利，人们对此并不怀有信心，他们对铁路建设一窍不通，就算通过印发小册子说明也无济于事。无奈，西奥多只能通过商人们筹集钱款，通过自己的图表向他们证明铁路的可行性。终于，他争取到了两个投资人——科利斯・亨廷顿和马克・霍普金斯。但他们依旧不愿意这么简单地就掏钱投资，他们需要看到西奥多的能力。于是，西奥多先修建了一条穿越达奇弗拉特隘口的马车道，通往生产兴旺的内华达平原上的小镇，解决了那里火烧眉毛的运输问题，也为自己带来了一笔不小的财富。两位投资人这才放心下来，并且拉来了另外两个投资人——利兰和查尔斯。这四个人无论如何也想不到，他们投资的区区几千美元最终让自己得到了“铁路四巨头”的名号。

但西奥多也没能料到自己会被踢出最后的铁路建设，从他一开始让亨廷顿投资起这个诅咒就开始隐隐发作了。亨廷顿想要控制整个企业，每一件事他都要过问，甚至对西奥多的能力表示怀疑，他重新爬上西奥多征服过的山峰，去证明西奥多已经确认了的东西。但工程师本人对此不以为意，他正忙着计算到底能赚多少，结果是，每年能产生1 956 250美元的收益，这让西奥多愈加兴奋，还打算在铺路的土地上种植树木以增加额外的收入。

西奥多经过周密的计划，带着他的《太平洋铁路法案》再次回到了华盛顿。这次他不再是祈求政府斥资的技术员，而是以中央太平洋铁路公司的总工程师和全权代理人的身份出现在国会里。1862年，林肯总统签署了该法案，那天北方军在弗吉尼亚遭到了惨败，但西奥多终于如愿以偿。政府的贷款补助让铁路建设快马加鞭，西奥多向他的合伙人发电报祝贺：“我们已经牵出了大象，现在让我们看看能不能给他戴上挽具。”但他显然把自己的热情给错了人，法案的通过意味着金钱的下发，见利忘义的四巨头开始对公司的建设指手画脚，肆意挪用去建设收益更快的马车道。

很显然，不善于应付商人的工程师没有办法阻止他们抢占公司，最后，亨廷顿要求和他持不同意见的人要么将股票售出，要么就买下他的股票。由于他要求其他人必须全额补足自己的股款，而作为工程师的西奥多显然没有那么多的钱。最终，西奥多在痛苦中将自己的500股化成了价值 10 万美元的中央太平洋公司债券，并希望终有一天买下四巨头手中每个人的股份，拿回属于自己的公司。他将希望投向了当时最优秀的商人——范德比尔特，希望能得到他的投资。但我们的工程师没能等到那一天，1862 年，他身染黄热病去世，留下一身的哀叹。

但西奥多最终还是获得了一个铁路工程师应有的荣誉，也获得了足够多的财富，他在铁路设计上的贡献大家有目共睹，没有人会因为他最后在商业上的失败而对他白眼相待。但同样在科学上做出巨大贡献的爱迪生，也经历了商业上的功亏一篑，却在经营上被后人所诟病。

1890 年 8 月，一场残酷恶劣的公开行刑在纽约奥伯恩上演，被审判的犯人战战兢兢地坐在了崭新的椅子上，他不知道自己将会经受什么样的痛苦，一些电线连接的设备被套在他的身上。犯人的瞳孔放大，恐惧在他的眼中清晰可见。很快，一股极强的电流通过了他的身体，足足持续了八分钟。烧焦的气味和惨不忍睹的画面给予观众极大的刺激，他们无法忍受这一行刑方式，残忍又缺乏人道的手段引起了众人的愤怒。此时，有人不失时宜地告诉大家：这是用交流电造成的后果。很快，对交流电的口诛笔伐屡见不鲜，经营交流电的尼古拉·斯特拉很快就陷入了危机之中，对他来说，这无疑是一场商业阴谋。如今看来，没有人能料到，幕后黑手居然是大名鼎鼎的发明家——托马斯·爱迪生。他的灯泡过于明亮，光辉之下的阴影隐介藏形，只让人们记住了那个聪明勤劳的发明家，而看不到他背后的商业手段。

1855 年，8 岁的爱迪生就表现出与众不同，刚刚上学三个月就被撵出了学校。原因是他刨根问底式的问题让老师头疼不已，他们无法回答他的问题，就以“低能儿”的名义把爱迪生清除出课堂。受到委屈的天才并没有就此失去学习的机会，母亲南希绝不相信老师们的只言片语，她亲自给予了爱迪生最优质的家庭教育。

转眼间，天才长大成人，母亲的教养让他对事物的理解更上一层楼，给他一个机会，他的思想就能飞快运转，生出别人无法想象的东西。很快，这个机会到来了，依靠父亲的担保，爱迪生得到了一份火车上卖报纸的工作。早上随火车到达底特律后，渴望知识的他便一头钻进书店，晚上再乘车归来。但知识的积累并不能满足爱迪生的大脑，他在商业上的天赋开始崭露头角。很快，火车上的人们在卖报小哥那里还能买到水果、三明治和其他食物，并且发现他们的数量由一个变成了三个。作为这个小团体的老板，爱迪生继续着他的事业，他希望获得更多的财富。看着手中的报纸，他扪心自问："为什么我不卖自己的报纸呢?"没过多久，《每周使者》横空出世，内容来源于另一家报纸——《底特律自由通讯》，爱迪生则成为文章的搬运工。

当然，报纸需要头条，谁先拿到一手资讯谁就是媒体之王，抄袭永远不能成为发家致富的途径。一则战事新闻的到来改变了爱迪生的报纸事业，报道称大约6万人在夏洛伊的战场上身亡（实际2.4万人）。但是爱迪生手头的金额只够300份的印刷量，发售经理拒绝赊账的行为让他怒火中烧，爱迪生冲进总编辑的办公室要求加印到1 000份，并发誓保证自己的销量。事实证明，他的决策是正确的，从第一站开始他就被客人包围了。人民对战事的关心成了爱迪生抬高价格最有效的保障，他的报纸的价格随着火车的前进一路飙升，剩余数量越少就卖的越贵，但永远有顾客上门。最后甚至以拍卖的形式完成了销售，这一路上他一共赚了差不多150美元。

实际上，爱迪生的自信不是因为一手的信息，而是极为高明的销售手段。单单靠平时的购买力是不可能售出这么多数量的，爱迪生在此之前就将战事的大致信息发往沿途的各个车站，以至于想看详细战报的人蜂拥而至，他的报纸才一路走俏。爱迪生没有就此满足，150美元的盈利并没有让他认为自己应该在报纸行业大展宏图，而是注意到了电报这一新鲜事物。他说：“从那以后，电报给了我很深的印象，我立即决定成为一名报务员。”

这次的机会简直就是从天而降，在报纸销售成功后的不久，爱迪生把一个即将命丧车轮下的小男孩救了出来，而这个男孩的父亲决定用电报知识作为对爱迪生的回报，他掌控着一家电报公司。仅仅5个月后，在美国中部漂泊的电报员中，就出现了爱迪生的影子。他们大多有赌博、酗酒、抽烟、找女人等不良嗜好，但我们的天才常常躲在自己的公寓里读书，不断地扩充着自己的知识库。很快，他机智地将一台原始电报机连接在现有的信号接收器上，就可以轻而易举地接收并翻译信号了。但这一行为被经理认为是“掩饰无能”的做法而被迫关闭，这无疑是蠢材对爱迪生的又一次侮辱。但这并非最后一次，因为人们永远跟不上他那先进的思维。

当他用业余时间在军队的电报站工作时，一个绝妙的想法产生出来：一根电报线为何不能同时收发两个电报呢？他立刻投入到研究中去。这时候，他人生中的第三个蠢材跳出来责骂道：“你的愚蠢已经超出想象了。”这个人就是管理电报活动的军官，爱迪生旋即被解雇了。

1868年，爱迪生漂泊到波士顿，在这个美国学术中心开始了自己的事业。嘲讽的是，中继器（连接原始电报机）和二重电报机（可同时收发两个电报）成为他在电报发明上的第一步，找到了投资的他不再受蠢材们的困扰，一心投入到发明中去。很快，发明就见了成效，他和许多报务员一起做生意，销售他的机器。他还开展了自己的股票报务服务，爬上屋顶将30多根线连接到客户家，让自己的办公室成为股票信息中心。成功的喜悦让这个年轻人在报纸上宣布：“将用全部时间用来进行发明。”这在当时难免有点年少轻狂的意味。

但没过多久，他的同事们惊奇地发现身边的天才不辞而别，远走高飞到纽约开始了自己新的人生。他有太多的想法想要实现，在波士顿的研发资金根本无法满足他的胃口。很快，在电报业备受瞩目的爱迪生得到了绝好的机会，西部联合公司为他敞开了大门，希望他能展示自己的装置。这种装置能让报价机和交易中心的价格随时保持一致，这无疑是一个技术上的巨大突破。但对于天才来说，这不过是一个小发明而已，所以当他们要问价打算买下这个技术时，爱迪生在心里想：最少3 000美元。但他并没有直接要价：“你们开个价好了。”于是董事们问道：“4万美元，卖不卖？”这在当时是一笔相当巨大的金额，足够爱迪生从独立发明家到制造商的过渡。于是，他大胆地签了合同，1 200台快速股票电传自动报价机和私人电报机及其他电气设备的订单放在了他的办公桌上。

当这笔订单完成的时候，爱迪生的合伙人决定退出这一行业，并将工厂出售给爱迪生。那么现在，天才完全可以自己做主了，摆脱了一切束缚的他在自己的工厂顶楼建立起实验室。但困难重重，最新的电报发明所需要的设备爱迪生并不具有，只能求助于西部联合公司。在他们的秘密实验室里，爱迪生完全地投入到了发明事业中。很快，发明的疯狂就吞噬了这个天才，在他的婚礼当天居然跑回工厂检查故障，还常常穿着衣服睡在实验室冰冷的大理石上，甚至自己的女儿出生之日还在工作台上奋战不止。在这疯狂之中，四重电报机成为证明自己最好的产物。

但是好景不长，虽然四重电报机的发明不得不让人承认是天才之举，爱迪生也因此获得了大量的金钱和赞美，但同时却身陷产权的纠纷。西部联合公司作为纯粹的商业公司，利益永远摆在第一位。发明家和公司的矛盾无法避免地爆发了，爱迪生愤然离开，不愿意在无聊烦琐的听证会上浪费时间。1876 年，他把父亲接到纽约，让父亲用自己赚的钱经营房地产，自己则在新泽西的牧场里修建了一栋房子，并在那里建立起自己的发明实验室。

事实上，爱迪生并不是一个人在战斗，从那时起，他的发明团队就建立起来了，多人合作的概念在发明上成功应用，爱迪生这一名字不再是一个发明家，而成为这个团队的品牌。在这期间，发明就像是泉水一样喷涌而出，最有名的留声机、电灯，以及炭精电话送话器（让贝尔电话真正投入使用）等发明让世界为之改变。有一点要注意的是，我们常常听到爱迪生独自一人没日没夜的工作发明并不是真实的，他的助手们的作用要远远大于人们的想象，尽管媒体常常将他描述成“与资本毫无关联的科学幻想家”，但报道中爱迪生仅仅是一个品牌形象而已。爱迪生显然对此十分受用，在开创实验室时，他就发出诺言：“每 10 天一个小发明，每 60 天一个大发明。”当然，他并没有履行诺言，但这给了人们无尽的遐想。

发明家的名气吸引了另一个天才尼古拉·特斯拉，这个旋转磁场的发现者、将交流电发扬光大的人敲开了爱迪生实验室的大门。在那个时候，他还只是刚刚发现这一电学上的壮举而已，希望能得到爱迪生的支持。很显然，他找错了门道，用了一辈子直流电的爱迪生对此毫无兴趣，何况交流电一旦问世，自己建立在直流电上的公司势必轰然倒塌。但他又舍不得放走这个科技天才，于是他告诉特斯拉，如果将马达的电动机成功改进，就给他 5 万美元的发明费用。年轻穷困的特斯拉欣喜若狂，当即答应了这个条件。爱迪生用低廉的工资聘用了一个废寝忘食的劳动力，并且很快就得到了巨大的回报，24 项署名爱迪生的专利报告书被收入囊中。当特斯拉来向爱迪生索要属于他那 5 万美元时，爱迪生居然笑着说：“您真是不懂我们美国的幽默！”过河拆桥的手段直接逼走了这个技术天才。

亨利·福特对爱迪生的评价是这样的：最伟大的发明家和最糟糕的商人。尽管爱迪生在发明上无人能及，但在商业上的挫败在所难免，他在对待特斯拉的事情上就犯了很严重的错误。当特斯拉摆脱爱迪生的束缚后，找到了当时最好的投资人——摩根。他的交流电公司迅速建立起来，站在科技前沿的爱迪生公司第一次有了竞争对手，而且几乎是“不可战胜的”。实际上爱迪生当时并不认同交流电，他真的以为那是非常危险的玩意，直到20年后他才承认自己的错误。特斯拉也不甘示弱，在各地展示交流电的优越之处。“电流大战”就此展开，交、直流电之间碰撞出激烈的火花，科技在商业中无法脱身，公众在用电的选择上陷入了迷茫。不可否认的是，直流电系统有致命的缺陷，如果想要大规模使用，每一平方千米就需要设立一个发电站，很显然这是一种落后的行径。终于，1893年1月的一次博览会上，9万多盏由交流电点亮的灯泡证明了直流电终成历史，讽刺的是，这些灯泡来却源于爱迪生的实验室。

爱迪生在各个领域的公司都相继失败了，虽然他往往是技术上的第一人，但总是纠结于专利的荣耀，在经营上并没有独到之处。唯独爱迪生公司合并入通用电气公司之后，持有的的股票一路上涨，到了1899年总值高达425万美元，这不失为一项启示，那就是发明家在自己的擅长的领域开疆扩土，经营则交给职业经理人更为恰当。当他去世时，依靠他的发明建立起来的公司和他自己创办的公司总值高达150亿美元，而他的遗产只有1 200万美元。

科学家和商人的身份渐行渐远，在爱迪生之后，左手科学，右手财富之人在互联网时代才再次崛起，宛如奇迹一般的辉煌人生再次成为万众瞩目的焦点，比尔·盖茨、乔布斯、埃里森等人登台亮相，命运在时光中不断轮回。

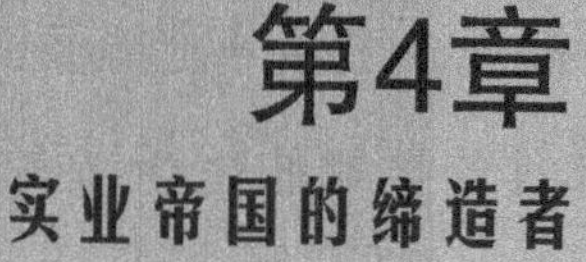

第4章

实业帝国的缔造者

在纽约市曼哈顿42街与公园大道路口，气势恢宏、造型精致的中央火车站内人潮汹涌，自1913年建成后这里长期被称作“通往美国的门户”。创始人康内留斯·范德比尔特的铜像矗立在车站入口处，这位谢顶的铁路大亨披一件毛领大氅，抬起的左手食指上翘，含蓄中有几分指点江山的霸气。不过，每天步履匆忙穿梭而过的行人，很少会注目留意这尊苍老斑驳的雕塑，更不知他曾缔造的辉煌与荣耀，那毕竟是100多年前的历史。

范德比尔特去世于1877年，身后留下1.05亿美元的巨额财富，相当于当时美国货币流通量的1/9，在2007年《福布斯》网公布的“美国史上15大富豪”榜单中，范德比尔特紧随约翰·洛克菲勒、安德鲁·卡内基位居第三。他从一名少年水手闯荡成船长、铁路大亨乃至金融大王，财富路线从航运、铁路再到华尔街，完全书写了美国财富的流通路径和增长轨迹。而他亲手编织的错综复杂而廉价高效的运输网络，则改变了这个国家的地理版图、贸易体系和生活方式。

在那个镀金时代，没有人能比肩范德比尔特，如此深刻地影响着美国的一切。

1794年，范德比尔特出生在纽约斯坦顿岛上的一座小农场里，从荷兰来到美国的祖辈留下的广袤土地被众多子孙分割得像一床破布头缝制的碎花被，这些渔夫、农民后代都过着拮据的生活。或许是受此影响，范德比尔特去世前立遗嘱时坚决不肯将1.05亿美元平均分配，而是将95%的财富留给一个儿子，再把余下部分交给在世的其他九个孩子。

范德比尔特的父亲是名体魄强健的水手，除了跑船运、清理搁浅船只、偶尔载乘客，他此生无更大追求，也没有宗教信仰。范德比尔特步其后尘，一生中除参加洗礼或葬礼之外，从未进过教堂。母亲接受过良好教育，举止端庄，勤劳持家，但日子仍然过得窘迫。

骑马与驾船是范德比尔特童年时代的两大爱好。6岁那年，他曾在一次不配备马鞍的赛马中沿海滩策马狂奔，差点儿马失前蹄出事故。他的水上天赋显然要比在马背上优异许多，经常驾驶父亲的帆驳船参加比赛，与同龄孩子相比，他要高大结实一些，划船时的力道和调度更像名老水手。

11岁那年，哥哥夭亡，范德比尔特承担起长子的责任，辍学回家，到父亲的船上跑运输。他很小就认识各种帆船的名字和型号，这些船只定期来往于泽西和史坦顿岛。父亲带着他和另一名男孩跑船运，有时去抢救海滩上搁浅船只的货物，根据当地法律，任何抢救者都可将拿回的财物归为已有。

五年过后，在风吹雨打中历练成熟的范德比尔特日渐感觉自己像父亲的奴隶，或者私有财产，只是帮他赚钱的工具而已。他深刻悟透两条道理：第一，任何复杂情况都会因新情况的出现而改变；第二，一切都有改变的余地，无一例外，而且永远如此。他想自立门户，但是根据当时的法律，未满21岁不能开公司。1810年早春，生日即将到来之际，范德比尔特向父母借100美元，声称要购买一艘帆驳船出海，并许诺按时还债。当时家里正好有一英亩（折合0.4公顷）未经平整、石头成堆的荒地待开垦，父母答应儿子的请求，但要求他先拓荒并在播种时节到来前种上玉米。晚年时他满怀深情地回忆说："在纽约及哈得逊河铁路股票逼空大战中赚取数百万美元所带给我的满足感，还不如60年前那个明媚的5月的清晨，我踏上自己买的帆驳船，升起我自己的帆，把我的手放在自己的船舵上所感受到的那种喜悦和自豪。"

逃出牢笼的飞鸟重拾荒原的野性，范德比尔特每天在码头揽生意，把史坦顿岛上的农产品运出去，或者搭载去城市采购、外出闯荡的年轻人，甚至思谋岛上没有的服务，什么赚钱就运什么。他像对待货物一样服务于船上的乘客，言语粗俗、毫无耐心、暴躁无礼，他只关心运输效率和利润状况，对乘客的舒适度和满意率提不起兴趣。他认为做的是航运而不是聊天的生意，所以终日少言寡语，也听不进任何人的劝告，只要被人打断话语，他就停下来不再开口。

好在他有商人必不可少的勤勉和坚韧，还有抓住赚钱机遇的眼光，他对成功的热望超过同时代的许多商界巨头。无论严寒酷暑刮风下雨，他都会为赚每一分钱扬帆起航，后来富可敌国时仍要求他的船长："只要他们能看清前方一米，他们就会前进一米。"范德比尔特认识到吃水浅的帆驳船无法适应纽约港复杂的水情，1813年夏天，他新造的船梁宽、带稳向板、长65英尺（折合19.81米）的单桅帆船"敏捷号"起航，由于单枪匹马无法操控自如，他雇了至少两名帮手，往来史坦顿岛与曼哈顿岛之间。

两年后，范德比尔特花1 500美元从海军手中买回一艘服过军役的平底纵帆船，改造为“夏洛特号”，秋天时与有着丰富航海经验的姐夫德福雷斯特一起将货物运到萨凡纳和查尔斯顿，返航时在弗吉尼亚切萨皮克湾的浅潮水域装满牡蛎，五天后运到纽约出手，净赚1 500美元。此后范德比尔特将“夏洛特号”交给姐夫打理，自己则在其他船上轮换工作，每周工作七天，足迹遍布曼哈顿，成为远近闻名的水手。他将赚到的所有钱不断买更好的船，然后雇人开船，很快就建成有5艘船的小型船队。

航运枯燥乏味，码头鱼龙混杂，除了明白弱肉强食、优胜劣汰的竞争法则，范德比尔特还奉行及时行乐的信条。码头上到处都是酒吧等寻欢作乐的场所，水手们在大街上找那些从乡下来的粗野邋遢的女人，范德比尔特也不例外，即便多年后腰缠万贯、呼风唤雨，他也不愿去百老汇找优雅漂亮的风尘女子，而是依然来到码头寻找昔时纵欲的回忆。这种爱好让他身患梅毒，还传染给温柔能干的妻子索菲亚。她为丈夫生下13个子女，其中12个长大成人，除了忍受丈夫的责骂和不忠，中年时甚至被丈夫送进精神病院，年老时孤独地在深宅中熬到去世，而范德比尔特却在别墅中日夜拥着美女共眠温柔乡。

这个放浪形骸的男人、精明能干的水手、雄心勃勃的创业者，很清楚为自己带来财富的绝非绅士的风度、好人的声誉，他只管以较低的价格为皮革厂、采石场、农场按时将货物送达指定的码头，努力兑现合同。他从不与同行合谋定价，反而发动价格战打压对手，甚至不惜亏损也要确保货船满载出发，给竞争者致命打击。

这种风格令他在哈得逊河声名远扬。在创业的第八个年头，当时美国最富有的商界大佬之一、大名鼎鼎的托马斯·吉本斯盯上了他。

1818年2月12日，纽约《晚报》报道了范德比尔特前一天在纽约湾驾驶“无畏号”营救“约克号”的新闻，当时“海浪猛击着船身，乘客们深陷危险”，范德比尔特冒险成功解救了 12 名乘客。不到一周，《晚报》又刊发“海王星号”满载价值 40 多万美元货物遇难搁浅被范德比尔特解救的新闻。两篇接踵而至的英雄事迹引起吉本斯的关注，吉本斯在伊丽莎白宅邸召见了这位年轻人，“在我所认识的人当中，我认为他是最有主见和意志的一个”。范德比尔特多年后回忆说，他从未见过任何人能驾驭或者控制吉本斯。

吉本斯无疑是范德比尔特的商业偶像，他的财富在东部沿海地区家喻户晓，尽管在商场所向披靡，但吉本斯行为粗俗野蛮，为人心狠手辣，对待家人和部下强硬冷漠，完全没有富人的品位和风度。他从未对穷苦者施以援手，也不会附庸风雅地看书或谈论艺术，赌马和赌拳赛是他的两大嗜好。他仇视所有比自己强大的人，对欲望和野心有种近乎动物般的赤裸裸的张扬表达。飞黄腾达后的范德比尔特简直就是吉本斯的翻版，可见他所受的影响有多深刻，也难怪一面之缘能让他心甘情愿投靠到吉本斯门下，他卖掉船只兑现 7 000 美元，只保留最早的帆驳船，而吉本斯只给他每年 3 000 美元毛利的收入，与之前相比简直微不足道。

高超的技术、坚毅的性格、超凡的胆识，范德比尔特的这些气质正是吉本斯物色管理者的核心指标。1819 年春河解冻，范德比尔特的“贝篓娜号”和另一名船长的“耗子号”起航来往于新布伦兹维克和史坦顿岛之间，有时范德比尔特还会将“贝篓娜号”开到怀特霍尔码头，这里是利文斯顿—奥格登集团垄断的地盘。纽约警察为此经常抓捕他，有一次警察在四五十米外清楚地看到他掌舵，登船后却认错人，他已藏在船舱甲板中闲看好戏；另一次他被人赃并获，带至法庭受审，律师却证明船不属于吉本斯的联合交通公司而另有主人，因此不在纽约水域垄断权的制裁之列。他骚扰、挑衅式的周旋令竞争对手愤怒又无奈，只好开出 5 000美元的年薪挖墙脚，却被一口回绝，除了吉本斯已将他的收入提高到 4 000 多美元之外，他们之间可能还达成某项协议，比如未来范德比尔特有特权购买吉本斯航运业务的部分股权。

范德比尔特终究未等到特权购股的那一天。吉本斯在 1826 年 5 月 16 日去世之后，将所有财产都留给儿子威廉·吉本斯。1828 年初，威廉未与范德比尔特协商就将联合交通公司股权拿到公开市场叫卖，开价 40 万美元。这件事深深伤害并彻底激怒了范德比尔特，他主动出手，不当奴才，要做主人。他认为公司实际价值要低得多，更何况自己才是真正的管理者代表，他不仅没有投标，还暗示潜在竞标者知难而退——如果交易达成他将另谋出路。业界共知的是，一旦实际操盘者范德比尔特退出，联合交通公司将毫无价值。1829 年 6 月，威廉最终以 40 万美元的零头将公司转卖，范德比尔特买下两艘船，与一年前购买的“公民号”共同组建起速遣交通公司。

这年秋天，范德比尔特与买下联合交通公司的史蒂文家族激烈交锋，打响价格战，将费城到纽约的客运价格降到十年来最低的一美元，从纽约到新布伦兹维克降到 6 美分还包含一顿午餐。两家公司各自亏本支撑一年后，史蒂文家族提出支付一万美元的补偿款，而且每年还缴纳额外的授权经营费等条件，范德比尔特发生才抽身退出这条航线。

当时蓬勃兴盛的铁路线正四通八达地在全国各地铺设，航运反而成为火车的尾巴，铁路版图扩张到哪里航运线就跟到哪里，只要有火车通达乘客就不愿再坐船，尽管当时铁路事故并不比航运少。1835 年长岛铁路公司成立后，范德比尔特加入董事会，这是他最早介入铁路。1838 年，他购入史坦顿岛轮渡公司一半的股权，却因此和堂兄弟奥利弗·范德比尔特激烈竞争，两人都将亲情弃之不顾，范德比尔特显然更霸道、更冷血得多，他不仅掀起价格战，还向法院控诉早已买下被奥利弗抢占的船坞，未等法庭宣判他就封锁对方的码头，还肆无忌惮地倾倒沙砾，却也因此被拘捕。尽管他已是威震江湖的“船长”，年收入过3万美元、净资产约120万美元的富豪，但流氓匪寇的习气有增无减。

19世纪40年代末，太平洋沿岸的加利福尼亚州发现了金矿，淘金热顿时席卷了全国，甚至欧洲人都闻讯赶来实现一夜暴富的美梦。他们都要从纽约上岸，这正是范德比尔特发财的良机，1849年9月，他与尼加拉瓜总统签订秘密协议，开辟一条穿越尼加拉瓜湖的新航线，世界航运格局由此改变。范德比尔特一次性向尼加拉瓜支付3万美元，此外每年还要支付1万美元的航运许可费，直至运河12年后开通。开通后将每年上缴经营净利润的20%，合同期限85年。但1850年航运即已通行，范德比尔特每年可从尼加拉瓜项目获取100万美元的收入。

自此以后，范德比尔特的航运版图逐渐扩张到中美洲、欧洲，到1861年南北战争爆发时，他已成为身价2 000万美元的航运大亨。他不仅掌握着上百艘蒸汽船的船队，而且操控着美国的经济命脉。

范德比尔特一直对40岁那年第一次坐火车的惊险历程记忆犹新。1834年11月8日，他在新泽西的安波伊搭乘早班车，时速25英里（折合40.23千米/时）的火车上装载近200名乘客，突然，范德比尔特前一节车厢的轮轴飞出一只，他所在的车厢顷刻翻倒，他被甩出车外，从35英尺（折合10.68米）高的筑堤跌落，当场摔断3根肋骨，肺被刺破。他还算幸运的，当时至少有两名乘客在事故中死亡，15人受伤。

个人灾难并未左右范德比尔特对铁路业的投资判断，铁路取代航运成为美国交通运输核心的趋势不可逆转。19世纪中期以后，范德比尔特加快进军铁路的步伐，他并非像先入者那样铺钢轨搭枕木，而是购买已建成的铁路，改善管理制度和经营水平。他先后投资史丹顿铁路、长岛铁路、哈特福德新港口铁路、哈林铁路、中央铁路等纽约附近的铁路，后来又将特拉华铁路、莱克瓦希铁路、西部铁路、密歇根中央铁路、湖滨铁路、加拿大南方铁路等十几条铁路收入囊中，成为名副其实的“铁路大王”，他将铁路线与所掌控的航线连接，打通水陆两路交通枢纽。

除了擅长发动价格战和经营管理，范德比尔特能迅速称王的关键在于金融运作能力。英国《弗雷泽杂志》在他逝世后曾评价道：“与其他所有的华尔街人相比，范德比尔特像一头具有皇家高贵气质和高尚品德的雄狮，矗立在豺狼和虎豹遍布的荒漠之中。”当他觊觎某条铁路线时，就会先安排旗下与该铁路线对接的航线降价，逼迫对方降低票价，导致公司亏损，股票骤然下跌，然后乘机入股控制该公司。例如1863年7月与哈林铁路公司的逼空大战后，《纽约先驱报》评价：“华尔街市场上从未看到过这么成功的股票逼空。”

1867年，一位合伙人的背叛令他怒气冲天，悍然下令禁止所有从该公司铁路线出发的火车进入纽约市，而当时正遭遇狂风暴雪，天寒地冻，通过航船转运也无法抵达纽约码头，这家铁路公司的股票迅速如雪崩般暴跌，范德比尔特将其并购后，成为世界上最早的巨型公司之一。恶意收购战残酷狠辣，利用价格战和金融战双重打击，但范德比尔特并非一直所向披靡。

正值春风得意时，范德比尔特遭遇最强劲的对手、有着“华尔街恶魔之称”的金融投机商杰伊·古尔德。此人比范德比尔特小42岁，18岁独闯纽约，其智商、手段以及对财富的渴望绝不在后者之下，对操纵金融和股票市场也达到近乎疯狂的热爱程度。

1868年的“伊利战争”是范德比尔特的一次失败：他意图在伊利铁路公司里达成绝对控股，却败在了比他更舍得花钱贿赂官员的商业恶魔古尔德的手下。这场大战让范德比尔特遭受重创，在多轮对决中疲惫不堪，司法腐败导致了他的“铁路帝国梦”无法实现；最终，在儿子威廉·范德比尔特的协助和坚持下，他才逐渐将铁路线扩张到美国西部，达成了他最初试图控股伊利铁路公司时所渴望实现的目的。

1869 年秋天，范德比尔特向即将倒闭的几家公司输血几百万美元，以降低华尔街的恐慌情绪，然而，此前古尔德回购黄金的投机举动给范德比尔特带来的危机却不断发酵，这让范德比尔特面临着全盘皆输的可能。为了阻止并打击对手，范德比尔特不惜让自己的公司股票在市场上大为泛滥，以致于此年 9 月 25 日，危机终于爆发。在这场金融灾难中，范德比尔特不惜壮士断腕也要遏制对手的发展，他成为一位残酷凶狠的悲情英雄。

19 世纪 70 年代后，范德比尔特逐渐淡出商业事务，由威廉接班掌权。1877 年 1 月 4 日，范德比尔特在纽约的别墅中因病去世，岂料巨额遗产却引发子嗣反目成仇，二儿子耶利米挑起漫长的遗产争夺战，期间不惜公布父亲生前的丑闻以证明其思维不正常、遗嘱无效，直到 1879 年 3 月才以维持原判作结，这是美国历时最长、辩论最激烈的官司之一。生前精心安排的财产分配计划，却犹如定时炸弹，在范德比尔特去世后本不光鲜的声誉上投泼污垢，何其悲哀不幸。

但是，范德比尔特对美国的贡献有目共睹，并将永载史册，正如其葬礼上的悼词所说："最伟大的创造者已然远去，但他的创造将继续大步向前。"

只是，当生命已矣，血肉归坟，是否仍然有人愿意以一种身后的付出，来见证此生的存在呢？——比起如狼似虎的典型美国商人范德比尔特，安德鲁·卡内基作为同时代的对手，却展现出完全不同的商业伦理和经营哲学。

"一个有钱人如果到死还是很有钱，那就是一件可耻的事情。"

安德鲁·卡内基的这句名言曾令无数富人羞愧，更令"到死都没钱"

的穷人无地自容。纵观他的一生，财富从来都不是他成功与否的考核标准，他在乎自己的教养，对维护世界和平等公共事务抱有热心，还热衷于环球旅行，即便成为百万富翁后，他的人生理想也不过是拥有一座种上珍贵花草、圈养大量马匹的庄园，完全没有巨富的派头。

少年时代，出生于苏格兰的卡内基对华莱士、布鲁斯等民族英雄崇拜有加，对那些不通过捷径获得特权的阶级或个人充满敬意，英雄主义情结浓郁，他后来的性格品质和财富观念也成型于此。他一生捐赠达到3.5亿美元，却从未给乞丐施舍过一分钱，他鄙视不劳而获的人，更愿意帮助像自己一样艰苦奋斗、自强不息的人。

只有这些人才能让财富流动起来，创造更多的财富。这才是慈善的真义。

1848年5月17日，安德鲁·卡内基随父母一起登上从苏格兰开往美国的客轮，这是他第一次见到大海。

眼前波澜壮阔的景象令他兴奋、紧张，可一想到要离开被他称作“心爱的丹弗姆林”的故乡，13岁的少年有些难过。逼仄污浊的船舱和难以下咽的饮食令许多人身心俱疲，但卡内基很快忘却转瞬即逝的离愁，与船上的水手交上朋友，还受邀参加星期天特别晚餐会。他有超越同龄人的求知欲望和社交能力，两个月的漫长航程对他来说并不枯燥，他对即将开始的美国生活有些迫不及待。

这是一次走投无路的逃离。卡内基的父亲以手工纺织亚麻格子布为生，日子原本过得还算宽裕，但蒸汽机的发明使工业革命的浪潮迅速席卷全球，机械化设备纷纷投入使用，卡内基的父亲谨慎保守，不愿改变，生意日渐萧条，生活捉襟见肘，母亲只得开了一间铺子替人缝鞋，以补贴家用。可接踵而来的1846年欧洲大饥荒和1847年英国经济危机将这个家庭彻底摧垮，无以为继。1848年初，美国加利福尼亚州的淘金热很快传到苏格兰，疯狂的“移民潮”愈演愈烈，卡内基的父母变卖家产，拖家带口到美国匹兹堡投奔亲戚。

全家人在阿尔勒格尼河畔的贫民窟安顿下来，13岁的卡内基被迫结束学业，出去工作以补贴家用，他当时最大的愿望就是每年能挣到300美元。因为年龄太小，工作机会相当渺茫，姨夫向他母亲提议，卡内基聪明伶俐，如果提着篮子装点小东西出去叫卖，一定能赚不少钱。哪知善意却迎来劈头盖脸的责骂，卡内基的母亲怒斥道：“让我儿子去做小贩，和这些粗人一起沿街叫卖！我宁愿把他扔进阿尔勒格尼河！你走！”母亲回身哭着对儿子说：“有很多事情可以做，只要走正道，就会成为有用的人，就会受到别人的尊敬和重视。”卡内基对那天的情景永生难忘。

卡内基后来在一位苏格兰老人的工厂里谋得一份绕线的差事，每周工资1美元20美分。后来他瞒着父母到另一家线轴制造商的工厂操作蒸汽机，烧锅炉，周薪涨到2美元。因为会写海报，又擅长算术，老板把他从蒸汽车间解放出来，安排了新的工作——把生产出的线轴放入油桶中浸泡。他开始了白天忍受刺激气味引发的恶心和反胃独自工作，晚上到夜校学习复式簿记的生活。

1850年被卡内基视作“真正迈出了人生的第一步”。有天晚上，姨夫帮他找到一份信差工作，周薪2.5美元。这里有报纸、钢笔、阳光，每分钟都能学到新知识，与线轴车间相比，他简直飞入天堂。卡内基入职的第一件事就是熟悉匹兹堡市区的每一条街道、每一栋房屋，记下每个商号的名称，认识公司里的人，这样他送信的速度比谁都快，因为很可能在途中碰到要送达公司的职员。

每天早上信使打扫操作室时，可以在操作员到达之前练习发报机。有一天，有人想从费城发“一个死亡的消息”到匹兹堡，问能否接收，卡内基冒险答应，老板没有责骂他的鲁莽，还叮嘱以后要小心别出差错。

此后，操作员偶尔出门就会让他帮忙照看，慢慢地他学会了发电报，成为一名电报员。匹兹堡是美国东海岸连接中西部的重要水陆交通枢纽和物资集散中心，商业繁荣，电报业务庞大，卡内基每天都要收发无数封电报，但他并未感到枯燥乏味，反而从大量信息中了解到各公司的业务关系和经济趋势，逐渐读懂生意的逻辑和秘密。

1853年2月，卡内基被宾夕法尼亚州铁路公司匹兹堡负责人托马斯·斯科特聘为职员兼电报员，月薪也从25美元涨到35美元。有一次，斯科特派卡内基去阿尔图纳取当月工资表和支票，当时铁路还未修通，他翻山越岭，终于第一次见到公司总裁罗姆贝特。卡内基将支票和工资单揣在怀里，不料途中却不见了，他惊恐万分地返回，一路巡查，终于在河边发现，包裹安然无恙，这次意外差点葬送他的前程。6年后当他接替斯科特的职位时，他提醒自己不要对年轻人过于苛责，那时他才24岁，年薪就已达到1 500美元，是他13岁梦想的5倍。

工作之外，卡内基还不失时机地参与投资。1856年曾抵押房屋借贷款购买10股亚当斯快运公司股票，后来花200美元购买宾夕法尼亚铁路公司1/38的股份，1861年出资800美元购买菲普斯1/6的股票，后来还与朋友一起买油田，这些投资都获益颇丰。

1865年，投资项目已耗费他太多精力，卡内基决定离开铁路公司。一年之前，他已经在匹兹堡组建了一家铁轨生产厂。

19世纪中后期，美国石油工业蓬勃发展，西部扩张战略催生巨大的运输需求，铁路迅猛发展，钢铁工业热火朝天，这正是洛克菲勒与卡内基等日后成为亿万富豪的内在逻辑。1861年美国内战爆发，钢铁需求短缺，价格涨到每吨130美元，有钱都不见得能买到。而这正是卡内基梦寐以求的局面。

1867年，卡内基与米勒合伙成立联合钢铁公司。在此之前，美国的钢铁厂都很分散，从原材料供应到成品运输都由不同厂家完成，链条太长，而每家工厂都希望每个环节都利润丰厚，导致产品成本居高不下。卡内基的联合公司则打通所有环节，产、供、销全部囊括，并不断引入最先进的生产技术和管理手段以提高效率，控制成本，他向合伙人和弟弟汤姆不断施加压力，要求迅速扩大生产。卡内基知人善任，十分珍惜人才，他说："你可以把我的铁路、钢厂和钱都拿走，但只要留下我的人，我就能在 4 年时间内重建公司。"

1873 年爆发的经济危机导致大量银行倒闭，资金吃紧，许多企业无以为继，当年对卡内基有知遇之恩的斯科特前来求助，没想到却被无情拒绝，尽管他后来解释："这比到那时为止我所接受过的所有金融决策都要让我痛苦。"这件事还让他背负冷酷吝啬、无情无义的骂名。但卡内基不为所动，与迅速在危机中扩张相比，一切都可以忽略不计，他认为："只有在经济萧条的年代，才能以便宜的价格买到钢铁厂的建材，工资也相应便宜。其他钢铁公司相继倒闭，向钢铁挑战的东西部企业家也已鸣金收兵，这正是千载难逢的好机会，绝不可以失之交臂。"

1881 年，卡内基与弟弟共同成立卡内基兄弟公司，钢铁产量占到美国的 1/37。1892 年，他们吞并另外两家公司，更名为卡内基钢铁公司，一个钢铁巨无霸由此诞生，卡内基也因此跻身为与洛克菲勒、摩根齐名的美国商业三巨头。与这两位毁誉参半、饱受非议的同道一样，一百多年来，对于卡内基冷血残忍、阴狠专横的指责从未间断过，1892 年的"荷姆斯泰德罢工事件"让卡内基成为万人唾骂的"败类"，他的声誉跌到冰点。

1889 年，卡内基任命弗里克为公司主席，负责日常经营管理。自己则到纽约考察，后来又回苏格兰度假半年。为了降低成本，提高利润，弗里克降低单件工资水平，愤怒的美国钢铁工人联合会号召在荷姆斯特德工厂的成员举行了罢工。弗里克没有妥协，反而态度坚决地表示："表达不满者公司立即解雇，还有成千上万人苦苦找工作呢！"1892年，劳动协议出台，工人们支持工会代表自己争取合法权益，但弗里克与工会的谈判并未达成，劳工矛盾一触即发，弗里克继续采取极端措施：用一道铁丝网阻挡工人进入工厂，避免罢工扩大。

7月1日，弗里克关闭移民区工厂，并请求当地警察支援。7月6日凌晨，300名警察奉命前往镇压。结果与码头上怒火冲天的工人发生激烈冲突，10名工人不幸遇难，60多人受伤，工会领袖被捕，并被指控犯叛国罪和谋杀罪，其他参与罢工者皆受惩处。7月底，工厂重新开工，弗里克以更低薪水聘请工人，此前支持工会的工人别无选择，为谋生只好脱离工会。

尽管卡内基回到匹兹堡之后对暴行表示震惊和难过，但人们心知肚明，弗里克应该通过跨越大西洋的电报向他请示过处理方案，他一直在苏格兰遥控荷姆斯特德的事情。随后他抛弃了弗里克，美国民众也抛弃了他。这是卡内基一生中无法抹掉的污点，几年前他还公开表示为自己的工人出身感到自豪，现在，所有人都认为这是弥天大谎。

工厂的成本继续下降，利润不断增长。他的钢铁不仅用于布鲁克林大桥、纽约的摩天大楼、华盛顿纪念碑等建筑，还用于军事装备。他爱好和平，却又为战争出力。无论战争还是和平，卡内基的钢铁都供不应求，即便躺在床上睡觉，他的财富都在急剧攀升。1901年2月，摩根与他双手紧握，并深情说道："卡内基先生，我想祝贺你成为世界上最富有的人。"这一天，他将卡内基公司和所有的股份卖给摩根，价值4.8亿美元。

自此以后，卡内基宣布退出商业界。但是，这并不是他辉煌人生的结束，恰恰是开始。卡内基之所以被后世载入史册，并非因为拥有亿万财富，而是捐助亿万财富。

早在 1866 年，卡内基就在备忘录上写道："人生必须有目标，而赚钱是最坏的目标。没有一种偶像崇拜比崇拜财富更坏的了。"说起偶像，他少年时十分迷恋苏格兰英雄华莱士的故事，为他的爱国之心所感动，但卡内基一生都没有固定的信仰，尽管捐助过 7 000 多座教堂，可熟悉他的人却说："听听教堂里的音乐和唱诗班，就成了他表达宗教信仰的唯一形式。"

似乎从小到大，赚钱都不是卡内基无悔付出的动力和信仰，他很早就规划过人生路径：35 岁退出商界，到牛津接受高等教育，结交贤达；40 岁并购一家报纸，参与公共事务。他曾与表哥袒露过终极目标："拥有一座富丽堂皇的庄园，种上珍贵的花草，拥有大量马匹。"卡内基很喜欢旅行，他曾在游记中写道："我们行走在一条不可回头的人生之路上。"这种心态决定了他不会抱守财富，而更愿意享受花钱的乐趣。

1886 年是卡内基生命中最灰暗的年月，先是弟弟生病，后来母亲又患上肺炎，几天之内，两位挚爱的亲人相继去世，卡内基的身心都遭受了沉重打击，两个月都无法平复。第二年，他打破不结婚的誓言，与比自己小 22 岁的路易丝结婚，7 年相恋殊为不易。根据协议，路易丝放弃财产的继承权，卡内基打算将遗产"用于慈善和教育事业"。那时候，他已经对商业失去兴趣，并自我约束说："除非为了他人的福利，永远不再做生意。"

1889 年，卡内基发表题为《财富的福音》的演讲，他以自己从锅炉工到企业家的经历，阐释多数财富聚集在少数人手中的成因：人类社会发生重大变革，社会财富增加，贫富差距扩大，进化法则决定财富必然落入少数人手里，这些人应代表社会管理财富。他认为富人的财富可以两次造福于社会：一次是创富带来的就业岗位、廉价商品，第二次是捐赠给社会。

当卡内基慷慨激昂地阐述人生观和价值观时，并未考虑家庭，那时他还没有孩子。直到有一次路易丝感染伤寒，重病缠身时，她怀抱枕头一脸慈爱的摇晃，像爱抚孩子一般。医生告诉卡内基："如果她能够活下去，你应该让她有个孩子。"1897 年 3 月 30 日，62 岁的卡内基喜得千金。

1901 年 3 月 12 日，将企业出售给摩根不久，卡内基就在纽约发布声明：第一笔捐助 400 万美元用于救济发生意外事故的工人，另外拿出 100 万美元用于维持工人图书馆和礼堂的开销。这件事极易让人联想起几年前的"荷姆斯特德罢工事件"，卡内基的忏悔之心不言而喻。第二年，他拿出 1 000 万美元创立华盛顿卡内基协会，支持有利于人类发展的文学、科学、艺术领域的研究工作。第三笔捐助是拿出 500 万美元组建英雄基金会，用来帮助牺牲的英雄及家属。

1904 年，《纽约时报》以卡内基作为领军人物，报道大规模捐赠已从个人行为转变为有组织的行业的现象。1911 年，卡内基出资 1.25 亿美元成立卡内基基金会，这笔巨额捐款彻底改变了美国人的慈善观念，轰动之余甚至招来非议，此前从未有如此大规模的持续捐赠，人们不清楚卡内基的善举背后暗藏着怎样的"阴谋"。直到 1919 年去世时，卡内基的捐款纪录达到 3.5 亿美元，他只想将财富归于全社会，别无所求。

维护世界和平是卡内基晚年所做的另一件事，他早年曾希望能参与公共事务。为了促成德国统治者威廉二世、欧洲大国首脑、美国总统西奥多·罗斯福会面，卡内基多方奔走，他坚信这些巨头能达成世界长久的和平。然而，政治远比商业和经济复杂得多，他的努力不仅没有成效，还遭到媒体的嘲讽。1914 年 7 月"一战"爆发，听闻英国向德国宣战的消息，他悲伤地告诉朋友："所有的幻想都像纸糊的房子一样坍塌了。"

在生命最后的五年中，卡内基只能靠捐赠来唤起对生活的热情，以抵消战争带来的绝望和失落。1919 年 4 月 22 日，卡内基手挽着身穿婚纱的女儿步入教堂，这是他最后一次面对公众，他似乎在完成离世之前最紧要的一项任务。8 月 11 日，在雷诺克斯市的别墅中，卡内基因肺炎医治无效溘然长逝。据说，在生命的最后那段时间，卡内基常常一言不发地坐上好几个钟头，他是在对这个糟糕的世界保持沉默。

可是，世界并没有因此而沉默。在他去世之后，遍布全球的卡内基基金依然在发挥巨大作用，慈善的影响力源远流长。

与卡内基相仿，出生在 1839 年的洛克菲勒白手起家，身拥巨额财富，亦将他身后的资产用于慈善事业。他们都在这残酷无情的商场上燃起一盏慈善的灯塔，希望为社会做出更多贡献。

1937 年 5 月 23 日清晨，98 岁的亿万富翁洛克菲勒在熟睡中与世长辞，医生说他是心肌梗塞抢救无效，但离开时从容、安详。他一直认为上帝只是委托他管理而非拥有财富，所以将亿万财产几乎全部回馈社会，只留下 2 600 万美元遗产，他相信上帝会赞同并褒扬这个出色的"管家"，所以去世前信心十足地与亨利·福特约定："再见，咱们到天堂后再相会。"

洛克菲勒被安葬在美孚石油公司前总部所在的湖景公墓，至死不忘发迹之所。墓地绿树成荫，墓碑是普通大理石，没有饰物。碑文简短朴素，没有墓志铭。只是墓穴结实得连炸药都无法撼动，上面还盖着厚实的石板，毕竟生前恨他的人同爱他的人一样多。旁边是他妻子的墓地，同样朴实无华，这尊重他们生前的一贯风格。洛克菲勒有记账的喜好，幸福的婚姻在 1864 年的账簿中被枯燥的数字记录为：求婚买鲜花 0.6 美元，购买钻戒118美元，婚礼20美元，结婚证1.1美元……不仅如此，洛克菲勒一生从未举办过豪华筵席或盛大舞会，家人过生日也只有玫瑰、蛋糕、领带等平常礼物。他坚持金钱必须用于正义的事业，而浪费是一种罪恶。

清理遗物时，人们发现一张照片，那是洛克菲勒小学同学的合影，他虽然不在其中，却珍藏一生。贫苦的少年鲜有拍照的机会，那天他挤出笑容，摆好姿势，幸福之情溢于言表，但由于衣着破旧寒酸，最后时刻，老师却让他默然走开。不知这是否成为洛克菲勒内心深处一大遗憾，同时也成为他追逐财富并行善捐赠的动力所在？

只是，有些痛楚，财富亦无法慰藉。

19世纪30年代，纽约州的里奇福德镇还是一个人烟稀少、凋敝破败的小集镇，务农是当地人的主要谋生手段，不过江湖游医威廉·埃弗里·洛克菲勒是个例外，他常年在外乡招摇撞骗摆地摊、卖假药，即便在1839年有了儿子约翰·D·洛克菲勒，也未能改变他放浪不羁的性格，结束漂泊不定的生活。这可苦了妻子伊莱扎，她是虔诚的《圣经》信徒，勤劳俭朴、善良诚实，独自承担着抚养六个孩子的重任，时常以《圣经》温暖世态炎凉的冷酷。父亲大胆、冒险的开拓精神和母亲坚韧、勤俭的优良品质影响了洛克菲勒的一生，尽管他极少提及父亲，只对母亲无比尊敬。

父亲一直是洛克菲勒心头的阴影。这个嘴里没有一句实话的骗子还有小偷小摸的毛病，如果周围没人，他会迅速从羊群中拎起一只羊羔塞进布口袋仓皇逃离，商业浸淫让他对生意和金钱的重视超过亲情。1858年洛克菲勒创业缺钱时，父亲及时出现，但并非雪中送炭，“原本每个孩子年满21岁都能得到这笔钱，现在决定提前给你，”他拿出1 000美元对儿子说，“但是，要还10%的利息。”这个数额远高于市场利率。

不过，这只是连环圈套的第一步，后来在洛克菲勒再次缺钱时，父亲却提前催讨债款，儿子苦苦哀求仍无动于衷。这并非他贪婪、心狠，只是望子成龙心切，想检验儿子的偿还能力和应变策略，他不惜通过诈骗的手段在生意上打败儿子，就是要让儿子知道除了他自己，谁都不能相信，生意场上无父子。

青出于蓝而胜于蓝。在后来标准石油全国大兼并中，洛克菲勒将这种冷酷无情的商业法则用到弟弟弗兰克·洛克菲勒身上，劝他趁早放弃竞争和抵抗，甚至威胁说："如果你们一意孤行，不听指挥，你们将会化为灰烬，如果不把产业卖给南方改良公司，一夜之间，这些财产会变成水。"弟弟不为所动，结果惨淡经营继而破产，生活狼狈而贫困，亦对洛克菲勒恨之入骨，称哥哥的心毒似蛇蝎，他将两个夭折的儿子的棺木从祖坟中迁走，以免与洛克菲勒为邻；他自己去世之后，也长眠在远离家族墓地的小山坡上，以远离洛克菲勒。

如果弟弟能理解洛克菲勒垄断是为了整顿行业秩序而赚钱终将捐赠慈善的苦心，或许能原谅、宽恕他。受母亲影响，洛克菲勒从少年就接触浸信会（基督新教主要宗派之一），每周日都回去主日学校上课，深受清教观念和格言的熏陶。父亲尽管品行不端，却能背诵许多赞美诗，还鼓励孩子去教堂，他曾交给洛克菲勒 5 美元让其从头至尾背诵《圣经》。在一次葬礼上，他听到年老的牧师布道时说："公正地挣钱，明智地花钱！"就默然记在本子上。父亲无意间将信奉上帝和金钱紧密联系，而母亲将宗教和母爱融为一体，所以洛克菲勒从小就明白赚钱和花钱的因果关系，他后来说："我从一开始接受的教育就是要干活攒钱，光明磊落地挣钱，然后尽我所能地给予。这一向被我视为一种宗教义务。在我还是个孩子时，牧师就教我这样做了！"浸信会鼓励信徒积累财富，但反对炫耀，这对洛克菲勒影响深远，他深信上帝希望信徒赚钱，然后捐赠出去，这是永无休止的良性循环。

1855年9月26日，洛克菲勒获得休伊特－塔特尔公司助理簿记员的职位，每天写各种信函、记账和付账单，他欣喜不已，此后一直将这天视为“工作日”庆祝，远胜过对生日的重视，因为这意味着他从此自食其力，甚至可以帮助母亲养家糊口。此外，洛克菲勒还兼职帮老板代收房租，脸色悲伤、如丧考妣般守在欠债人门口，好像拿不到钱他就活不下去一般，直到别人付款才释然离去。从那个月开始，他花25美分买了个红色笔记本，命名为“账册A”，详细记录每一笔收入和支出。这本账册成为他此生最珍贵的纪念物，50多年后，当他在主日学校逐页翻看该账本时，睹物思情，竟老泪纵横，泣不成声。

就在这个笔记本上，洛克菲勒记录下从拿到第一笔微薄薪水开始的所有捐赠情况，在工作第一年就将大约6%的工资捐给慈善机构，他后来说：我保留着最早的账本。在每天只能挣1美元的时候就拿出5美分、1角或者25美分捐给慈善机构！在他年满20岁时，已经捐赠超过10%的收入。但是，批评者并不相信这位慈善家口是心非的欺世盗名之言，他们指责在昭示洛克菲勒菩萨心肠的慈善账本之外，还有一本不择手段疯狂攫取财富的经营账册，这是两本截然不同的道德分类账。

但洛克菲勒不在乎流言蜚语，他在70岁时还义正词严地说：“我一直得到上帝的庇佑，事业发达，因为上帝知道我将把金钱回馈社会！”他是个认准真理就绝不回头的偏执狂，少年时代下跳棋，对手嫌他思考时间过长反复催促，他回应说：“我想好了马上就走，你不会以为我下棋是为了输棋吧？”他只参加可由他制定规则的游戏，尽管思虑谨慎、迟缓，可一旦做出决定，便勇往直前、百折不回。

1858年4月1日，洛克菲勒拿着从父亲那里借来的1 000美元，与克拉克一起在河边路32号挂上克拉克－洛克菲勒商行的招牌，主营农产品贸易业务，洛克菲勒家族的名字首次出现在商号中。此后一年间，公司销售额达45万美元，纯利润4 000美元。1859年，利润逐步攀升，这年8月，德雷克在克利夫兰的油溪一带钻探出石油，各路商人蜂拥而至，这个城市迅速建起近百家炼油厂。洛克菲勒找来精通石油的商人安德鲁斯加入公司，总部也搬到克利夫兰市近郊，全力投入石油炼制业务。

洛克菲勒的胆大冒险与克拉克的保守谨慎导致冲突不断，公司也巨亏10万美元，分家势在必行，1865年2月2日，三人举行一场内部拍卖会：洛克菲勒和安德鲁斯站在一边，克拉克为一方，双方谁出价高公司就归谁，可以从事石油生意，另一方只能以个人经营为主从事代理商行业务。洛克菲勒率先报价500美元，克拉克翻了一倍；他额头冒汗，涨到40 000美元，对手又加了10 000美元，双方你来我往，最后克拉克咬牙喊到72 000美元。

这情景很像洛克菲勒小时候走跳棋的重演，只要认定之事，他决不让步，当他嘶哑叫着“72 500美元”时，克拉克垂头掩面，双手一摊，不再竞价。26岁的洛克菲勒从此控制了克利夫兰最大的炼油厂，这里每天能处理100桶原油，并最终发展为世界最大的炼油厂，他后来回忆拍卖过程时仍无限感慨：“我当时镇定自若，抱着必胜的绝对信心，我估计了最后的结局，也预测了未来的发展。”

那时大多数人都预言石油只是昙花一现，即将干涸枯竭，于是疯狂开采不舍昼夜。洛克菲勒认为石油是技术革命和经济腾飞的基础，但未来前景，关键看是否信仰上帝，他从来都觉得上帝一直在庇护自己和公司，比如1867年圣诞节前夕，他误过一班火车，结果该火车发生事故多人丧生，洛克菲勒坚信“这是上帝对我的眷顾”。但由于炼油商远多于开采商，到1870年实际炼油能力竟是原油开采的3倍，竞争极为惨烈，当时大约90%的炼油商都在亏损，整个行业面临崩盘。

炼油业过度发展导致的毁灭性竞争令洛克菲勒寝食难安，他打算构建一个庞大的卡特尔（垄断组织形式之一），买下一批导致生产过剩和行业混乱的炼油厂，建立规模经济，提高生产效率。但当时美国许多州的法律规定：允许并购，但不能拥有合并企业之外的资产。洛克菲勒只好在1870年1月10日建立名为“标准石油公司”股份制企业，它控制着全美10%的炼油能力，洛克菲勒雄心勃勃：“总有一天，标准石油公司会提炼所有的炼油，制造所有的油桶！”

1872年1月1日，洛克菲勒做出历史性决定：收购克利夫兰及其他地区的一批炼油厂，这一天，他将公司注册资本从100万美元增至250万美元，次日又变更为350万美元。在这年2月17日到3月28日的短短39天里，洛克菲勒一口气吞掉克利夫兰26个竞争对手中的22个，期间还创造了48小时内连续买下6家炼油厂的疯狂记录。

对于并购顺序，一般企业都选择从弱者下手，洛克菲勒却颠倒过来，首先打垮最强劲的对手，以此给所有竞争者巨大的震慑力。为了尽快完成“石油帝国”的梦想，洛克菲勒曾对抵抗者说：“你完全是孤家寡人，你的企业在克利夫兰别想赚到一分钱！与标准石油公司竞争是没有益处的，你要是胆敢这么做就一定遭殃！”对这种毫不隐晦的威胁，他却解释为“适时的警告和真心的劝诫”。

洛克菲勒对自己冷血而残酷的恶行不以为意的原因，还在于他只是运筹帷幄的总指挥，巧妙藏在幕后以置身事外。比如他在报告中的回复总是含糊其辞，不署名也不做具体指示，他深信任何事都不能绝对保密。一旦出事，他便推到雇员身上，露出一副毫不知情的姿态，实际他对任何事都一清二楚。洛克菲勒拥有一套庞大的情报系统，他给所有独立炼油商的记账员每月支付25美元佣金，透过月度报告中每桶油的销售情况，他能洞悉这个王国内任何角落的风吹草动。

如果将洛克菲勒的商业成就归结为巧取豪夺与阴谋诡计，显然不够客观。他的经营智慧无人能及，信奉“正确的数字就是金钱”，要求计算绝对精确，每加仑汽油的成本应该计算到小数点以后三位数。1879 年，他从报表中查出两家炼油厂提炼每加仑煤油的成本相差悬殊，一家是 0.009 1 美元，另一家却要 0.018 2 美元，他让后者的经理丢掉饭碗，继任者 9 个月后终于把成本降下来了。

19 世纪 80 年代初，洛克菲勒视察纽约的下属工厂，仔细观察机器给油桶的封口过程，并问专家：“封一个口用几滴焊料?”回答是 40 滴。洛克菲勒希望数据更低：“试一试 38 滴，然后告诉我结果。”专家试验发现，38 滴焊料会导致少量漏油，39 滴焊料则完全合格，从此以后，39 滴焊料成为公司油桶封口的统一标准，洛克菲勒后来得意地说：“在第一年就为公司节约 2 500 美元，每桶节约一滴，从那时到现在节约的钱已经有几十万美元。”

“用低廉的价格给人类带来的光明。”这是洛克菲勒的梦想，他为此大肆并购，严控成本，以早日建成“石油帝国”。早年在油溪观看钻井时，他曾默念道：“这是穷人的光明。”后来他曾告诫下属：“我们是在为穷人炼油，一定要让他们得到物美价廉的煤油。”这个在偏远乡村长大的石油大鳄绝不会忘记少年时在摇曳、微弱的烛光下读书的情景，他深谙廉价煤油对整个社会的革命性变化。

据 1878 年不完全统计，美国每年石油总产量为 3 600 万桶，其中 3 300万桶为洛克菲勒克的标准石油公司所贡献，占全国总产量的 90% 以上。洛克菲勒对自己高瞻远瞩的商业智慧和纵横捭阖的领导才华深信不疑，那些被批评者视为横征暴敛的手段在他眼里却是造福百姓的丰功伟绩。据他的笔记本记录，早年曾以每加仑 8 角 8 分的价格买过名叫精制松脂的灯油，后来标准石油公司生产的高级煤油只卖每加仑5分钱，遇到有人抨击他假慈悲、真贪婪时，洛克菲勒就会提及笔记本里的故事。

只是洛克菲勒似乎忘记了，公司是自由竞争的产物，如今标准石油已成为商业进步的障碍，等待他的将是一场旷日持久的审判。在宣判之前，人们心里似乎已有答案，廉价商品固然重要，但公平与平等更不容侵犯，要知道，当初造就洛克菲勒辉煌与腾达的，正是开放公平的竞争环境。

自1879年春天开始，洛克菲勒经受了长达30年的漫长指控和调查，宾夕法尼亚州的地方法院以密谋垄断石油业、向铁路公司勒索折扣和操纵油价等罪名对9名标准石油公司负责人提起诉讼。洛克菲勒多次在各种调查委员会上接受调查和询问，律师则巧舌如簧地为他做无罪辩护，他曾整年躲在福里斯特山里以远离纠葛。

这种痛苦与折磨直到1911年5月15日才宣告结束，那时洛克菲勒早已退休。早在1897他就低调淡出石油帝国，官司的纠缠令他身心疲惫，原本深受消化道疾病和神经紧张烦扰的身体又出现血液循环障碍，而标准石油公司运作正常有序，他对这台运转将近40年的机器已兴趣全无。正好儿子小洛克菲勒这年从布朗大学毕业，他可安心交班，只是退休的消息一直未向外界公布，他还保留着新泽西州标准石油公司总裁的虚衔，儿子所做的错误决策由他承担骂名和指责，而诉讼官司也需他本人面对。

在洛克菲勒退休14年之后，美国联邦最高法院终于做出“最后裁决”：标准石油公司必须在6个月内解体。随后标准石油公司被拆分为约37家地区性石油公司，只不过这些公司75%的股票仍由洛克菲勒掌控，那时美国汽车业正朝气蓬勃，石油股票一路飙涨，新泽西和纽约的两家石油公司股票从260美元上涨到580美元，大西洋公司和印第安纳州的两家石油公司的股票各涨三倍，洛克菲勒的个人财产到1913年已达9亿美元，几乎是十年前的 5 倍。正所谓“祸兮福所倚”，洛克菲勒或许不曾想到，反垄断者的指控和诉讼居然将他逼成世界首富。

美国人最早将首富头衔授予洛克菲勒是在 1889 年，一篇新闻报道称其净资产值达 1.5 亿美元，另一篇文章估算他每小时能赚 750 美元，那时普通美国人每周平均收入还不到 10 美元。面对歌颂和鼓动性报道，洛克菲勒一脸忧郁：“巨大的财富也是巨大的灾难，它只会带来两种后果——不是巨大的好处就是巨大的灾难。”

果如其言，随着报道流传，各路乞讨者和仰慕者络绎不绝，无论洛克菲勒身在何处，总有陌生人一路尾随，甚至有人带着行李想与他住在一起。来自世界各地的信件很快堆成小山，仅一艘轮船就从欧洲带来 5 000封乞讨信，最多时一周收到 15 000 封，到月底又刷新为 50 000 封。洛克菲勒愤怒地说，80% 的信件只为借钱，理由仅此一条：拿到钱后我会很满足。还有些请求实在无能为力，比如一位忧心忡忡的妇女来信说：“我希望能够用同上帝交谈的方式见到您，和您说话。”

作为上帝的“管家”，洛克菲勒必须把每笔钱用在最有意义之处，他担心捐赠会滋生不劳而获的习气，这违背新教不劳者不得食的伦理。即便行善，最好做到既帮助别人又照顾尊严，有一次他见到借钱的人特意跑到街对面走路以回避，内心万分沮丧，财富将他与朋友分开，变成孤家寡人。洛克菲勒愿意无私捐献财富，体面地卸下包袱或许能阻止别人追究财产来源，但以往的方法已不再可行，他需要研究一套系统、科学的捐赠模式，比如通过创立芝加哥大学来资助教育、医药、科学的进步，包括资助周口店“北京人”的挖掘和考古工作，这成为他日后主要的慈善方式。

洛克菲勒非常享受慈善带来的乐趣与成就感。在芝加哥大学五周年校庆的第二天，他身着运动装在校园内骑车飞驰，同学们满怀拥戴与感激之情向这位传奇人物致敬，他不时挥手回应，脸上洋溢着心满意足的欢乐。骑自行车是洛克菲勒老年十分喜爱的活动，尽管已年近花甲，但他仍追求高难度的惊险动作，比如撒开车把双手撑着雨伞骑行。他总想登上福里斯特山的陡坡，一位工程师断定这不可能，这个狂热的老头翻完一大堆土木工程书籍后，总结出“3%坡度”就可以爬坡骑到家门口。洛克菲勒还迷恋高尔夫球，无论刮风下雨雷打不动，但他总是打侧旋球，为纠正动作他特意请人将打球的动作拍成电影，反复研究。到了晚年，他仍然骑着自行车从一个球洞打到另一个球洞，以节省体力。

骑车和打球令洛克菲勒几近崩溃的身体恢复活力，以往脸色苍白、布满皱纹，后来红润光滑、身心愉悦。尽管他规定活动时不准谈论经营和慈善事务，但他依然认为长寿是因为上帝眷顾，他的捐赠步伐并未减缓，尤其是1919年洛克菲勒基金会成立之后，他的捐款记录已追平安德鲁·卡耐基一生捐出的3.5亿美元。去世之前他又拿出1.8亿美元，他的儿子又直接捐赠5.37亿美元，加上家族另外捐赠的5.47亿美元，洛克菲勒成为美国最大的慈善家。

在洛克菲勒出生的19世纪30年代，安德鲁·卡内基、杰伊·古尔德、J·皮尔庞特·摩根等日后叱咤风云的商业巨头先后诞生，那真是群星闪耀的时代。但洛克菲勒有别于众人的是，只有他坚信与上帝站在一起，认为自己的赚钱能力是上帝赐予的礼物，必须与全社会共同分享。一百多年来，洛克菲勒的财富信仰深深影响着美国乃至全世界的商业观念，它逐渐沉淀为一种精神，激励年轻一代勇敢追寻光荣与梦想。

而在后来者中，皮尔庞特是不可忽略的，作为当时一位重要的商人，他用自己的努力给美国金融界建立了牢不可破的秩序——这秩序始终在影响着美国金融业的发展，直到今天。

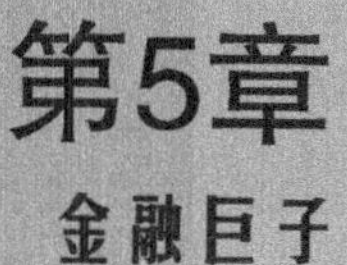

第5章 金融巨子

前几年美国次贷危机、欧债危机爆发时，甚至以往每一次金融风暴中，都能听到关于“皮尔庞特再生”的呐喊。时移世易，在约翰·皮尔庞特·摩根之后，华尔街再无王者，金融寡头只手遮天的时代一去不回，全世界再没有哪个大佬、哪家机构能重演传奇。

以今天的视野回望，皮尔庞特只是个倔强、精明、果敢的金融家，他的影响力不如同时代的约翰·洛克菲勒、安德鲁·卡内基两大工业巨子，财富差距更不用说。他只是比任何人都相信秩序，并以此作为化解一切危机的动力和手段，这源自他对基督教的信仰，荣耀也好、罪恶也罢，都是他坚持秩序的结果，哪怕因此在晚年遭受垄断的指控，他依然相信灵魂会得到上帝的救赎。

无论后世如何夸耀皮尔庞特的经营才华和辉煌功绩，但不可否认，他只是接过父辈的功劳簿续写传奇的“富二代”，人们经常将他与洛克菲勒、卡内基等同时代白手起家、自学成才的商业巨头相比，并以此作为调侃他浪得虚名的重要证据。

1837 年 4 月 17 日，皮尔庞特出生于美国康涅狄格州一户犹太富商家庭，祖父约瑟夫·摩根去世时已留下百万家财，父亲朱尼厄斯·斯潘塞·摩根显然青出于蓝，他受雇于银行家乔治·皮博迪，并在 1854 年 10 月被选为合伙人。此时皮博迪已风烛残年，每日被风湿病折磨得不堪忍受，膝下又无子嗣，就以“10 年后我退休，会把我的名字和部分资金给你作为发展基础”为条件遴选继承者，其公司坐拥资本 45 万英镑，实力仅次于巴林兄弟和罗斯柴尔德家族，朱尼厄斯受邀后欣然接受，拖家带口定居伦敦。

为了不因为后代平庸而像皮博迪一样将家族产业托于旁人，朱尼厄斯对皮尔庞特要求极其严格，连儿子在瑞士、德国留学的课程都要亲自过问，大学毕业后又安排皮尔庞特到华尔街的邓肯舍曼私人银行公司当初级会计，每一步都精心设计。

皮尔庞特的商业嗅觉和过人胆魄很快就显露出来。刚入职他就被派到新奥尔良的海边码头，学习棉纺业和装运业第一手资料，观察人们如何开展进出口贸易。有一天，他登上一艘满载咖啡的巴西货船后，船长正愁容满面：代理销售这批货的人不知去向，必须尽快处理掉。皮尔庞特不露声色地装选咖啡样品，然后在当地四处寻访并收集订单，并以邓肯舍曼公司的名义用即期汇票购买船上的所有咖啡。

公司纽约总部的上司第二天听说后非常恼火，批评皮尔庞特擅作主张做赔本买卖，没想到几个小时后就收到皮尔庞特的电报：咖啡已销售一空，利润丰厚，正打算将收到的支票寄回公司。儿子的举动既令朱尼厄斯欢欣鼓舞，又让他忧心忡忡，他担心邓肯舍曼公司会束缚皮尔庞特的发展，就出资在纽交所对面开了一家摩根商行，作为皮博迪公司在纽约的分支机构。

自立门户的皮尔庞特还没来得及大显身手，就遭遇到人生前所未有的残酷打击。1861年春天，南北战争的枪炮声刚刚响起，皮尔庞特深爱的女友阿米莉亚·斯特奇斯不幸患上肺结核，到秋天时已病入膏肓，他决定带她到更温暖的地方去，也许能慢慢好转，他要娶她。至于生意，他已无心思考，更何况对自己忠心耿耿的表弟已被说服无限期帮忙打理。这年10月7日，摩根结婚了，婚礼上的妻子太过虚弱，依赖他的搀扶才勉强坚持完典礼，否则她根本站都站不起来，热烈的场面无法掩饰新娘内心的悲伤。婚礼结束后，他们乘马车义无反顾地穿过地中海到达尼斯，温暖的气候没有赶走噩运，四个月之后，阿米莉亚离开这个世界，24岁的皮尔庞特成为鳏夫，这个痴情的男人变得脆弱而沉默，很长时间都无法走出丧妻的伤痛。

父亲朱尼厄斯倒是抓住这次战争机遇赚取了巨额财富，战后资金匮乏，他与皮博迪一起成功将大量英国游资引入美国，尤其集中于铁路领域。1864年皮博迪退休，朱尼厄斯接管公司的业务和资产。1870年，在普法战争中落败的法国濒临破产，朱尼厄斯与法国大臣签署一份5 000万美元的贷款合约，并成功将债券卖出，最终赚取500多万美元。经此一役，摩根家族在国际金融界的地位仅次于罗斯柴尔德家族，朱尼厄斯迫切希望儿子能在美国帮他承销欧洲股票。

可就在此时，皮尔庞特却给父亲写信，倾诉身体状况异常糟糕：浑身疲惫无力，睡眠很差，经常头疼，有时还会感到头晕目眩。他觉得自己赚到的钱已足够下半生用度，便萌生退休的念头，以留出更多的时间来调理身体。57岁的父亲正迎来事业高峰，33岁的儿子却打算功成身退，生气、怜惜、无奈，朱尼厄斯心头五味杂陈，他没有给皮尔庞特确切的答复，只是让他去费城找安东尼·德雷克塞尔谈谈，这是一位生于金融豪门的年轻接班人。

这次面谈改变了皮尔庞特的人生轨迹，甚至改写了美国金融史，如果他 33 岁退休，谁能想象美国商业将走向何方？德雷克塞尔说服皮尔庞特共同在纽约创办德雷克塞尔－摩根公司，利润平分。凭借两家的雄厚实力和商界资源，新公司生意红火，1873 年进军美国债券承销业务，皮尔庞特渐渐脱离父亲的荫庇，成为重建美国工业规则和秩序的生猛力量，摧城拔寨。

直到被业界冠以“铁路大王”的封号，人们在介绍皮尔庞特时才略去“朱尼厄斯的儿子”这个前缀。

1879 年，美国铁路大亨范德比尔特焦虑不安找皮尔庞特寻求帮助。他和儿子收购了许多小的铁路公司，组成美国最有影响力的纽约中央铁路公司，线路从纽约一直铺到芝加哥，公司 87% 以上的股份都被范德比尔特家族掌控，人们批评这是一家靠强权垄断的个人公司，公众的不满情绪日渐高涨，立法者借机增加税收项目——“反正这些钱都是从百万富翁范德比尔特的个人腰包里掏出来的。”当时美国铁路工业主要靠欧洲的资金支持，而皮尔庞特正是英国资本在美国的代表，范德比尔特希望他能秘密承销公司股票，卸下个人掌控的包袱。

皮尔庞特签订了这笔大额合同：德雷克塞尔－摩根公司以每股 120 美元的价格将 15 万份纽约中央铁路公司的股票卖给英国投资者，第二年还以同样的价格再销售 10 万份。所有行动都秘密进行，1879 年 11 月交易完成公布后，整个美国金融界都瞠目结舌。作为英国股东的代理人，皮尔庞特成为纽约中央铁路公司的董事，他不仅可以完成银行家之间的股票交易，还能改变美国铁路长期恶性竞争的格局。这些贪得无厌的商人肆无忌惮忌地在现有铁路的平行线上新修铁路，大型铁路公司快马加鞭吞并小型铁路公司，整个美国工业都被这些雄心勃勃的铁路公司割裂得混乱无章，尽管他们刺激了国家经济的飞速发展。

盲目扩张和运营混乱导致美国铁路行情急转直下，大型铁路公司亦举步维艰，皮尔庞特却洞察到机遇来临，他深知铁路亏损并非经济不景气或市场无需求，其根源在于恶性竞争，只要整顿好行业秩序必定财源滚滚。1885 年他拿下西海岸铁路公司，并陆续重组宾夕法尼亚、雷丁、巴尔的摩 & 俄亥俄、切萨皮克 & 俄亥俄等铁路公司，那几年他每天都带着大量资金奔波于各城市的谈判桌上，通过并购控制了美国 70% 的铁路线，成为“铁路大王”。

客观来说，皮尔庞特只是欧洲股东的代理人，不排除扮演听人号令代行权力的角色，但是通过重组和改革建立的威望，他能够主导各股东按照自己的意愿行事，成为美国铁路工业真正意义上的掌控者。然而，皮尔庞特所追求的不只是利润和名望，他相信秩序，只有铁路运营管理实现规范化，才能保证所代理的资金良性循环。他没有任何称霸、独裁的野心，而是以友好协商的方式统治“铁路帝国”。

1900 年夏天，钢铁行业的一场激战危及皮尔庞特的铁路“帝国”。许多生产钢铁制品的企业出于整合业务考虑，计划自行生产钢坯，甚至自行开发铁矿石资源，以摆脱对“钢铁大王”卡内基的依赖，并陆续取消双方的钢坯合约。那时卡内基正在苏格兰老家避暑，他对这样的联合反抗异常愤怒，立即给匹兹堡的部下发电报：全面进入钢箍、钢筋、电线、指甲锉的生产，扩展煤和焦炭的来源，不要害怕后果，我们必须取得胜利。

卡内基的还击很快取得胜利，他乘胜向宾夕法尼亚铁路公司宣战，因为后者提高了铁路运费，他计划新建一条铁路来摧毁对手在大宗货物运输的垄断地位，有人评论说，卡内基会像打击钢铁行业一样打击铁路行业。皮尔庞特对此不敢怠慢，他通过一切关系与卡内基的亲信接触，希望能坐下来谈判，在中间人的操作下，他明确向卡内基提出意志坚定的收购计划，并询问对方的报价。

后来有人猜测卡内基的所有进攻举动都是为抬高出售价格做出的铺垫，他已对商业经营萌生倦意，只想专心于慈善事业。事情的结局是，1900年12月，皮尔庞特前往卡内基家中拜访，双方在房间内闭门商谈15分钟，临走时皮尔庞特说："恭喜你，卡内基先生，你现在是世界上最有钱的人了。"卡内基将所有债券和股票卖给皮尔庞特，价格高达4.9亿美元，这是外界估值的1.5倍，皮尔庞特没有讨价还价，一口答应。一年多以后，两人在游艇上闲谈，卡内基说当年应该再多要一个亿，皮尔庞特笑着回答："如果当时这么出价的话，你会得到的。"

除了铁路和钢铁，皮尔庞特还投资爱迪生的电灯公司。早在1882年，他在麦迪逊大道第219号的家就成为世界上第一座安装电灯的房子，他为此在地下室安装了一台发电机，并配备工程师专门管理，即便如此，家里还会出现短路或断电故障，有一次短路引发火灾还烧毁了桌子和地毯，他并未恐慌，在重新安装电灯线路后，他鼓励金融家达赖厄斯·奥格登·米尔斯购买爱迪生公司的股票，并表示对方每买一股自己也会购买一股。

无论改革老行业还是支持新发明，皮尔庞特都是以投资维护或建立秩序，他坚信这不只是延伸一段铁路，锻造一块钢坯，点亮一盏电灯，而是在孕育美国工业的希望。

1907年秋天，年过七旬的皮尔庞特对商业的热情已日渐减弱，他很少去华尔街23号的办公室，而是待在郊区图书馆宽敞的红墙西厅里接待来访的商人和艺术家，他热衷于艺术品收藏，每年为此花费上百万美元。只是，突如其来的金融风暴让他无法在晚年享受安宁，反而被推到风口浪尖，声誉遭受空前的挑战。

这年10月，美国经济在高速增长之后骤然刹车下滑，股市急剧震荡，金融危机一触即发，华尔街的银行家们手足无措，不约而同地将希望寄托于皮尔庞特。他镇定自若地召集纽约主要的银行家到图书馆来听候调遣，指挥所有人寻找流动资金，扮演真正的“最后贷款人”角色，最终成功帮助政府化险为夷。人们将他誉为“美国现代化大工业的缔造者”，他也由此迎来权力和荣誉的巅峰时刻，但是好景不长，噩运不期而至。实际上，皮尔庞特生命的最后几年饱受批评与责难，那真是一段令人沮丧的灰暗时期。

1912年4月，由摩根财团耗巨资精心打造的泰坦尼克号豪华游轮沉没海底，1 000多名乘客遇难，举世震惊，这个消息像阴影一样笼罩着75岁高龄的迟暮老人。这一年美国举行第28任总统大选，激进派先锋伍德罗·威尔逊最终胜出，他任命更为激进的威廉·布莱恩为国务卿，后者一直主张财富再分配、粉碎托拉斯。布莱恩的上台无异于皮尔庞特的噩梦。

美国众议院银行货币委员会主席普乔的报告将皮尔庞特逼上绝路。他指证说，皮尔庞特及其亲信在100多个大公司中占有300多个董事席位，其中大部分席位由摩根所投资公司的管理者占据，摩根将他们派往其他公司董事会任职。据公开报道显示，在1912年前后，皮尔庞特已创建起比洛克菲勒更令人恐惧的庞大金融帝国——摩根联盟，它控制着美国金融资本的33%，总值近200亿美元；控制着美国保险业的65%，资产总值125亿美元。

1912年11月27日，健康状况令人担忧的皮尔庞特亲自前往由普乔举办的“金钱托拉斯听证会”作证，他面色苍老，一身疲惫，却仍竭力挺直腰板，以重现昔日威严。在那段时间的媒体报道和街头巷尾的议论中，这位“华尔街的拿破仑”被描述成近年来操纵所有金融兼并案的幕后人物，民众抗议不断，自美国殖民地时期就存在的反对“大资本”活动至此达到高潮。在听证会上，摩根按照普乔及其他委员的要求，详细介绍了全部铁路、企业与摩根公司的关系，并公开所有存款，力求精确。参与听证的政治家、律师、记者、民众都细心聆听，却没有找到明显漏洞。

听证会结束不久，身心俱疲的皮尔庞特前往欧洲，后来又到达埃及，似乎在拼尽最后的力气完成生前的旅行愿望，他总是这样不管不顾，一如24岁时的那场旅行。旅途中，他的身体状况越来越差，胃口和体力不断恶化，他决定返程，途中去了罗马。1913年3月30日晚上，皮尔庞特变得神情恍惚，亲人听到他留下的最后一句话是“我要爬上山顶了”，至死还渴望登顶，不服输，此后就一睡不醒，他这辈子实在太累了。第二天，皮尔庞特寿终正寝，一个属于金融大佬的时代从此落幕。

9个月之后，威尔逊总统签署《联邦储备法案》，建立美国联邦储备银行，从此以后，金融危机时将不再依赖摩根财团，取而代之成为“国家信贷者”的角色。美联储之所以能如此迅速且顺利成立，一个很重要的原因就是皮尔庞特的蓦然离世，华尔街再没有这样一位德高望重的人物。如果要积极评价的话，美国联邦储备银行的成立是献给皮尔庞特的最高礼赞。

令世人感到意外的是，皮尔庞特并没有留下传闻中的用之不竭的钱财，包括艺术收藏品在内，他的全部遗产估值大约只有6 800万美元，这根本无法同洛克菲勒和卡内基相提并论，前者有生之年捐赠达5亿美元，后者慈善总计达3.5亿美元。皮尔庞特不仅赚得比他们少，而且花掉了大部分财富，他有环游世界的奢华游艇，堆积如山的奇珍异宝。苛责者批评他贪图享乐、为富不仁；支持者颂扬他不以权谋私、坦荡正直。

或许只有遗嘱才能抵达皮尔庞特的内心深处，亲属将其公之于众，他在引言中满怀虔诚地写道：

我恳求我的孩子们，不顾一切危险、无论付出何种牺牲个人利益的代价，都要坚决维护和捍卫这一神圣的教条：只要有机会，一定要通过耶稣基督的血液来完全赎清自己的罪恶，也只有这样才能为自己赎罪。

如果皮尔庞特的忏悔提前几十年，能影响到世人口中“罪孽深重”的恶魔天才，华尔街恐怕将是另一副样子。但白驹过隙，沧海桑田，其中对错又有谁说得清呢？恶魔和天使不过一念之间，杰伊·古尔德纵然孤独终老，却未必心怀愧疚，他的一生如今看来恐怕辉煌才是主题。

1869年9月24日星期五，交易所里美国人带着自己的合约蜂拥而至，他们面带恐惧，在交易台上疯狂地平仓，将一笔笔合约迅速脱手，仿佛扔出恶魔的果实一般。事实上，这就是“恶魔”带来的结果。杰·古尔德对黄金市场的狙击让总统不得不做出反应，从而直接导致了市场的崩盘。大幅下降的黄金价格引发恐慌性抛售，又因此导致黄金价格进一步下跌，直到大家手里的金子都流入到交易所里才让市场冷静下来。当事情披露后，各个报纸将杰·古尔德作为始作俑者，他让无数人蒙受损失，尽管他本人或许也在此之列，也没能逃脱千夫所指的境地。但作为华尔街的“恶魔天才”，他面对侮辱依旧沉默不语，对他来说，这早已不是第一次受到外界的批评了。他的目光从来都没落到这些无聊的报道上，而是依旧在华尔街翻云覆雨，将大笔金钱揽入怀中。

但在古尔德小时候，他并没有对金钱过于敏感，而是对地图绘制产生了浓厚的兴趣。17岁就成了一个称职的地图勘测员，此时的他仿佛一辈子都将和商业毫无瓜葛。1853年，他曾给经营制革厂的普拉特中尉写信希望能得到一个好的项目，并且一同寄去了自己绘制的林区地图。但直到三年后，普拉特才有了新的项目，他还记得过去那个年轻的勘测员的请求，于是古尔德水到渠成地得到了在普拉特身边工作的机会。当我们回顾这段历史，这无疑是引狼入室的标准情节。很快，古尔德的人格魅力和杰出才华得到了普拉特的赏识，他甚至还为中尉创作演讲稿和信件，如同私人秘书一般。和这位富豪在一起的生活让古尔德开始接触商业，无数个想法在他脑海中闪现，此时的他已绝不甘于附庸在有钱人身边虚度一生。

1856年8月，古尔德一头钻进森林里，寻找大片的铁杉和白腊林，他决定要建立自己的皮革厂，投资人早已找好，那就是普拉特。一周之后，古尔德就用创业热情和货真价实的树林打动了这个慷慨的富豪，得到了12万美元的资助和未来一半的利润。工厂的一切由古尔德负责，普拉特对他寄予厚望，将自己的商业经验毫无保留地教给他，对此，古尔德谦虚地说："我认为这些经验是一本好字典。"但谁也不知道这个恶魔天才脑子里想的是什么，或许他只是在奉承投资人罢了，因为他在几个月前的信中曾提到："经纪商才是这个行业的巨头。"作为一颗商业新星，他早就洞察了这个大多数商人一辈子都没能参悟透的道理。虽然对生产并不看好，但古尔德依旧全力以赴，无论是制度上还是用人上都做得相当出色，皮革厂蒸蒸日上。

但是第二年10月的运输业风波使得成本上升，几乎所有的商品都开始掉价，皮革厂也曾一度陷入危机。古尔德和普拉特的关系也变得不再那么融洽，对自己越来越自信的古尔德对投资人的建议不再百依百顺，并且做了一件让普拉特无法容忍的事情，那就是将商品出售给其他的经纪商，而不是普拉特指定的人，这成了两人分道扬镳的导火索。最后，普拉特开出条件，要么古尔德以10 000美元出售自己那一半的股份，要么花60 000美元买走自己的股份。他断定这个年轻人没有能力掏出这份钱，60 000美元实际上远远低于他的投入，如果真的有心出售，价格会高出许多。但当1859年1月17日古尔德拿出钱要求普拉特履行承诺时，普拉特只得悔不当初地签下了股份转让合同。当然，古尔德本人是绝对拿不出这笔钱的，在老中尉意料之外的是，古尔德在纽约找到了新的投资人以及新的经纪商。未来的道路一片光明，阴云永远笼罩在别人头上，那就是古尔德的新投资人，查尔斯·卢普和戴维·李。

新的合作伙伴并不像普拉特那样头脑灵光，他们的财产更加容易被这个恶魔吞噬。在起初的合作中，古尔德认为到了增加产量的时机，但是卢普和李却不以为然，认为成本投入过大。古尔德只得跟他们耐心解释，产量的扩大不会增加管理费用，单个成本反而是降低的，这就像是跟白痴讲课一样。事实上，卢普的精神一直不佳，幻觉伴随他的左右，工厂的运行和经销一直是由古尔德和李负责。1859 年 10 月 5 日，卢普在自己的卧室吞枪自杀，这件事成了著名的“古尔德斯博罗之战”的导火索。

卢普的死让工厂的所有权重新洗牌，事情到了不得不解决的地步。古尔德提出以每年 1 万美元的价格购买卢普和李的股份，分 6 年付清，李同意了这个合约。但当古尔德向律师询问何时生效的时候，却被告知要等到卢普那复杂的信贷关系弄明白才成，这大概需要好几个月的时间。古尔德在给姐姐的信中感叹道：“上帝的车轮转的太慢啦。”事情一天得不到解决，古尔德就一天得不到工厂的所有权。当李上门继续参与管理的时候，问题出现了，两人都认为自己是工厂的主人，矛盾一触即发。这时候李做出了一个非常不理智的决定，他回到公司做了一次毫无激情的演讲，希望能获得工人的支持。但是对古尔德个人的抨击并没有达到预想的效果，只有 15 个人站在了他这一边。李不得不雇用 10 个“亡命之徒”填充自己的实力，这 25 个人武装之后进驻工厂，打算逼走古尔德。但在恶魔天才的面前，这点小把戏未免太过柔弱，古尔德召集了 200 个工人和市民，最后获得了一半人数的支持。面对数量上的劣势李拒绝投降，结果可想而知，李被强制赶出了工厂。

当然，美国并非没有法律，这样械斗的结果不能决定最后的所有权。两人在随后的公堂对质延续了7年之久，就算皮革厂倒闭一文不名的时候，官司也仍在继续。最后李获得了3 500美元的赔偿，并以1美元的价格买到了工厂的所有权，这无疑是一种讽刺。当时的报道全都是对古尔德的批评，卢普之死的罪过都被加到了他的头上，这给了后来的众多传记作者以无尽的遐想，成了塑造古尔德魔鬼形象的常用桥段。

古尔德对流言放任自流，早在1860年古尔德就决定退出工厂，这个24岁的年轻人开始了自己真正的商业之路——进驻华尔街。在随后的一年里，他不断地穿梭在各个交易所，啃食着边缘交易，积累商业经验，不断地提升自己的能力。南北战争的炮火对华尔街来说不过是价格的涨跌，古尔德对此更是充耳不闻，依旧忙碌在自己的生意之中。1862年，这个5英尺高的怪异天才找到了自己的伴侣——海伦·米勒——富商之女。婚后的几年中，古尔德在华尔街风生水起，成为一个老练的操盘手，股市票注、打短线、组织基金、熊市狙击和陷阱等操盘技巧锻炼得炉火纯青。这些技巧现在都被禁用，但在当时的华尔街这是必备的生存手段，谁在技巧上高人一筹谁就是赢家。很明显，古尔德在这里取得的财富和他的商业才华成正比，金钱滚滚而来，1866年，他已积累了几十万美元的资产。

如果古尔德只是华尔街的弄潮儿，我们恐怕还难以记住他的名字，直到他造就了“黑色星期五”这个金融界无法忘却的伤疤，但这一行径的最初目的却是因为他的铁路事业。1867年，古尔德成为伊利铁路的董事之一。这并不是他第一次涉足铁路行业，1863年，拉兰特－华盛顿铁路利润已连续下跌三年，它的主人迫不及待地想要甩掉这个包袱。古尔德看准时机，用低廉的价格得到了这条铁路的所有权。当然，他也看到了这个铁路公司的不足，差劲的员工素质和运营管理的不足需要人去解决，古尔德自然有这个能力。他每周有四五天的时间都待在拉兰特，处理伊利铁路的相关事宜，学习自己不知道的铁路知识，他感叹道：“我是总裁、财务总监、运营主管……慢慢地，铁路有了起色，我则继续工作。”实际上，伊利铁路的状况也不比拉兰特－华盛顿铁路好，出于政治考虑，很多铁路都建设在地势非常差的地方，仅仅1852年就发生了30起大的事故。如果这条线路一直这样下去，古尔德固然不会出手，但在1864年，大西洋－大西部的铁路建成，伊利铁路成了这条线路的经过点，运输量得以提高。南北战争的加剧也让整个铁路运输的竞争力相对其他方式有了提升，到1866年，伊利铁路终于开始盈利。

古尔德命运的真正改变开始于1868年的“伊利战争”。当时，为了将铁路延伸到中西部，范德比尔特长期收购伊利铁路的股票，却一直未达到绝对控股。与此同时，古尔德与合伙人丹尼尔·德鲁一直都希望在范德比尔特之前掌控这条铁路，于是，通过范德比尔特的宿敌、华尔街大佬费斯克的帮助，古尔德进入了伊利董事会，逐渐独揽大权，甚至还手握着印刷股票的铜版。他们不顾触犯法律每天24小时狂印股票，然后抛入市场，公司股票一路狂跌，范德比尔特趁机吃进，可不料，市场上的股票却一天比一天多。一周之后，范德比尔特才了解到真实内情，自此刻他的损失已高达一百多万美元；而古尔德已通过做空大发横财，并真正控制了伊利铁路公司。

恼羞成怒的范德比尔特立即通知纽约大法官，要求禁止伊利铁路公司发行新股，并缉拿古尔德和费斯克。后者闻风而逃，在新泽西州继续印刷股票并送到纽交所交易，范德比尔特不肯认输，继续吃进股票，并派人挟重金到纽约州府行贿，以每人15 000美元为代价收买了半数以上的纽约州参议员，以每人1 000美元的代价收买了半数以上的纽约州众议员。可古尔德却针锋相对，以双倍出价收买了纽约州全部参议员和众议员，还在光天化日之下带了一箱现金送给了伯纳德法官——就这样，纽约州议会宣布伊利铁路公司新股票有效，逮捕令也被废除。

就这样，古尔德赢得了这场巨鳄与巨鳄之间的无情撕咬，他斩获的不仅是一场商业战争的胜利，更是远比战果更重要的荣誉和声名。这让他的发展越发在美国版图之上肆意扩张。1986年冬天，奥萨铁路刚刚建成，古尔德就对此垂涎三尺。如果能够掌握它的控制权，便可和伊利铁路连成一体，宾夕法尼亚的煤炭就能直达新英格兰，那就代表着每辆列车都将载满货物，伊利铁路的股票也将顺势猛涨。古尔德立即安排人手插入奥萨铁路董事会，但时任奥萨铁路总裁的拉姆齐也并非泛泛之辈，他识破了古尔德的诡计，双方的较量直接进入白热化阶段。古尔德通过贿赂法官吊销拉姆齐的职位，而后者不甘示弱，也利用法律手段将“反叛者”踢出董事会，双方你争我夺，甚至发生了流血事件。最后，政府出面调停，双方再次回到了谈判桌上，但在其中，我们却看不见古尔德的身影。意料之外的是，此时J. P. 摩根半路杀出，坐收渔翁之利，最终得到了公司的控制权。媒体大肆渲染这位年轻的金融家打败了华尔街的恶魔，但事实上，古尔德对铁路不再关心，他早已将此事交于助手打理，转身投入黄金市场，仿佛一颗病毒悄然降临，华尔街的交易者还在金价上为一点利益你争我夺时，他们不知道一片巨大的阴云已笼罩在自己的头顶。

事实上，就连不小心参与其中的格兰特总统也是直到恐慌爆发才恍然大悟，但一切为时已晚。在当时的黄金交易市场上，只需交纳少量保证金就能购买到数额很大的黄金，这就意味着价格的涨跌会对个人收益影响巨大，也就代表着这将是最危险、也是回报最为丰厚的投机活动。古尔德的计划很简单：买空市场，操纵黄金飙升到天价。如果他的投入足够多，那么唯一的风险就是政府干预，其他的因素都无法阻止这一计划的实施。显然古尔德有这样的能力，他通过关系网，用贿赂的手段让巴特菲尔德坐上了财政总管助理的位置，并且对总统旁敲侧击，让对金融一窍不通的格兰特总统相信：政府不应干预黄金市场。一切准备就绪，在整个夏天他和合作人菲科斯不断地买进黄金，人们发现，价格越是上涨，市面上的黄金数量就越少，直到1969年9月24日星期五，菲科斯一开盘就命令手下：买下市面上所有售出的黄金。10点半，黄金价格升至150美元，比周一要高出12.625美元，这已经是相当大的一个浮动了，但丝毫没有停下来的势头。绝望的人们挤满了黄金交易室，他们的哀号让这个地方如同疯人院一般，百老汇大街上挤满了人，他们衣冠不整，窜来窜去，而黄金的价格丝毫没有为之所动，一如既往地向从未有过的高度上涨。一群卖空的投机商视黄金为烫手山芋，平仓的速度不输暴跌之时。这是有史以来最大的一次买家恐慌，他们在华尔街优越的生活资本荡然无存，在他们的意识里，自己仿佛卖空了一种价格没有封顶的商品。

此时的古尔德在忙什么呢？很简单：收割。他一面悄悄出售货品，一面虚张声势制造全力买进黄金的假象，利用人们恐慌的心理让人们不会轻易出手买下黄金。但就在他专心致志，不断收割之时，远在华盛顿的格兰特总统终于做出决定：抛出国库的黄金救市，而使总统转变心意的原因正是古尔德本人。在前几日，古尔德以总统妹夫的名义送了一封关于经济学陈词滥调的信，目的就是进一步稳住总统希望他不要插手。但此举行为却引起了格兰特总统的怀疑，因为他的妹夫断然不会寄出这样的东西。在黑色星期五的11点40分，巴特菲尔德接到总统的直接命令：出售400万美元的黄金来阻止恐慌。在这天接下来的时间里，整个华尔街仿佛经过一场大火，政府起到了救火队员的作用，而人们却不知道点燃这场大火的人究竟赚了多少钱。实际上，古尔德对政府的做法很是无奈，我们也没办法从他的嘴里得到是否赚钱的答案。但对此媒体的评价惊人地一致，《纽约先驱报》一口咬定：“撒旦正趾高气扬地坐在肮脏的战利品上。”

古尔德最终还是对此付出了代价，他的名声跌到冰点，在一片反对声中不得不放弃了伊利铁路的控制权。而此时的他已然拥有2 500万美元的财富，谁都无法撼动他在华尔街的地位。“恶魔天才”并未就此收手，继续投资铁路，到 1881 年已然拥有美国铁路全线总长的 15%。纵然那样惊心动魄的疯狂交易不再，古尔德还是依靠自己的才能在华尔街混得风生水起，却不得不背负骂名，直到去世也没能再交一个朋友，孤独终老。

但当我们纵观古尔德的一生，我们看到的并不是他手下败将嘴里的恶人，而是一个真正的商业天才，一个“美国梦”的完美演绎。

20 世纪的大门刚刚敞开时，平民对银行的看法与如今大不一样，在他们眼里，银行是资本家压榨劳动者的帮凶。没有一个穷人能从银行得到贷款，但没有本金就难以做更大的生意，银行也不屑于给这些平民投资。直到 1904 年，旧金山出现的意大利银行打破了“不对穷人贷款”的定律。阿马迪·贾尼尼，这座银行的创始人，从平民的角度出发，以创立“人民的银行”为宗旨，成为银行业的改革先锋。

1877 年，7 岁的贾尼尼曾有一个幸福的家庭，父亲在圣塔克拉盆地建造了自己的牧场，这个来自意大利的移民家庭正向着小康生活迈进。但晴天霹雳，父亲因为没有借给一个农夫 1 美元而惨遭枪杀，这给贾尼尼的内心留下了难以忘却的伤痛，潜移默化地影响了他一生的轨迹。22 岁的母亲没有办法独自抚养 3 个孩子，于同年嫁给了马车夫斯卡蒂那。所幸的是，继父平易近人，一家人卖掉牧场，搬到城镇中，做起了农产品中间商。白驹过隙，贾尼尼长大成人，小学毕业后，就加入到家里的生意中里来，开始了自己的商业之路。

15 岁的贾尼尼格外健壮，1.85 米的身高和 77 千克的体重让他在生意场上没有因年龄而被小视，大家都叫他“斯卡蒂那少爷”。平易近人的性格和聪明伶俐的头脑很快就得到了他人的认可，成为一名优秀的中间商。或许是对生意的技巧掌握过快的缘故，日复一日的单调经营在这个年轻人眼里毫无挑战性，他想到了别人想都不敢想的货物——柳橙和葡萄柚。这两件商品的销量非常好，在旧金山的货源却是少之又少。当他向继父提出要到圣阿那进货的时候，继父大吃一惊："那要六匹马拉的货车跑上两天两夜啊！"但是贾尼尼认为利润巨大，这点付出是值得的。

继父最后同意了他的请求，并且承诺，如果有所收益就送他一块金表。在当时，没有任何一个中间商能想到去码头以外的地点进货，所以当贾尼尼手戴金表，将新奇的水果摆上货架时，他们吃了一惊，随后开始争相效仿。多年之后，加州很少见的柳橙和葡萄柚成为本地特产，这其中就有贾尼尼一份功劳。

22岁时，贾尼尼遇到了自己的新娘——银行家科涅尔的女儿。这份门当户对的婚姻给他带来了转变一生的机会，十年之后，岳父的去世让他继承了哥伦布银行董事的职位。哥伦布银行是由科涅尔和夫坎西一同创办的，但对董事们来说，这位新来的继承者成了他们排外的对象，他们难以认同贾尼尼的宝贵才华。初入银行业的贾尼尼在了解了业务后，提出新的设想：给农村的意大利移民放贷，由于南边的洛杉矶正在如火如荼的建设，这批数量巨大的移民必然会创造出相当的价值回报银行，这将是一片巨大的市场。此语一出，当即受到夫坎西的反对，思想陈腐的老董事用居高临下的态度对贾尼尼一通指责，告诫他做好本职工作，又联合其他董事将贾尼尼孤立，使贾尼尼在董事会中再无发言权。才华横溢的贾尼尼受不了这些无能之辈的指手画脚，一怒之下辞去了工作，决定另起炉灶。不过在走之前，他还顺便挖走了5名董事和最好的推销员——佩德里尼。

意大利银行正式挂牌成立，但贾尼尼和他的朋友只手握不到一半的股份，剩下的股份则在鱼贩、菜贩和农民的手里。向平民集资在当时是绝无仅有的，没有任何一个银行家肯这么干，他们高高在上，在大企业和大商人之间投机取巧，没人会将视野放到贫穷的农民身上。贾尼尼再次做了大家都意想不到的事情，而且他成功了。他和英俊潇洒的佩德里尼走街串巷，游说主妇们将藏在床下的金币存入意大利银行。很快，存款额节节攀升，银行的发展一帆风顺。但这不代表贾尼尼就心满意足了，和哥伦布银行依旧差距巨大，他在伺机寻找机会，用自己的成功让夫坎西颜面扫地。

1906年4月18日，老天给了他这个机会，但却是人们的巨大灾难，地震发生了。旧金山成了一片废墟。混乱之中，贾尼尼赶到银行，所幸这里平安无事，但大火早晚会蔓延到这里。比大火更可怕的是一些地方已经发生抢劫，整个旧金山陷入混乱之中。贾尼尼立即行动，所幸忠实的佩德里尼和两位出纳也赶到了现场，他们将地下金库全部转移到一辆马车上，上面用水果伪装起来，并且将卡宾枪藏入大衣里以防不测。几人随马车迅速向南方的家里疾驰，所幸一路平安。

第二天，当大家从家里拿出存折，准备到各大银行取钱重建家园的时候，却发现银行要么大门紧闭，要么贴出告示停止营业。没有一家银行肯担起出款的责任，他们都害怕损失。此时，唯独贾尼尼站了出来，他宣布：意大利银行将开展露天营业，凡是凭借其他银行的存折或者有正当职业证明的人均可前来贷款。这一消息发布后，银行家们吃了一惊，紧接着决定坐看好戏。然而这的确是好戏一场，没有抢劫，没有挤兑，大家井然有序地排起长队，从意大利银行那里得到了希望。对贾尼尼来说，他根本没有出现现金不够的状况，因为来存款的人居然多于贷款者，这是连他自己都没能料到的。究其原因，当地震发生后，人们藏在床下的钱化为灰烬时，终于意识到了银行安全的重要性。在这年年底，意大利银行的存款额高达140万美元，贷款额150万美元。意大利银行重获新生，一跃成为旧金山大银行之一。

当所有的银行家悔不当初，打算向贾尼尼学习的时候，他已然将目光投向了更为高远的地方——华尔街，每个在商业上有雄心壮志之人的最后归属。第一次来到华尔街的贾尼尼，在拜访了意籍朋友之后，用他敏锐的嗅觉很快发现了一丝不祥的预兆——经济危机将会再度到来。沉迷于华尔街疯狂交易里的商人们对此毫无准备，第一次来到此地的人却早早地开始准备过冬的粮食，他藏好金币，付款则只用纸币。不出所料，一个月后英国政府提高贴息率，实际上就是紧缩政策，他们认为在美国的投资过大了。

经济危机如同瘟疫一般从纽约蔓延开来，华尔街的银行被挤兑大潮弄得焦头烂额，各地银行不断倒闭，而且这一状况很快就蔓延到旧金山。噩耗传来："库罗卡银行发生挤兑了！"贾尼尼大吃一惊，没想到会来得这么快，更重要的是如果一家本地银行发生挤兑，人们的恐慌会被瞬间放大，到时候大家都没有好果子吃。他当机立断，凑到大门紧闭的库罗卡银行大声公布道："这里不是纽约，我们没有投机，大家对自己的钱大可放心。如果真的需要钱，请到意大利银行来，库罗卡的存折在本行一样适用！"很快，大家就散了，不是因为他们涌向了意大利银行，而是他们相信贾尼尼，意大利银行的所作所为大家有目共睹。

当1907年的经济危机过去，旧金山的各大银行忙着恢复往日的繁荣之时，贾尼尼注意到加拿大银行竟在这次灾难中毫发无损。经过调查，他发现其中的奥秘在于其分行的设立，从各地吸收的存款汇集在一起，这样银行就具有很大的机动支配能力。贾尼尼绝不满足在旧金山只有这一小块立足之地，这样的调查结果和他的雄心壮志不谋而合，设立分行志在必行。很快，各地经营不善的银行成了他的猎物，经过短时间的发展，贾尼尼的资金迅速膨胀，一些大银行也被他收入囊中。他向妻子感慨道："我要让我的银行现在加州结网，然后扩展到纽约、美国、全世界。"其对未来的渴望可见一斑，而重点在于贾尼尼完全具有让梦想成真的才能。

"一战"结束后，1920年的美国已然感受到了经济衰退的前奏，全国有19%的银行相继倒闭，意大利银行因其服务大众的理念，在政策的庇护下如日中天，已发展出24家分行，分行数量居全国之首。但这终究还不是贾尼尼的最终目的，一个更吸引他的地方浮现在他的脑海，那就是美国金融的顶级之地——华尔街，这次他真的要进驻其中了。此时的贾尼尼早已不是区区银行行长，而是坐拥2.17亿美元、拥有控股公司意大利银行企业总裁名号的金融巨头。接下来的几次收购不断地引发着华尔街的地震，华尔街发出警报：贾尼尼正在整个大陆上铺展势力。这对美国金融界是个不小的震撼，其中自然也包含只手遮天的巨头——摩根财团。

1928年夏天，年事已高的贾尼尼离开了刀光剑影的华尔街，到欧洲的意大利米兰休假，却没料到摩根财团早已伺机待发，这一天他们等待的太久了。心系美国的贾尼尼在欧洲也随时关注着华尔街的状况，直到一则消息震惊了这个年过半百的老人：意大利银行股票暴跌50%。事实上，摩根安图控制整个美国的金融业，在他的控制下，纽约储联银行以意大利银行垄断为由，逼迫贾尼尼出售公司51%的股份，并开始收购意大利银行的股票。

贾尼尼得到消息，立即返回美国，并组建起新的公司——泛美股份有限公司，并且以该公司的名义大量吃进下跌的股票。由于新公司的大多数股份分散在小股东的手里，没人会怀疑贾尼尼的背后所为。最终，宝刀未老的贾尼尼重返意大利银行皇帝宝座，摩根的阴谋被一举挫败。此后将意大利银行继续发展壮大，直至吞并美洲银行，并借此机会正式更名为美洲商业银行。

1949年6月，未尝败绩的贾尼尼走完跌宕起伏的一生。他的才智是所有金融界人士的榜样，而他“为穷人贷款”更不是一句空话，意大利银行给了无数人希望。在他去世之后，名下的财产总额仅有43.9万美元，对于这样一个一生辉煌的人来说，比起庞大的数额反而更为令人感叹。贾尼尼一生对金钱极为看淡，在去世的前一年，还坚持捐出50万美元用于医学研究和员工福利，他真正做到了自己的诺言：“不为自己，而为大众。”

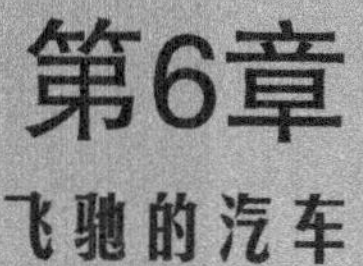

第6章

飞驰的汽车

1896 年的一个雨夜，当亨利·福特检修完自己制造的第一辆汽车之后，已是深夜两点，他为此已两天两夜没有合眼。启动之后，发动机颤抖着，由呜咽到轰鸣，筋疲力尽的福特顿时欣喜若狂，在车前摇晃的煤油灯的指引下，他激动而兴奋地穿过山间小道，驶向茫茫黑夜，完全忘记还站在原地的妻子，她蜷缩在雨伞下冻得发抖，热泪盈眶。

福特是第一个发明汽车的美国人，他后来被誉为“给世界装上轮子的人”，人们将他视为 20 世纪工业产业变革的主要推动者。他将一体化管理和流水线生产发挥到极致，通用零部件和标准化库存让福特汽车公司成为高效率、高产量的代名词，他建立的生产、装配和运输体系让汽车制造提前进入大规模生产阶段，而汽车销售价格也随之直线下降。他深信消费拉动生产的观念，并据此做出“员工日收入提高到 5 美元”的决定，使得每个人都买得起 T 型车，美国人的消费和生活习惯由此改变。

与巨大的声誉相比，福特遭受的质疑同样猛烈尖锐。早在他驱车雨夜狂奔的十年之前，德国人卡尔·本茨就已发明汽车。他赖以成名的流水线和规模化生产方式并不具开创性，企业界已熟练运用了几十年甚至几个世纪。这种矛盾也体现在他对福特汽车公司的影响中，他在20世纪20年代迎来事业巅峰后，就变得保守僵化、独断专横，成为企业前进路上的最大敌人，以致被通用和克莱斯勒赶超，至死都没有找回曾经的霸气和辉煌。

毁誉功过，任人评说。福特曾以激情和智慧照亮汽车工业史上昏暗而迷茫的长夜，几乎以一己之力推动20世纪初的工业变革和管理革命，影响和改变了整个世界，以此而论，任何赞誉和颂扬都不过分。

1863年7月30日，福特出生于密歇根州迪尔伯恩市的农场中，父母共育8个子女，母亲在他13岁那年猝然离世，亨利感叹“整个家就像是没了发条的钟一样”。那时他最大的乐趣就是拆装手表，邻居调侃说：“福特家的每一只钟表看见他来了都会发抖。”

有一天，福特看见一位农民开着装有蒸汽机的马车在路上奔驰，那是他第一次看见“汽车”，犹如一道流星划过夜空，在脑海中挥之不去，他许下制造汽车的心愿。16岁时，只会一些简单算术、勉强识字的福特跑到底特律，在机械厂做了三年学徒，又回到故乡创办了一家小型机械厂，用自制蒸汽机和旧割草机底盘造出一台拖拉机。后来他重返底特律，在爱迪生照明公司做工程师，闲暇时醉心于汽油驱动交通工具的实验，1893年他制造出第一台内燃机，三年后又造出第一辆四轮汽车。此后他卖掉汽车，获得造第二辆汽车的资金，然后再次卖掉，如此滚雪球般不断积累，到1903年他陆续造出几辆汽车。

在此期间，福特获得赞助商的支持，在1899年创办底特律汽车公司，福特担任管理者，一年后因经营不善宣布倒闭。他又和新投资人一起创办了亨利·福特公司，并制造出一批赛车，在业内逐渐小有名气，但由于投资人急于推出新车，而福特坚持改进完善，双方争执不下，福特在1902年含恨离开。1903年6月，福特与另一合伙人共同创办福特汽车公司，三年后买下合伙人的股份，开始独立经营。

20世纪的第一个十年是美国汽车工业的“黄金时代”，经过不断改进，福特终于在1908年9月27日造出第一台坚固、简便、廉价的T型车，从此奠定汽车行业领袖地位。T型车风行19年，卖出将近1 700万辆，它不仅让无数人自由远行的美梦成真，还促进了美国公路网建设和城市化进程，结束了城乡分离的局面。

1913年，福特引入流水线作业方法，这年秋天装配汽车底盘要12小时20分钟，到第二年春天就锐减到1小时33分钟，如果他的竞争对手继续以传统的模式和速度生产汽车，只有死路一条。1914年1月5日，福特发布的一项新规定令整个美国沸腾：“我们将一次性把工时从9小时下调到8小时，并向每名员工提供利润分成，22岁及以上员工最低日收入将是5美元。”恐怕连他本人都不会料到，区区“5美元”将引发一场全国人口大迁徙，从四面八方赶来的求职者将福特公司的大门围得水泄不通。

步入20世纪20年代，福特继续创造历史，改变世界。他开始向汽车工业的上下游进发，大兴土木建造原材料和零部件生产厂，比如玻璃、钢材等。1920年5月17日，福特公司在底特律鲁日工厂的一号高炉顺利落成，亨利·福特带着整个家族参加盛大的点火仪式，这是他五年来魂牵梦绕的事业。鲁日厂不仅可以保证福特制造汽车所需的原材料和零部件的正常供应，而且能更好地控制成本，比如玻璃价格是一平方英尺20美分，当时市场价是这一数字的7.5倍。

那时“一战”的炮火已烟消云散，他曾在战时向年仅35岁的部长助理富兰克林·罗斯福表示："我愿意让我所有的工厂为战争服务，我愿意为我们的战士制造坦克、飞机和一切可能制造的武器。"福特公司确实在战争中拿到卡车、救护车以及发动机、配件甚至弹药、钢盔等大量订单，1918 年 3 月还与美国政府签订生产 112 艘反潜驱逐舰——"鹰"的大额合同，政府出资 3 500 万美元资助福特在鲁日河边建设厂房和战舰生产线。不过，直到"一战"结束，只有一艘舰艇在部队服役，这笔订单最后以福特交付 60 艘舰艇告终。此时，亨利·福特开始思考"敲掉铁甲，撤下履带"，在军工厂改装汽车生产线。

宏伟蓝图渐次展开，噩运却不期而至。亨利·福特对成功过于痴迷，以致逐渐变得保守、狂傲、蛮横、偏执，各种极端性格交织在一起，最终酿成巨大的衰败。

福特曾购买一条名为底特律—托利多—艾恩顿的小铁路，那是一条残破不堪、凋敝荒芜的运输线，此前连年赔本，可他入主后竟迅速盈利。据说，秘诀在于他不但将公司的运输任务分流到这条小铁路，而且要挟供应商也必须使用这条线路，可从此以后他在铁路领域并没有大手笔的扩张之举。他还购买过一家医院，并以自己的名字命名为"亨利·福特医院"，而且信誓旦旦地表示要办成一家"穷人的医院"，可是这个美好的愿望终究没有实现，开张没多久就因抢走周边医院的生意被起诉。更不可思议的是，他还买下一家名为《独立报》的报纸，将其打造为宣传工具，福特以向供应商和分销商强行摊派的方式创造了 70 万份的发行记录，一时令他踌躇满志。

这些杂乱无章的并购案看似心血来潮，却反映出亨利·福特内心深藏已久的梦想。与所有同时代的草根创富者一样，他的商业启蒙深受美国铁路大王范德比尔特的影响。"穷人的医院"体现了他的慈善追求和人性情怀，少年时代他就有为穷人建造医院的理想。竞选总统则是倾慕权力和荣耀的终极表达，也是理想主义者的大胆试验，他曾于 1915 年包下一条航线，与一些和平主义者搭乘“和平号”去欧洲劝说各国停止战争。除商业之外，他比同时代富豪有更大的野心和更远的追求，如此看来，一切都顺理成章。

参选总统与商业竞争是两种完全不同的游戏规则。亨利 · 福特首先参选州议员，失败后于 1922 年又为竞选总统做准备，尽管他的政治天赋并不出众，他甚至不愿意当着许多人的面演讲，但因为卓越的商业声望和雄厚的财力支持，加上《独立报》等媒体舆论大张旗鼓地吹嘘，福特一度势头强劲，据《柯里尔》杂志在 1923 年 7 月的一份民意测验显示，当时他的支持率达到 1/3。但是随着选战的深入，福特一路下滑，生意上的失利和对手的舆论攻击让他败下阵来，最终没能竞选成功。对福特汽车公司和整个美国而言，他竞选失败或许是一件幸运的事情，尽管他本人因此陷入沮丧和失落。

1920 年，全世界陷入经济萧条，汽车市场萎缩，福特汽车不得不降价 30% 以应对危机。一年前，亨利 · 福特将总裁之位交给独子埃塞尔 · 福特，新掌门终其一生都在取悦一个不可能被取悦的真正统治者，尽管他曾手握权柄统管福特公司，并雄心勃勃地试图改变 T 型车的单一路径，却始终没有获得自由发挥的机会，父亲既是掌控“王国”的隐形“国王”，也是他身后的巨大阴影，虽然已年近花甲，但傲视群雄的野心却与日俱增。

此时，亨利 · 福特已几乎全部实现最初的人生梦想，他的行事风格日渐表露出既民主又独裁、既鼓励创新又唯我独尊的矛盾复杂心态。福特对传统的平等观念深信不疑，又在时代变迁中领略民主的魅力；他迷恋低成本和高效率带来的双重收获，崇尚简化问题和任务的管理方式，这些信念都源于福特的乡土背景，他属于典型的美国中西部农家孩子，朴实又固执、谨慎又狂妄，这种性格逐渐演化为他的商业哲学。

在亨利·福特后期的商业生涯中，互相矛盾、自我分裂成为最鲜明的特征。彼得·德鲁克在《管理的实践》中写道："亨利·福特的暴政中最为根本的就是他系统地、有预谋地、有意识地试图排除管理层，从而独自掌管这几十亿美元的商业王国。只要他的助手试图做出决定，都必定会被密探报告给他。"在福特看来，管理和管理者的作用可以忽略不计，他愿意"无为"，可以大胆放权，任由下属施展，但他又专门设立"社会部"以侦察下属，并通过分割式的手段让每位管理者只了解分内的情况，对全局战略却一无所知。

"无为"和"分割"又衍生出"无头衔管理"的新理念。正如福特所言："没有特别的职责附加在任何职位上，没有一系列的上下级权力等级，也几乎没有头衔，没有会议，没有繁文缛节。"此举打破等级观念，提倡人人平等，将"办公室政治"的管理通病一刀治愈，但是，"无头衔管理"也可视为他对管理的不屑一顾，作为无冕之王，他仍然独揽大权，发号施令。

与同时代大亨一样，福特也长期关注慈善，但他认为慈善不能只是同情和施舍，而应该具备生产性。他将大量盲人或手脚不健全的残疾人招入福特公司，并设置合适的工作岗位，鼓励他们拥抱幸福生活。可是，他又要求残疾人与健全者干同样多的工作拿同等的报酬，甚至前者的劳动产量应更高，比如当时磁石电机部车间残疾工人的产量就比其他车间高20%。在他眼中，要求低产量、支付低工资也会让残疾人感到满足，但这违背福特公司的原则，也不是帮助残疾人的最好方式。福特的善举值得尊敬，但质疑声也不绝于耳，批评者认为这是粉饰功德的虚伪理由，他们指责福特借慈善的幌子榨取残疾人的血汗，罪恶滔天。

这种痛苦的纠结与挣扎长达十多年，福特一直在赞扬与责骂声中昂首前行。但是，他所崇尚的平等与民主却因为自己的孤傲与独断荡然无存，低成本和高效率随着管理的落后与混乱成为泡影；他本来主张简化任务和问题，自己却将公司内外形势弄得复杂烦琐。个人的性格缺陷和企业的管理问题在行业萧条中不断放大，并加速了福特的衰落。

1936 年，福特公司彻底丧失领导地位，销量被通用和克莱斯勒超越，退居为美国第三大汽车制造商。

1943 年 5 月 26 日，亨利 · 福特的独子埃塞尔在 49 岁英年早逝，医生的诊断书写得别有深意——逝世的原因是复杂的疾病：胃癌、发烧和一颗破碎的心。无疑，亨利 · 福特的霸道和专横不仅给公司带来巨大灾难，也给家庭带来惨痛打击。

埃塞尔逝世之后，怀念者抨击说，如果福特早点儿听取儿子的意见，就不至于面临被迫改变 T 型车、淘汰 A 型车的痛苦，更不会被通用和克莱斯勒赶超。一大批天才的经理人陆续流失，只因为年轻的自由派领导夭亡，独断粗暴的创始人重新主政，80 岁的亨利 · 福特决定重新出山，亲自担任董事长。此时他的身体和精神状态正急速衰退，儿子的去世令他哀痛欲绝，1943 年夏天，他急忙召唤正在服兵役的长孙亨利 · 福特二世回来接班，以执行副总裁的身份进入公司董事会。

这位 27 岁的副总裁一夜之间成为这个当时世界上最大家族公司的继承人，简直就是财富和权力的象征。但是对于一个既无经验又无资历的年轻人而言，家族事业的重担足以令他气馁、胆怯，《生活》杂志客观地评判说："亨利 · 福特的长孙至今还未显示出什么突出才干，也没有什么迹象表明他身上潜伏着这种才干。而且，他在当时发挥自己能力的机会也十分有限。"人们普遍认为，亨利 · 福特二世的性格与父亲埃塞尔更相近，举止优雅、温和寡言，而不是亨利 · 福特的化身。不过，他刚上任就表现出极高的学习热情，谦恭而好问，并自称是新手，"正在寻求各种问题的答案”。

即便如此，亨利·福特二世还是无法摆脱与父亲相似的被操控的命运，爷爷仍然紧握公司58.5%的股权，《新闻周刊》生动地报道说，大多数福特厂的小官吏仍然“是在一种诡秘的阴谋气氛中战战兢兢，蹑手蹑脚地行事”。谄媚者依然手握重权，比如行政长官哈利·贝内特，依然是公司的重要人物。更严峻的是，当时业界普遍认为后继无人的福特大厦正摇摇欲坠，前景黯淡，无论管理者还是生产线的工人都毫无斗志，公司的销售和管理混乱不堪，亨利·福特二世在内部考察时发现，有个部门居然以在秤上称一堆发票的重量来计算成本。

这种心有余而力不足的煎熬持续了整整两年，那也是福特公司所经历的苍茫黑夜。1945年9月20日，在底特律市郊外的费尔兰恩庄园，重病缠身的亨利·福特正端坐在椅子上安然等待长孙的到来，当年轻人到达后，他以恩赐与命令的厚重口吻宣布：亨利·福特二世正式继任公司董事长兼总裁。可是，孙子不但没有感恩戴德的欣喜，反而态度坚决地回绝道：“除非我拥有绝对的控制权，否则不会接受。”一场激烈的争吵之后，亨利·福特在妻子和儿媳的劝说下最终妥协，唉声叹气地将权杖交给孙子。

掌握实权的亨利·福特二世如同一匹脱缰的野马，在公司内外挥洒驰骋。在董事会上，他毫不留情地痛斥哈利·贝内特的无能与伪善，当场解除他行政长官之职，并陆续清除贝内特的亲信旧部，上至鲁日厂的最高经理，下至各分厂和经销处的普通员工，凡是由贝内特任命或与其过从甚密者均被剔除。一些人评论说，这是埃塞尔在世时也会采取的措施，亨利·福特二世如此神速果断，可见其早有准备，因为早在数月之前他就已掌握材料，到10月底，“大清洗”宣告结束。

1947年4月7日晚11点40分，84岁的亨利·福特因脑出血猝然辞世，《纽约时报》以简短有力的文字概述了他的巨大影响：“当他未到人世时，这个世界还是马车时代。当他离开人间时，这个世界已经成了汽车的世界。”3天之后，亨利·福特入土为安，美国所有汽车装配线停工一分钟以示哀悼，这份殊荣在全球商界绝无仅有。随着创始人去世，福特公司真正进入新的时代。

按照亨利·福特的遗嘱，公司95%的普通股属于福特基金会，这家慈善机构成立于1936年，是福特家族控制公司的一种手段。1956年其多数债券被销售给公众，福特公司从此成为更具美国典型特征的大企业，福特基金会也成为当时世界上最富有的私人基金会。

即便离开人世，亨利·福特仍长久地影响美国乃至整个世界，他的财富思想和商业哲学将启迪无数创业者和管理者。那些饱受争议的缺点和毛病，正是促使他成为改革家和慈善家的直接动力，他爱这个世界，并渴望尽力改变，留下福祉。

值得一提的是，亨利·福特的得意之作不只是鲁日厂，他还精心谋划了一场漂亮的收购大戏——将林肯汽车公司收入囊中。

亨利·马代恩·利兰被誉为美国汽车工业的“精密生产大师”。1902年他打造出第一台凯迪拉克汽车，四年后凯迪拉克汽车公司的底特律工厂已成为当时全球规模最大、设备最好的汽车厂。1908年，利兰和儿子将凯迪拉克汽车公司卖给通用汽车公司，并继续留任管理凯迪拉克汽车公司的生意。1917年，美国卷入第一次世界大战，利兰父子离开凯迪拉克汽车公司，投资创办摩托车厂。战争结束后他们重操旧业，创立林肯汽车公司，公司股票发行三小时内便被抢购一空，利兰父子的影响力可见一斑。然而不幸的是，1920年之后汽车行业进入冬天，林肯汽车在这场冲击中也未能幸免。1921年，林肯汽车公司不得不宣布破产，被迫公开拍卖。

闻到腥味，华尔街的投资者蜂拥而至，都想一口吞下这块肥肉。原本对此毫无兴趣的亨利·福特顿时坐不住了，在他看来，福特车价廉物美，畅销全球，而林肯车价格昂贵，只能满足高薪者的小众需求，难怪会破产倒闭，他根本瞧不上眼。但是，只要是华尔街想得到的东西他一定会从中作梗，亨利·福特经常在报纸上公开斥责华尔街搞乱经济秩序，向来对这帮“嗜血的赌徒”恨之入骨。尽管林肯车形同鸡肋，食之无味，但弃之可惜，绝不能让华尔街的投机商得逞，他决定搅局。

福特找到利兰，表示想买下林肯汽车公司，而且偿还其所有债务，同时保障原股东的权益。利兰对此满腹狐疑，在商言商，福特拿下林肯汽车公司并无实质意义，两家企业的市场定位和品牌内涵截然不同，无论从哪个角度看，这场并购都如同玩笑。福特言辞恳切地说：“我不需要这家公司，但是我不愿意看到它破产。”说这话时，他差点把自己都感动得泪流满面，儿子埃兹尔·福特也在一旁帮腔：“如果福特见死不救，那就违背了公益精神，上帝是不会原谅的。”忠厚老实的利兰父子不知是计，竟然被三言两语说得心悦诚服。当时媒体几乎全都对福特父子大肆赞扬，满是溢美之词，利兰答应了。福特顺势提出要求：“你既然已经答应将公司卖给我，就不要和其他人见面谈这件事情。”

约定既成，拍卖会的情势果如亨利·福特所料：如雷贯耳的林肯汽车公司拍卖会居然只有福特一家举牌。当初来势凶猛的竞争者一半被福特摆平，另一半被利兰劝退。最终，福特以800万美元的最低价买下林肯公司价值数千万的资产，而应该由福特偿还的巨额债务，因为债主是政府，福特向财政部支付150万美元之后就一笔勾销了。从财务角度看，亨利·福特在这次并购中获利丰厚，他豪气冲天地说：“我们造的车比任何一家公司都要多。现在，我们要造出比任何一家公司都要好的汽车。”

利兰父子从此陷入噩梦之中。福特曾答应让利兰父子继续经营林肯汽车公司，并承诺不裁撤一名员工，但并购完成后他就像得了失忆症一般，将所有员工全部解雇，还派助手前往林肯汽车厂捣乱，以逼走利兰父子。1922年，利兰父子含恨离开呕心沥血创办的企业，愤怒之情可想而知，在此后十年间，父子二人为索要林肯汽车公司债权人和原股东的利益，一直在法庭和报纸上与福特反复交锋，不依不饶。1932年，诉讼失败，老利兰在悲愤和屈辱中郁郁而终。

亨利·福特也为这桩并不光彩的并购付出了代价。美国第38任总统杰拉德·福特在宣誓就任副总统时曾说过："我是一辆福特（大众车），不是林肯（高级车）。"言外之意，自己虽然比不上伟大的亚伯拉罕·林肯，但也会成为受大众欢迎的好总统。这句话既是总统的自我调侃，也符合美国人对福特车和林肯车的定位，亨利·福特要将品质高、产量少、价格贵的林肯车玩转并非易事，而流水线生产方式根本无法解决实际问题，此时这位汽车大亨的内心一定非常郁闷和痛苦，就如同怀里抱着印钞机，却找不到开关在何处。与其说他买了个便宜，不如说买了个麻烦，这个心结在此后90年间仍未解开。时至今日，林肯品牌在福特汽车公司内部依然处于尴尬境地。

不过，值得告慰亨利·马代恩·利兰的是，他亲手创办的凯迪拉克和林肯品牌都成为美国总统的专用车，这种荣誉无人能及，如果算上福特汽车公司将林肯车发扬光大的功劳，那亨利·福特的并购之举也算是高瞻远瞩，他兑现了"我们要造出比任何一家公司都要好的汽车"的承诺。

任何一部公司史，都是写满生存与死亡、沉沦与重生的挣扎史，而关于创业阶段的故事，就像车轮在一条细长而亮滑的钢丝上谨慎前行，底下便是万丈深渊。不过，百年企业的发展史，因深厚积淀和岁月磨砺，就像仙风道骨的老者，平和而安详，钢丝上的行走不再心惊胆战，而是艺术表演，精湛而华丽。比如通用汽车，它与波音飞机一样，在战火中诞生，然后一路小跑，却又猛然栽倒。这或许是一段必经的痛楚，如新兵入伍，只有经历硝烟的熏陶与炮火的炙烤，才能培养成所向披靡的战斗英雄。

在那个烽火连天的年月，商人都铆足了劲，摩拳擦掌，争相抢夺战火催生出的辽阔“蓝海”。1916年，通用汽车掌门人威廉姆·C. 杜兰特东山再起，重执权杖，那是他接手这家企业的第12个年头，他曾因快速扩张而陷入资金链断裂的困境，而被迫离开通用汽车公司。能够上演大逆转的好戏，除了杜兰特本人的管理才华之外，还得益于战争这台疯狂的吸金机器，美国参战之后，政府采购订单激增，通用汽车获得向政府大量提供卡车、救护车、飞机发动机等战备物资的机会，销路豁然开朗，资金瞬时充裕，杜兰特力挽狂澜的大戏，演起来自然举重若轻。

1861年12月8日，杜兰特出生于美国马萨诸塞州的波士顿市。他的祖父曾做过州长，后来办起一家木材厂。杜兰特从小就表现出强烈的冒险精神和商业天分，17岁辍学之后就在家族木材厂工作，不久又涉足药品、雪茄、房地产等生意，到24岁那年，他已成为一家保险公司的合伙人。

一年之后，杜兰特投资1 500美元，与朋友共同创立了一家马车制造公司。这年1月29日，42岁的德国工程师卡尔·本茨成功获得世界上第一辆以汽油为动力的三轮汽车的发明专利，人们后来将这天定为汽车诞生日，这位压抑多年的工程师悲喜交加。为了省钱，他经常饿着肚子工作，妻子为此含泪变卖首饰和嫁妆，可人们却嘲讽他发明的是“散发着臭气的怪物”，他甚至不敢在公共场合驾驶。十年之后，美国人亨利·福特对本茨幸福的泪水感同身受，1896 年的一个雨夜，当福特检修完自己制造的不用马的车辆之后，已是深夜两点，他为此花了近两天两夜的时间。启动之后，发动机颤抖着，由呜咽到轰鸣，筋疲力尽的福特顿时欣喜若狂，在车前摇晃的煤油灯的指引下，他激动而兴奋地穿过山间小道，驶向茫茫黑夜，完全忘记还站在原地的妻子，她蜷缩在雨伞下冻得发抖，热泪盈眶。

年轻的杜兰特那时还不懂中年创业者的苦涩，他正沉浸在迅速攫取财富的狂欢之中。到 1900 年，他已像滚雪球一样将当初的 1 500 美元膨胀到 200 万美元，难怪朋友们会如此评价："杜兰特可以把沙子卖给阿拉伯人，然后还能把筛沙子的筛子卖给他们。"不过，杜兰特在生意中表现出的勃勃野心丝毫不输给两位日后的汽车同行，在短短十多年里，他大举收购马车制造公司，南到亚特兰大，北到多伦多，迅速成为全美最大的马车公司。在后来的商业生涯里，并购俨然是杜兰特摧城拔寨的强力武器，屡试不爽。

杜兰特涉足汽车领域是在 1904 年，那时别克汽车经营惨淡，走投无路，只得出售公司以渡过难关，这个汽车行业的先行者此刻心如死灰，多年的挣扎早已将领跑的激情消磨殆尽。事实上，如同本茨在德国的遭遇，汽车当时在美国也不受欢迎，它噪声大，气味难闻，行驶危险，在保守者看来，它从出生起就是个劣迹斑斑的"交通肇事嫌疑犯"。但杜兰特的看法截然相反，他认为汽车作为一种先进的交通工具，替代马车只是时间问题，于是毫不犹豫地买下别克公司。掌权之后，杜兰特充分展现营销马车时的销售才华，很快就接到大量订单，并不断扩大生产规模，到 1908 年，别克汽车卷土重来，已成为美国市场上最畅销的汽车品牌之一。

也是这一年，杜兰特在别克汽车和奥兹汽车的基础上建立通用汽车公司（GM），此前他每日都为收购汽车公司和汽车零部件生产企业东奔西走。同一年，亨利·福特生产出第一辆T型车。1909年，杜兰特连续兼并奥克兰汽车公司和卡迪拉克汽车公司，到1910年，通用汽车已陆续吞并25家公司。大规模并购让通用汽车的多样化成为可能，他们为不同阶层、不同爱好的消费者打造风格迥异的汽车，这让当时光彩照人的福特T型车黯然失色。当然，急剧扩张也将通用推入峭壁边缘，杜兰特很快就面临资金困境，银行步步紧逼，毫不客气地将他驱离通用汽车，这家倾注他全部心血培育的企业从此落入银行家之手。

但杜兰特绝不服输，一年之后，他另起炉灶，组建了雪佛兰汽车公司，之后他废寝忘食，卧薪尝胆，终于在1914年推出第二款车“490”，无论是性能还是价格优势，这款新车都令福特T型车望尘莫及，雪佛兰自此迎来辉煌时代。就在杜兰特勇攀胜利高峰之际，通用汽车却在亏损的泥沼越陷越深，银行家们束手无策，只得且战且退，悄悄卖出烫手的股票，殊不知背后最大的接盘者，正是当初的出局者杜兰特。1916年，杜兰特高调宣布手中已握有通用汽车公司54.5%的股份，随之毫无争议地重掌帅印。81年之后，当苹果创始人乔布斯几乎完全翻版这幕巨人归来的悲喜剧时，年轻一代早已淡忘杜兰特的奇迹，只顾为新偶像忘情鼓掌。

东山再起的故事总是饱含激情，杜兰特重回通用之后，就像羁困牢笼的雄狮，毛发抖擞地在一望无垠的荒原狂奔，霸气毕现。但事实上，这不过是他外强中干的表象，杜兰特在巨大的产业背后却埋下了一颗地雷，而这都源于他管理上的疏忽。杜兰特重回通用汽车公司之后，对建立一个以总部协调并管控其汽车帝国的运营体系并不感兴趣，而是不遗余力地新建厂房、购买设备和原材料来扩大产量，在他看来，战略比组织结构更重要。他裁撤原有的经理委员会、采购代理商联席会议和总部采购办事处，而且将办公室和小型财务部门迁往纽约，在此后数年间，通用汽车公司总部只有杜兰特本人和两三名私人助理操盘。

这种调整使中央总部与运营分部之间的关系混乱不堪，缺少监管和统筹。有些零部件分部属于联合汽车公司，另一些又归雪佛兰汽车和别克汽车管理，而诺斯威公司和冠军点火装置公司依然是通用汽车的独立分部，如此一来，有些分部是一体化公司，有些却只有单一经济职能。在日常管理中，投资方向、生产计划、工厂扩建、价格制订等重大决策全部由杜兰特和分部首脑在私人谈话或偶然会议中拍脑袋决定，有些分部经理在杜兰特的办公室打个招呼就自行决策，甚至根本不征求意见。公司内部怨声载道："没人知道这些钱是怎么拨下来的，花多少也无人对其进行控制。"尽管那几年通用汽车依靠并购和建厂不断扩大规模，在 1919 年其合并的资产已位居美国所有工业企业第五位，但从管理上来看，它不过是由汽车、零部件、拖拉机、冰箱等众多运营企业组成的低效而脆弱的松散联盟而已。

所幸的是，在不断的扩张中，还是收获了几份至宝。除了重金聘请沃尔特·克莱斯勒管理别克，还有被评为"二十世纪最伟大 CEO"的艾尔弗雷德·P. 斯隆的加入。

斯隆 1875 年 5 月 23 日出生于美国康涅狄格州纽黑文市一户商人家庭，父亲经营的班尼特·斯隆公司主要从事茶叶、咖啡和雪茄的批发业务。20 岁时，斯隆以优异成绩从麻省理工学院毕业，那时美国企业管理者的学历普遍不高，大多由学徒出身的工程师担任，他们经验丰富，相反，斯隆这样的高才生很难就业，他只好进入籍籍无名的哈特滚珠轴承公司工作，集总经理助理、绘图员、销售员等数职于一身，月薪却只有 50 美元。两年后，斯隆辞职进入"清洁电冰箱公司"，负责设计循环系统和推销。此时，哈特滚珠轴承公司已面临破产，全靠斯隆的父亲注资

5 000美元得以脱险，斯隆也由此掌管这家企业，并管理得井井有条，此后10多年里，斯隆的企业已成为福特汽车和通用汽车不可或缺的零部件供应商。

变故出现在1916年，此时福特汽车决定自己生产轴承，斯隆的销售渠道陡然受挫，杜兰特创建的联合汽车有限公司趁机提出并购，并以1 350万美元拿下哈特滚球轴承公司，斯隆出任联合汽车公司总裁，从这一刻起，斯隆由创业者转型为职业经理人。第二年10月13日，通用汽车有限公司正式组建，斯隆于一年后改任通用汽车公司的副总裁，他开始从组织体系的角度思考企业运营，并完成具有划时代意义的《组织研究》报告，在他看来，只有实施事业部制，才能既发挥各部门的积极性又不损害公司整体利益。

通用大刀阔斧的组织变革由此开始，斯隆将原先由通用控股的独立子公司别克、奥尔兹、庞蒂亚克、凯迪拉克等全都改为下属事业部，通用的运营、管理职能更加明晰，公司业绩扶摇直上，通用的资本金总额已经达到1亿美元。左手人才，右手资金，杜兰特的并购手笔愈发豪迈。

1918年，雪佛兰汽车终于并入通用汽车，加拿大分公司也在这一年成立。1919年是通用汽车快速扩张的年份，工厂重新扩建，组装厂在全国各地星罗棋布。同时，通用汽车收购许多零件和设备公司，比如菲舍尔汽车车身公司、T·W·华纳齿轮公司和布法罗金属制品（刹车器）公司。杜兰特还对固特异轮胎橡胶公司投资50万美元，并且对通用皮革公司、都乐铸件公司和布朗—莱普—查宾公司加大投入，以确保轮胎、皮革、铸件和齿轮的供应。春风得意的杜兰特已不满足于汽车及零部件领域的并购，他将业务扩展到金融、航空等非汽车制造领域。同一年，他还成立通用汽车金融服务公司，为消费者购买通用生产的汽车和卡车提供金融支持。还是在这一年，通用在底特律的新总部大楼开工，落成后成为当时全世界最大的办公楼，并于1978年入选美国国家历史地标名录。通用当时的地位和实力，由此可见。

然而，1920年的战后萧条令通用汽车猝不及防。公司投入7 900万美元扩建工厂和购买土地，分部经理们还储备大量库存以待旺季，到四月末存货价值高达16 796万美元，总部开始警告限制采购量和库存，可分部经理对这种温和的方式并不在意，他们既可以外借资金，也可以自主决定购买原料和设备，根本没人监管支出的流量和获得的回报。到下半年美国汽车市场已经崩盘，福特在9月21日宣布降价20%－30%，通用汽车却咬牙硬撑，到11月份销量降到13 000部以下，只有夏季的25%，次年1月产量跌到历史最低的6 151辆。1920年11月20日，杜兰特辞任总裁，皮埃尔·杜邦掌权，他上任第二天就系统考察公司的问题和困境，并很快批准艾尔弗雷德·P. 斯隆制定的组织结构改革计划。

早在危机来临之前的数月，斯隆就向杜兰特提出了这项计划，可后者却对此一笑了之，杜兰特身材矮小、思维活跃、性情温和，他是一名精明能干的商人，却算不上顶级企业家。斯隆心思缜密、冷静深沉，日渐加重的耳聋令他更是寡言少语。杜兰特对工业帝国中组织结构这类细节问题并不关注，斯隆却心急如焚，于他而言，这种粗枝大叶的管理方式不可原谅，公司会因此造成浪费、低效甚至轰然垮塌。

从1920年底开始，斯隆开始实施改革计划，主要包括四个方面：第一是对各运营分部重新归类；第二是在总部设立分管各运营集团活动的经理；第三是扩展总部参谋人员的职能，并将执行的办事处合并为单一的咨询参谋部；第四，他还扩大财务和会计部门的职权范围。改革之后，新的总部办事处的作用远大于“总裁私人总部”的范畴，在专业参谋人员的协助下，总部领导有更多时间统筹协调，制定战略规划和规章制度，总部和分部的权责被明确界定，公司生产、组装、销售、工程设施和人员以及管理、技术、实物等资源得到有效整合。

1921 年是通用汽车的“组织变革年”，新总裁任命监督零件和部件两个集团的总部经理，冰箱业务成为零件集团的一部分，拖拉机业务被清算。出口公司扩大规模后被细分成若干分部，组建成新的出口集团。皮埃尔还任命一批总字号的经理监督各分部的经营管理，这些职位只是提建议和意见的顾问性质，并非深入执行层面的直线权力。

斯隆成功创建了一个对众多运营分部进行协调、评估并确立目标和政策的中央办事处，这种组织结构至今仍是全球企业界主流的组织形式，人们后来将其称为“斯隆模型”。然而，直到 1925 年，斯隆和助手才确信他们已在公司内部建成一种高效率、一体化的组织结构。这次变革令通用汽车青春焕发，在此后的数年内重塑辉煌战绩，令福特等老对手黯然失色。

1923 年 5 月 10 日，斯隆正式出任通用汽车公司第 8 任总裁，通用汽车从此进入“斯隆时代”，全面推行“斯隆管理模式”。由职业经理人担任总裁，对通用来说还是首次，从结果上来讲，这无疑是董事会的一个明智之选。或许杜兰特在公司造成的影响让每个人都心慌意乱，他们需要一个头脑明晰、懂得依靠理论来下决定的领导。在杜兰特时代，两人的行事风格就明显两歧遂分。当时，董事们决定寻找一块新的地皮以修建办公大楼，他们将眼光瞄向了底特律，在会议上提出在市区选址。但斯隆提出了不同的意见：郊区的地区更便宜，对员工也更方便。很显然，想要在市区耀武扬威地修建通用总部的做法并不实用，杜兰特对此的回应是：“下次我们去底特律的时候，回到你说的地方去看看。”过了一段时间，当斯隆再提此事的时候，总裁轻描淡写地授意他买下这块地皮，连价格都没过问。或许人们会觉得是杜兰特对斯隆有着极大的信任，但实际情况是：他根本没有分析房地产市场、位置的重要性和税收，而此时的斯隆则因对总裁的不满而遭受排挤。所以在他上任后，决不允许杜兰特的“遗风”再次上演，不仅实行科学的管理手段，更重要的是拒绝独裁。

当风冷发动机被研制出来的时候，作为最新的技术用于汽车简直是一次革命，相对于水冷发动机，它的成效更高且成本更低，或许是当时最好的选择。但斯隆对此并不感冒，认为这次大刀阔斧的改革应先从价格更低的雪佛兰汽车入手，如果停止生产水冷发动机，无疑是一次大筹码的赌博。但包括杜邦在内的执行委员会改革热情正旺，根本听不进斯隆的意见。3 年后，事实胜于雄辩，所有配置风冷发动机的雪佛兰汽车被召回，公司决定暂停风冷发动机的计划。对视发明为子女的科技人员来说，这样的行为等同于侮辱，作为这项发明的主要人员凯特林愤然辞职。若是杜兰特还坐在总裁的位置上，想必也会恼羞成怒地让他卷铺盖走人，但此时的斯隆却做出了完全相反的决定：在底特律兴建更大的实验室，让凯瑟琳随心所欲地带领他的团队研究，并将其年薪提至 12 万美元。要知道，当时斯隆的年薪才不过 10 万美元。对人才的珍重和对异议政策的态度给予员工无限的动力，凯特林不负众望，两项 20 世纪上半叶利润最高的发明——乙基汽油和氟利昂液化气在他的手中诞生。

通用在斯隆的手中蒸蒸日上，作为“第一个成功的职业经理人”，他被《商业周刊》评为过去75 年来最伟大的创新者之一，“斯隆管理模式”正是现代事业部组织结构的雏形。在他掌权的头 3 年，就将濒临破产的通用转危为安，通过不断的创新在汽车行业里勇拔头筹，领跑大半个世纪之久。

第7章
战火中，凤凰涅槃

战争是一面凹凸镜，既聚焦人性的欲望与贪婪，又将其夸张放大。1914年，在那场席卷环球的浩大战争中，人类第一次集体置身于折射善恶美丑的透镜之下，其凄惨与煎熬情状，时至今日仍萦绕在世人心中，阴影和创伤或许永远无法消弭。

然而，战争不只是狂轰滥炸和子弹横飞的惨烈场面，飞机和坦克并非真正的主角，镜头之外，大幕之后，是对雄霸世界权力、重建全球秩序展开殊死较量的各国统治者，他们只手遮天的雄心，终将化为战火，吞噬成千上万的生灵。站在野心家身后的，则是一群衣着光鲜、慈眉善目的企业家，他们或巧舌如簧地游说，或八面玲珑地攀附，继而主动或被动地成为这场战争的始作俑者，从某种意义上说，他们才是真正的策动者与受益者。随着公司力量的日益壮大，商人或财团在战争中的主导权将不断加重，在后来的第二次世界大战以及地区冲突中，我们将一再清晰地看到大公司翻云覆雨的身影。

我们后来知道，“一战”于 1918 年以协约国的胜利宣告结束，此时距美国参战仅 19 个月，当全世界人民都在欢呼雀跃中放飞和平鸽，拥抱久违的宁静与安详时，在华尔街的某个阴暗角落，有一群双眼充血的贪婪资本家正捶胸顿足、仰天长叹：“战争结束得太快了。”威廉·波音或许并未藏身其中，却难免没有同样的哀怨，那时他刚得到一张 50 架三人座水上巡弋飞机的大订单，在完成一半产量时军方却突然宣布取消剩下的额度，因为一切都结束了。波音就此遭遇创业两年来第一次重大危机，他没有理由不埋怨“这该死的胜利喜讯”。

时至今日，波音已成为科技与安全的代名词，甚至是美国实力的象征，美国国会曾如此评价：“没有波音，就没有美国，当然也就没有自由世界。”如果你了解威廉·波音的创业历程，还听说过关于飞机发明的故事，便会对美国人的冒险精神和商业信仰肃然起敬。

在美国西雅图南部的波音飞行博物馆里，有一座形似仓库的红色木制老房子，将近 100 年前，波音公司就诞生于这栋作坊式的狭小工厂里，尽管岁月流转，沧海桑田，红房子却完好无缺地原样保留了下来，藏身于现代化的高楼深处，古朴的样式和暗红的色调显得别具一格，很容易勾起游人探秘的好奇心。人们兴奋地打量着展品，冷静地翻阅着资料，在时光的倒影中溯流而上，波音的漫长历史如涓涓细流，令人留恋又催人奋进。

1881 年 10 月 1 日，在美国底特律一户德国新移民家庭，威廉·爱德华·波音（William Edward Boeing）出世。父亲先是给木材商做伙计，后来又成为老板的女婿，五年后自立门户，通过木材和铁矿石生意发家致富。小波音 8 岁那年，父亲在出差纽约时因患流感而病死在归途的火车上，幸福的童年生活戛然而止，其后，母亲改嫁给一名医生，他被送至一家瑞士贵族学校就读，当时名震美国商界的金融大亨J. P. 摩根多年前曾在此校学习。

此后，威廉·爱德华·波音到波士顿一所学校读预科，并顺利考取了耶鲁大学的谢菲尔德理学院，他仅用一年时间就读完大学三年的课程。20世纪初的美国经济像高速列车一般狂飙猛起，房地产业的火爆程度堪比今日中国地产业的疯狂，极目所至工地纵横，木材价格水涨船高，尽管威廉·爱德华·波音就读的是机械专业，工程师的梦想深藏多年，却在肄业之际振臂高呼："我觉得已经到了该收获木材的时候了。"1902年，他与同伴乘坐蒸汽船前往华盛顿，并结识了当地一位木材大亨，21岁的波音重拾父亲生前的老本行，成为一名木材商人。

木材商人波音闯荡江湖的第二年，也就是1903年12月17日，一件日后将影响人类生活方式的标志性事件在北卡罗来纳州的基蒂霍克海滩发生，在刺骨的寒风里，威尔伯·莱特和奥维尔·莱特兄弟轮流将一架造型简陋、后来被称作"飞机"的怪物开到天上去了，那天他们努力尝试了四次，最好纪录也只是在空中坚持了59秒，飞出255米，这个速度还赶不上一名普通中学生百米跑的成绩。可是，它却意味着地球引力从此失灵，人类翱翔宇宙的历史正式书写，难怪在场的见证者都激动得热泪盈眶，欣喜若狂，这种场面在1969年人们通过转播画面目睹美国宇航员阿姆斯特朗右脚踏上荒凉而孤寂的月球时重现。

毫无疑问，莱特兄弟的冒险精神将感染所有对梦想永不放弃的坚持者，千里之外的早川德次也是其中之一。只是，身在美国的波音当时却无缘得见兼具冒险家与发明家气质的莱特兄弟的伟大壮举，他第一次参观飞行表演，是在此7年之后，但莱特兄弟对波音毕生事业的影响，从他们第一次拥抱蓝天时就已注定。

1910年1月，波音和朋友们前往洛杉矶南部的多明哥乡村农场参加

“美国第一届国际航空展”，尽管莱特兄弟发明飞机已是 7 年前的事情，可此时飞机依然是新鲜事物，倒是续航能力和安全系数大幅提高，只是用途仍局限于娱乐性质的飞行表演，包括莱特兄弟在内的探路者并未发现其商业价值，甚至在“一战”时期，法国费迪南·福煦元帅还坚持认为：“飞机是一种有趣的玩具，但毫无军事价值。”波音对各种特技飞行表演无比痴迷，尤其对飞机的灵活、轻盈赞不绝口，与一般观众只远观而非“亵玩”不同，波音请求飞行员能让他坐上飞机体验一把，但一连黏了“天之骄子”三天都未如愿。不过，展览现场琳琅满目的热气球、飞艇、早期飞机等各式新款飞行器很快令波音的失落感烟消云散，他的工程师梦想再次被点燃。这一年，他又在纽约长岛海滩参观了美国著名飞机设计师、飞行员格伦·哈蒙德·寇蒂斯的精彩表演，浑身热血沸腾，只是他依然没能坐上飞机，他还要再等五年，才迎来人生首次驾机飞翔。

第二年，在西雅图的“大学俱乐部”里，波音结识同为航空爱好者的乔治·康拉德·韦斯特维尔特（George Conrad Westervelt），后者毕业于麻省理工学院，当时是一名被美国海军部派到西雅图造船厂监造潜艇的年轻海军军官，两人有相同的兴趣爱好和知识背景，经常一起探讨、琢磨飞机技术话题。

1915 年 7 月 4 日，美国国庆日，波音和韦斯特维尔特在排队的人群中经过漫长等待，终于坐上一架用于飞行表演的两座飞机，尽管两人只能坐在翅膀上扶住机翼前端提心吊胆地前行，但那种因紧张、兴奋而带来的巨大幸福感是外人无法体会的，波音兴奋得都有些得意忘形了，他蹦出飞机后对韦斯特维尔特说的第一句话就是：“或许我们也能做一架飞机，一架更好的飞机，它太有趣了！”随后，波音向洛杉矶的格雷恩·马丁飞行学校（Glenn L. Martin Flying School）订购了一架最新款的马丁型水上飞机，同时提出学习飞行的请求，不久，马丁飞行学校的制造厂将零部件悉数运过来，还派来一名飞行员专门负责组装并培训飞行技术，于是，波音又有了新头衔：飞行员。

此后的日子里，飞行员波音每天都在琢磨飞机，不仅试验怎么飞，还钻研该怎么造，他对买回的这架飞机总觉得有些不满意。终于有一天，就在此前所描述的那间红房子里，波音和韦斯特维尔特卷起袖子，拿着扳手和锤子整日捣鼓，打算以这种古老而“愚笨”的方式手工制造飞机。后来，他们陆续招聘20名工人共同攻关，期间前功尽弃、推倒重来的情节无数次上演，而挥汗如雨、挑灯夜战的画面更无须赘言，实际上在那个年代，这应该不是超级发烧友纯手工造飞机的孤例，百年后的今天仍不乏类似新闻，但能制造成功并飞上天者，凤毛麟角。

经过将近一年的艰难摸索，锤打敲磨，他们还真把飞机造出来了。这是一架马丁水上飞机的仿制品，结构为双座单引擎，净重1 270千克，最高时速120千米，最大航程512千米，准坐两人，波音将其命名为“蓝凫号”（B&W，两人姓氏的第一个字母），也有人称其为“蓝色比尔”，比尔是波音的昵称。

1916年6月29日，在西雅图的联合湖上，波音跃跃欲试要驾驶他和伙伴们亲手打造的“蓝凫”一飞冲天，这可把韦斯特维尔特吓坏了，毕竟当时航空技术还不够稳定，而他们又是头一次造飞机，心里根本没底，急忙阻拦，波音却斩钉截铁地回应：“我已经决定了，祝我成功吧！”悲剧并没有发生，波音成功了，韦斯特维尔特百感交集，眼泛泪潮。

波音这次拿生命冒险的目的远不止表演或炫耀这么简单。马丁水上飞机是柯蒂斯公司为美国海军的作战需求量身打造的新装备，那时军方正考虑，如果美国参加“一战”，是否该提前配备属于自己的战斗机。1916年7月，英国军队以“低空扫射”的方式穿越敌阵后发动猛烈攻击，世界军事家们对这种新型武器和作战方式震惊不已，美国国防部受此冲击，购买军用飞机的念头更加坚定，同年 8 月份，美国国会通过给陆军拨款 1 300 万美元用于购买飞机的决议。这对希望将飞机由娱乐化引入商业化的波音来说，着实是一条令人欢欣鼓舞的消息，遗憾的是，“蓝凫号”没能通过美国海军的性能测试。

这次的铩羽而归并未影响波音对飞机商用前景的信心，实际上，在此之前，35 岁的威廉・波音已于7 月 15 日创建太平洋飞机制造公司，投身飞机制造事业，公司初期只有 16 名员工，全部资产包括一辆大货车在内，不过 450 美元。当初与波音一起试飞的冒险家韦斯特维尔特依然坚定地支持他，成为波音的创业伙伴，他在麻省理工学院请专家核对飞机设计图纸，并初步完成风洞模型测试。不过，韦斯特维尔特并没有与波音一起走到最后，更无缘分享日后企业的巨大成功，1917 年，他随美国海军远赴东海岸，只得遗憾离开。有意思的是，多年以后，他以客户的身份代表海军向波音公司订购飞机，真可谓造化弄人。这年 4 月 18 日，波音将个人拥有的四架飞机转为公司资产，并以浓厚的个人色彩将企业更名为“波音飞机公司”，令他感到安慰的是，韦斯特维尔特在离别之前推荐在麻省理工学院的同班同学、来自中国的留学生王助接替自己的位置，担负起波音的设计、研发等技术重任，波音如释重负。

1917 年，波音聘请王助担当公司首任总工程师，薪酬为每月 80 美元，这在当时算得上相当优厚了。王助很清楚自己的职责，就是提升之前波音试造的“蓝凫号”的起飞与降落的成功率，力争达到美国军方的标准，经过改进和公关，他很快设计出一款双浮筒双翼的水上飞机——C 型机，波音看后非常满意，并指示王助试制 5 架，交由美国海军试飞，后者试过两架飞机后，觉得 C 型机性能稳定，而且具备巡逻艇和教练机的双重功效，当即拍板订购50 架。这是一笔57. 5 万美元的大订单，波音公司从此掘取第一桶金，并迈过军方准入的门槛，大步流星向前发展。

没过多久，军方再次向波音公司发来一份大额订购合同，这让斗志昂扬的波音喜出望外，但他并未洞察到急剧扩张的背后隐忧，毕竟，战火终有湮灭的句点。1918 年 11 月，第一次世界大战结束，那时波音的订单只完成一半，美国海军突然宣布取消余下的生产计划，无仗可打，还要飞机何用？军令如山倒，波音尚未牢固的根基开始动摇，濒临绝境，即便如此，波音并没有采用常规的裁员、减薪的套路缩减成本，那时公司已有 110 多名员工，仅仅工资就可能拖垮整个公司。艰难求存之际，波音扼腕断臂，挥泪将两架非常具有历史价值的飞机“蓝凫”和“马拉尔”卖给新西兰的一所飞行学校，这笔交易开创了新西兰的民用航空史，“蓝凫”成为新西兰的第一架邮政飞机，但命运实为可叹，在后来的军事演习中作为靶机被击毁，碎成一堆残骸。

卖飞机的收入只是杯水车薪，波音曾尝试用制造飞机的木头打造床、五斗柜、梳妆台等家具，可无人问津，最后只能作为福利低价卖给员工；他甚至发行过股票，可是在航空业的冬天，又有谁会买飞机公司的股票呢？绝大部分只有他自己购买。此后两年，波音如坠冰窟，债台高筑，到 1920 年负债已高达 30 万美元。

其实，波音的艰难处境并不是孤例，那时整个美国飞机制造业都有同样的遭遇。战争刺激了飞机行业的迅猛发展，据统计，在高峰时期的 1918 年底，美国飞机制造公司超过 30 家，从业人数突破 20 万。战争结束之后，美国政府取消的飞机订单在 100 万美元以上，飞机制造商们的处境迅速从天堂跌进地狱，许多公司在战争结束后销声匿迹，波音举步维艰，何以脱困？

一件当时看来平淡无奇的小事，或为日后波音东山再起埋下伏笔。1919 年 3 月 3 日，波音和飞行员艾迪·胡伯德共同驾驶着一架 C－700 飞机参加加拿大航展，并顺便将 60 封信件从温哥华带到西雅图。先行者总是轻而易举地创造历史，这次飞行居然标志着世界第一条国际航空邮件航线的开辟，而波音公司也由此进入民用航空领域，凄风苦雨过后，迎来柳暗花明。

“一战”爆发时，财大气粗的杜邦公司此时已成为化工领域的霸主，这个以军火生意发迹的家族企业，对于战争的嗅觉，远胜过波音飞机、通用汽车等新生代掘金者。

1802 年，在美国南部特拉华州白兰地河畔，荒凉的原野孤立着一间石屋，里面布满肮脏的蜘蛛网，阿尔蒂尔·伊雷内·杜邦以 20 000 多美元的资本艰辛创业，教父为他取名的寓意是纪念自由与和平，谁曾想到愿望与现实间竟有天壤之别，一个视自由与和平为羁绊的军火贩子即将成为“战争之王”。

美国南北战争期间，杜邦公司向政府提供了近 400 万磅火药，利润超百万美元。西部淘金热兴起之后，杜邦又在挖掘金矿、开凿运河、修筑铁路等基建业务中获利丰厚。在此后爆发的美国战争中，杜邦向美国政府出售了 100 万磅火药，期间新建工厂不断扩大规模，并大肆并购小型火药厂。到 1889 年，美国 92. 5% 的火药生产由杜邦控制的火药托拉斯牢牢掌控。

“一战”于 1914 年爆发，这是杜邦梦寐已久的“饕餮盛宴”。这场战争的庞大规模和惨烈程度史无前例，火药需求量更是达到令人震惊的地步，开战仅 5 个月，协约国就向杜邦订购了 2 163 万磅火药，这是全世界人民不愿听到的消息，却是杜邦公司的喜讯，商业也意味着参战，有着贪婪而冷酷无情的特征，这或许是企业家性格中最阴暗的一面，但是，一切才刚刚开始。

1917 年，白宫里的政客和站在他们背后的资本家、大财团终于抵挡不住财富和权力的诱惑，联合发起组织“国家安全同盟”，将美国推入这场战争，这时，杜邦公司的军火产量已是三年前战争开始时的 54 倍。1918 年战争结束后有人统计，“一战”期间，协约国射出炮弹的炸药和发射的火药中，有近四成由杜邦公司生产。时人喟叹：“如果没有杜邦公司，协约国简直打不起来。”对于杜邦而言，战争仿佛带来一部印钞机器。

炙热的战火并未让皮埃尔·杜邦头脑发烧，工厂门庭若市，他却居安思危，躲在办公室里思考战争结束后杜邦的战略转型。那时证券、钢铁、汽车等热门领域早已被各大财阀占据，唯独化工尚属“蓝海”，杜邦更容易建立垄断优势。此外，化工原料都是制造军火的必需品，一旦战火重燃，军火紧俏，杜邦也易于转产，多年后，当“二战”爆发时，杜邦就曾迅速召集齐 300 名火药专家。

杜邦无疑是发战争财的大户，可掌门人皮埃尔·杜邦显然不是目光短浅之辈，他是带领杜邦完美转型的关键人物。在“一战”的炮火硝烟中，军火订单如雪片一样飞来，其他人都欣喜若狂，皮埃尔·杜邦却冷静得像块冰，以局外人的眼光警醒说：“战争对军火需求的刺激固然好，可是一旦结束，在战争中极速扩大的产能最终将成为公司的包袱。”日后众多公司的悲剧性命运证明了皮埃尔的先见之明。还未等战争结束，他就开始着手杜邦公司的转型，其要旨就五个字：多元化经营。

杜邦选择从传统的军火生产转入化工领域，实现华丽转身，皮埃尔心思缜密，对转型之路胸有成竹：首先，当时石油、汽车、飞机等领域基本被先进入者瓜分完毕，化工领域暂时还没有受到足够重视，竞争性相对薄弱，机会更大。其次，生产化工产品与生产军火所需要的设备、原料以及研发人才等方面具有共通、复合性，杜邦进入化工行业有先天优势。最后，一旦战争卷土重来，杜邦的化工厂可在最短时间内变身为军工制造厂，抓住机会狂捞一笔。

盛世出巨商，乱世多消亡。战乱和动荡不仅为杜邦带来海量订单，也提供了难得的并购良机。1915 年，杜邦收购生产油漆、塑料和搪瓷的阿林顿公司；1916 年，生产橡胶的费尔菲公司被杜邦收入囊中；1917 年，生产染料和油漆的哈里森公司归其所有，除此之外，杜邦公司还先后收购了 5 家化工企业。短短数年，杜邦的化工帝国就初露峥嵘，至于控股通用汽车，那不过是此间皮埃尔·杜邦小试牛刀而已。1917 年，雄心勃勃的杜兰特四处拉人入伙，以重掌通用汽车控制权，杜邦家族就投资 2 500 万美元购买通用汽车及雪佛兰汽车的股票，此后不断增持，到 1921 年持股份额已达 36%，成为通用汽车第一大股东。

只是，通用汽车的辉煌和荣耀还要等到 10 年之后，杜邦在 1920 年之前大张旗鼓地并购很快就陷入危机。1921 年公司的中期财务报告令高层领导大惊失色，在过去的六个月里，杜邦除炸药之外的所有产品全线亏损，截至当年 6 月底，炸药盈利将近 250 万美元，但染料亏了 100 多万美元，涂料损失 717 356 美元，各项亏损累积超过 380 万美元，6 个月的全部净损失达 243. 55 万美元。

在此后的三个月时间内，杜邦的新掌门小伊雷内每天都在各种会议、讨论和报告中疲于奔命，他急于弄清楚问题根源究竟在何处？那时杜邦的组织结构表面看起来以职能为基础，事实却以产品为标准，炸药、颜料和色素、皮诺林、酸和化工品、皮诺西林化工品和人造革、涂料和清漆等产品结构错综复杂。随着讨论不断深入，杜邦高层最终决定重组公司组织结构。

1921 年是杜邦公司史上浓墨重彩的年份，用破茧成蝶、凤凰涅槃来形容毫不过分，它决定了这家企业在之后近一个世纪的气质和基因。这年 9 月，由自治的多部门分部与一个参谋专家和总执行官组成的总办事处搭建的新结构开始运行，每个分部都有独立的职能部门和中心办事处。高层管理者从此摆脱烦琐的日常经营，将更多精力投入到战略决策、统筹协调、评估和计划等层面，分部经理则被充分授权负责具体的管理、执行，他们一手拿着总部调拨的资金，另一只手翻看着统一的制度准则，根据自己的意志来决定如何最大化利用资源。权责更明确、组织更灵活，公司整体面貌焕然一新。

杜邦的变革证明：企业的组织结构必须跟随战略决策进行变革，多元化战略必将加重中央办事处和职能部门的负担，无论是对产品线的业绩进行考核，为不同产品部门制定政策和流程，还是为新产品的研发制订计划，原来的组织结构都力不从心，企业漏洞百出，CEO 变身“救火队员”，疲于奔命却收效甚微，任何查漏补缺都无济于事，只有从组织结构着手，进行颠覆式的改革，才能力挽狂澜。换句话说，多元化战略的命门不在资金和品牌，而在组织结构和管控能力。

1921 年的组织结构变革之后，杜邦再也没有出现重大危机，即便在十年后的大萧条期间亦是良性运转。从那时起，杜邦只是增添新的行业部门，或重新定义部门职责、改变管理范围，到 1960 年共有 12 个行业部门，在此后的半个多世纪并未对组织结构进行大变革，总执行官们、辅助参谋部和最高委员会仍然履行曾经的职责，与 1921 年并无太大区别。

杜邦从此闯入多元化经营的新阶段。早在 1920 年，杜邦曾借助法国人的技术创立人造丝公司，四年之后，杜邦从法国人手中买下他们在人造丝公司里的所有股票，这项业务为杜邦带来将近 1/3 的利润，成为杜邦的主要产品。

雪佛兰后来能够领先福特战无不胜的 T 型车，很大程度上得益于车身色彩的魅力，前者鲜艳亮丽，能满足不同类型消费者的各种需求；后者老气横秋，千篇一律，显得呆板沉闷。那时科技相对落后，汽车的油漆涂饰是一项十分繁杂而精细的工作，从加工到修饰再到完工至少要经过22道工序，汽车制造商迫切期待能有一款简单喷涂、迅速干燥且不会出现裂纹的新型油漆诞生，这正是杜邦的强项。

1922年，杜邦将“杜科”快干漆全面应用于通用汽车的各款产品，这种快干漆由旗下的阿林顿公司生产，是杜邦众多创新产品中的典型代表，一经问世立刻震惊业界，到20世纪20年代末，除福特这个执着顽固的老对手之外，美国所有汽车制造商都使用“杜科”快干漆。同样在这一年，杜邦防爆击高效能乙铅汽油研制成功，两年之后，杜邦旗下的迪普沃特工厂获得生产四乙铅汽油特许，这种产品每年能为杜邦带来370万美元的纯利润。

法国人在1920年发明玻璃纸技术，小伊雷内敏锐地看到其中蕴藏的巨大机会，三年之后，杜邦在布法罗开办了一家玻璃纸工厂，并获得巨大成功。杜邦生产的玻璃纸广泛应用于各种产品的外包装，一时间门庭若市，供不应求，杜邦迅速扩大规模，短短10年之内就建造了6家玻璃纸工厂。

合成氨是杜邦公司极具戏剧性的项目。氨是当时不可或缺的工业生产原料，杜邦的大多数产品中都要用到，比如染料和涂料。早在第一次世界大战刚结束时，杜邦就希望借助德国人的技术自己生产氨，为此还打算和德国最大的化工企业I. G. 法宾联合组建集团，然而美国参议院却以威胁国家安全为由不予通过。无奈之下，计划暂时搁浅，可杜邦自主生产氨的念头却愈发强烈。1924年，杜邦借助法国技术建立一家合成氨工厂，此后他迅速并购几家小型工厂，合成氨生产开始步入正轨，这不仅为杜邦带来利润，而且迈出了向产业链上游扩张的坚定步伐。

1924年，杜邦同法国的一家胶片公司合作，在美国建立杜邦胶片公司。杜邦胶片大获成功，推出当年就占领了美国摄影胶片市场40%的份额。1925年，杜邦公司的塑胶产品研发取得重要进展，塑胶同样是重要的工业原材料，在某种意义上，它甚至可替代钢材，将改变整个工业格局，一场产业风暴即将席卷全球……

可是，杜邦和通用的变革并非孤例，当时由“多元化浪潮”引发的管理革命在美国热火朝天，我们甚至可将20世纪20年代定义为“‘多部门’时代”，后来企业界将其演变为“事业部制”。多元化是企业成长到一定规模必然面临的选择，而规模和效率这对孪生兄弟又是天生的仇家，企业家往往会调整组织形态以消除规模和效率之间的矛盾，稳步推进多元化战略，事业部制通常被认为是最合适的方式之一。

美国著名的企业史学家、战略管理奠基者艾尔弗雷德·D·钱德勒在《战略与结构》一书中写道：“今天，那些资金雄厚、技术先进的工业企业所使用的基本的组织结构与其开创时代的样子仍有诸多相似之处。”他在研究美国50家最大工业企业之后得出结论：20世纪20年代，杜邦、通用、西尔斯、标准石油四家大公司最早建立“分权”的多部门制，开始组织结构重大重组。值得一提的是，每家企业的管理者都是独立研究、解决的，之间并无模仿，他们都认为自己当时面临的问题独一无二，而采取的创新手段则举世无双，随着时间的流逝，这些大企业的经验已传播全球，流传至今。

如果说火药是战争的食粮，那石油就是战争的血液。第一次世界大战爆发伊始，德国人坐着烧煤的火车奔赴距巴黎仅40英里（折合64.36千米）的马恩河，企图速战速决。那时法国铁路瘫痪，法军只得动用3 000多辆烧油的出租车运兵应战，并提前扼住敌军进犯的咽喉。德国统帅哀叹着给德皇发电报：我们已经输掉了战争。

1917年12月，战争已进入白热化的胶着阶段，法国的克莱门西奥总理向美国总统伍德罗·威尔逊写信求助：“如果协约国不希望在战争中失败，那么在德国进攻的时候，一定不能让法国缺油，在明天的战争中，石油就像血液一样重要。”威尔逊总统立即命令标准石油公司向协约国提供援助，但有两个前提条件：必须赔偿被德国海军潜艇击沉的油轮，必须归还战争初期被没收的油轮。当然，标准石油公司不会只向一方“输血”，战争期间，同盟国80%的燃料需求由标准石油公司供应。到“一战”即将结束时，所有参战国对石油的重视都提升到战略高度，英国海军舰队有40%战舰以石油作燃料，法国每年进口的石油从战前的40万吨增长到100万吨，英、法、美三国在战争晚期的西线进攻中每天消耗石油达到12 000桶。最终，“血液”丰沛的协约国取得胜利，但真正的赢家却是石油大亨，交战两方在他们眼里，不过是两台耗油量巨大的烧油机器，如果引擎不熄，他们将吸干全世界所有的油井。

那时，美国的油井和炼油厂遍地开花，20岁出头的保罗·盖蒂每天都在各大油井之间穿梭奔走，当律师的父亲为他取名时，绝没想到这个名字日后将连续20年雄踞美国富豪榜首位，成为继洛克菲勒之后又一位声名显赫的石油大王。

1892年12月15日，保罗·盖蒂出生于明尼阿波利斯市，自幼调皮捣蛋，性情古怪。1903年，盖蒂的父亲为追讨贷款来到俄克拉荷马州的马特尔斯维尔小镇，这里刚刚发现丰富的石油资源，各路冒险家和淘金者嗅着金钱的味道蜂拥而至，老盖蒂也动心了，他放弃律师生活，从印第安人手中买来1 100英亩（折合445.28公顷）土地的开采权，没过多久这里就勘探出石油，他又成立尼荷马石油公司，这家公司监督开采的43口油井中，居然有42口都冒油了，这在当时是个天大的奇迹，那时石油勘探并无设备和技术，全凭直觉和运气。到盖蒂14岁时，父亲已成为当地最大的石油商之一。

1914年，“一战”爆发时，石油商的儿子正好从牛津大学毕业，他放弃做外交官和当作家的理想，打算回美国经商。父亲答应每月给他100美元，还愿意为他看好的蕴藏石油的土地提供租借资金，但价格不能太贵，作为回报，盖蒂主动提出将所得利润的70%分给父亲。属于盖蒂的传奇从1915年开始谱写，那年他才23岁，听说有一块油田正在拍卖，他亲自跑去勘测，冒险的气质在他身上显露无遗，他盘算着尽快拿下这块油田，出油后再转手卖掉。但事情并非盖蒂所想的这样简单，不少油商都盯着这块肥肉急着下嘴，地块的价格越炒越高，有人出价15 000美元志在必得。盖蒂连一半的钱都拿不出来，可他不甘心就此退出，旋即横生一条妙计。

拍卖当天，盖蒂找来一位在银行做高级职员的朋友举牌竞拍，众人不知深浅，有些人以为他背后有资金雄厚的财团在支持，就不敢贸然叫价；还有人怕因此得罪银行，以后贷款就无指望，只得忍气吞声，最终，盖蒂以500美元的出价轻松拿到这块地的租借权。第二年，当石油喷薄而出时，盖蒂以40 000美元将这块地转手卖掉，按照和父亲达成的协议，他稳赚30%的利润，也有11 850美元。盖蒂由此一战成名，父亲将他吸纳进自己的石油公司。盖蒂欣然应允，因为在这里他能分得公司利润的30%。

在此后一年内，他的身价达到100万美元，这个不到24岁的年轻人已跻身百万富翁的行列，他应该感谢父亲的提携，更应该感谢时代的眷顾，战争让石油实现量价齐升的神话，造就了一大批富商巨贾。可是，盖蒂却突然厌倦这种世人艳羡的生活，财富给他带来的痛苦远大于快乐：既然有钱了，为什么还要和这些黑乎乎的东西打交道？为什么还要整天面对荒芜的土地？为什么还要为公司利润最大化而绞尽脑汁？年少轻狂的盖蒂离家出走，过上纸醉金迷、不问世事的生活，父亲为此恼羞成怒，至死不肯原谅——1930年老盖蒂去世，他只得到30万美元的遗产。盖蒂这种空虚奢华的生活只享受了两年，此后他重新回到石油行业，那时战争已经结束，经过短暂的低迷之后，石油价格又一路疯涨，因为"一战"

期间美国石油过度出口，导致国内出现油荒，据统计，从1918—1920年，美国的石油价格上涨了50%。

那是一个少年英才辈出的时代，比保罗·盖蒂小6岁的亚蒙·哈默后来成为另一位“石油巨子”，不过他进入石油领域要比盖蒂晚40年。哈默的父亲是名医生，经营着一家药厂，1917年，19岁的哈默考入哥伦比亚大学医学院，没过多久，父亲就来求援，他的古德药厂因为经营不善即将倒闭，自己又无心管理，希望哈默能子承父业，但不能因此影响学业。哈默走马上任，挑起公司总经理的重担，通过深入研究分析，他认为药厂的问题出在推销方式上，父亲习惯将一两次剂量的药物放在小份包装中提供给医生，得到认可后便会收到订单。但是，那时战火密布，尽管前线和后方都对药品有巨大、紧迫的需求，可医生忙得不可开交，根本无暇顾及这些小药包，大多数药品被随手丢弃，订单便杳无音讯。

哈默改革了销售方式，他将小包改成大包，直接赠送给医生，尽管短期内药厂亏损严重，但推广效果出奇的好，赠品几乎全都被医生用来救死扶伤，古德药厂的订单也越来越多，生意渐有起色，生机勃发。不过，“一战”结束后，医用设备和药品的需求量急剧减少，市场价格一路狂跌，药厂的恐慌性抛售加速了产品降价的步伐，境况雪上加霜，哈默冷静旁观，瞅准时机从市场大量购入廉价的药品和设备，没过多久，市场恢复正常，销量和价格逐步回升，哈默高价卖出，一进一出，获利颇丰。

19岁时在医药领域显露的商业天赋，到58岁时又在石油业大放异彩。1956年，哈默的财富已多得连他自己都数不清，投资石油只是他挑战“人生始于六十”的新生活，结果一不小心，他又多了顶“石油大王”的帽子。

第二年，保罗·盖蒂被《财富》杂志评为世界首富，此后20年间未曾易主，风头无人能敌。

两位大亨除财富追求之外，还有共同的艺术爱好，哈默在东部、盖蒂在洛杉矶各自建造了世界级的美术馆和画廊，在绚丽多彩的艺术殿堂里，智慧与才华碰撞出的火花，令人惊叹。多年之后，世界各地的游客前往参观时，总会从绘画之美探寻到财富之源，哈默和盖蒂的商业起点，都始于那场炮火连天的浩大战争，那里也铭刻着他们激情飞扬的青春。

第一次世界大战让商人获得了前所未有的巨额财富，从政府订单中攫取的超高利润让他们患上"金钱妄想症"，这种心理疾病的持续时间远超过战争，贪得无厌的欲望像传染病一样令无数人沉醉痴狂，人们从乡村涌入城市，农场庄稼荒芜，工厂机器轰鸣，政府取消订单的危机只能吓退"胆小鬼"，那些饱经世故的"大佬"根本不屑一顾，冒险的基因瞬间裂变，扩张争霸的号角激动人心。

在那个战火纷飞的年代，飞机、军火、化工、石油生意热火朝天，投机者趋之若鹜。舞台之外，广告行业开始萌芽，新的巨头即将诞生。

20世纪初，广告公司寥寥无几，行业既不规范也不专业。直到1916年，史丹利·雷梭接管智威汤逊公司，广告这一行业才开始有了科学依据，并逐渐衍生成一门学科。要知道，在那之前没有任何一所大学里设有广告这一专业，所谓的广告人大都是素质低下，只会夸夸其谈的"江湖人士"，有真才实学的人是少之又少。

1901年，史丹利从耶鲁大学毕业后，进入了长达三四年的迷茫期。他不断地更换工作，却怎么也找不到适合自己的位置，直到在宝洁公司找到一份推销的工作，才算是让自己的才华有了用武之地。在宝洁的4年里，销售技巧和广告制作成为他日常工作的主题。了解人们的心态，找出适当的推销方式，史丹利学到的东西为他今后的人生奠定了良好的基础。但他很快就厌倦了整天和香皂打交道，他完全可以去推销出更多的产品，他的才华远远高于宝洁公司销售部的范围，所以，他转而投入了真正的广告公司——JWT 广告公司，即今天的智威汤逊广告公司。

没过多久，对产品精准的描述和引人注目的商标设计让史丹利在公司节节攀升，他的才华得到了最大程度的发挥。1916 年，JWT 的创始人汤普逊决定离开公司，史丹利从继承者候选人里脱颖而出，成为公司的新总裁。当时，JWT 每年的销售额仅为 300 万美元，为三年后的 1/3，事实证明，汤普逊选对了人。但在史丹利刚刚上任时，所有的员工都捏了一把汗，因为他直接砍掉了 2/3 的客户，并告诫员工们，要为剩下的客户献上最优秀的产品。紧接着，又一刀切掉了所有效率不高的部门，将人员简化。就在大家刚刚适应新老板的改革之时，史丹利又提出要取消所有的岗位名称，没有主管，没有工作名号，大家都是工作伙伴。这在当时是绝无仅有的事，这并非出于他的理想主义作祟，而是他相信一点，只靠聪明的个人主义绝对站不住脚。

改革迅速见了成效。虽然削减了足够多的客户，但是不断生产精品的 JWT 的名声更为响亮，更多的客户找上门来。在公司的业绩蒸蒸日上之时，史丹利开始思考，广告究竟是什么？广告的内在规律是什么？如果只依靠创意，JWT 能走多远？他决定雇佣心理学家和大学生到自己的团队，这样既能找到答案，又能让公司的能力有质的飞跃。人才的加入让广告事业有了科学性依据，不再是一群业务员的夸夸其谈。心理学家在公司任职在当时实属首例，如此大规模地招聘大学生也是凤毛麟角，史丹利做了太多其他公司不敢做也想不到的事，也正因为他站在时代前列，JWS 才能竿头日上。

很快，史丹利就开始着手研究广告的核心——消费者的心理。早在 1912 年，他就做过一个调查，涉及了上千家零售公司和城镇，包括人口分布、购买力、商品价格与喜欢程度等，最后汇编成一册《人口和分布》。当时足有 2 300 多家公司使用了这次调查数据，甚至被加入到美国政府的统计文件中。史丹利对消费者心理的重视在他上任之后体现得更为明显，调查和实验从未间断。

一个很著名的实验是，他手下的心理学家约翰·沃森组织了若干烟民，向他们发放去掉商标的香烟。一阵吞云吐雾之后，烟民们对香烟的评价让他们自己都大跌眼镜，自己的喜好和评价竟完全背道而驰。由此，沃森得出结论，消费者的喜好大都是盲目的，根据外界各种各样的影响而产生。那么问题来了，影响究竟是什么？口口相传的名气？商品的根本质量？让人眼花缭乱的广告？很多人对这个实验的曲解是，只要包装到位，内容不是问题，消费者不过是待宰的羔羊。实际上，如果产品糟糕，再怎么包装也无济于事，人们不会第二次上当。

史丹利对此当然一清二楚。当时著名的“骆驼”牌香烟希望他能担任广告设计时，要求他夸大产品，最终史丹利选择放弃。他从未做过一次投机骗人的广告，只是在自己能掌控的范围内尽力而为，他与妻子的合作广告成为广告史上的经典之作。那是为伍德佰里洗脸皂设计的，聘请了当时的名画家来作画。画中一个身着燕尾服的男子怀抱着一个穿着晚礼服的丽人，旁边写着“你爱抚摸的皮肤”，图片下方则是对香皂的解释。这是运用画作吸引力第一次在广告中发挥作用，赢得了一片赞许。

实际上，这就是依据对心理学的研究，从消费者的心理出发制作出来的成品。随后公司找到了更为有效的方法，这种方法成为广告业一项重要的标杆，那就是名人代言。消费者如果能依赖他人选取商品，这个人又不是卖家的胡乱吹嘘，那么多数人都会选择信任。社会名流、名士不仅有相当的可靠度，还能激发群体效应。1926 年，公司安排了社会名流、皇室成员、牧师、医生等前来代言。直到今天，名人代言依旧是产品推销的重要手段。

史丹利不单是一个广告学家，更重要的还在于他是一个精明的商人。名人代言的代价就是巨额的代言费，这绝不是一笔小数目。当时，好莱坞刚刚异军突起，史丹利就意识到这将是一块大宝藏。他没有投资任何一家广告公司，而是向尚未出名的女演员们赠送力士香皂，换取她们成名后代言该产品的承诺。这种极其廉价的投入换取的利润是巨大的。后来，琼·克劳馥、珍妮特·盖纳和克拉拉·鲍等明星均在力士香皂的广告上光彩照人，引得女士们争相购买，公司也获得了一大笔的广告费。

在咆哮的20世纪20年代，JWT像所有有价值的公司一样飞速发展，越是出名的企业广告费就越多，而JWT的开价也随着自身水平的提高而上升，公司的规模像滚雪球一样越滚越大。1923年，大客户通用汽车公司提出，希望JWT能在海外建立分公司，以帮助他们的促销工作。这提案并没有得到董事们的支持，大家都觉得为了一家公司未免太过冒险，在当时还从未有过任何一家广告公司在境外展开业务。但史丹利作为这一产业的领头羊，他看到了未来将会有相当一批数一数二的巨头们走向世界，这将是一片多么广阔的市场。史丹利力排众议，将公司的手伸到了欧洲的土地上。在随后的六年里，JWT先后在欧洲开设了23家办事处，在澳大利亚、非洲、印度、南美等地也成立了分公司，JWT随着各大一流企业享誉全球，成为世界品牌。其实，更重要的是史丹利明确了广告公司最重要的一点，那就是和客户的共生，为客户提供的服务终将得益于自己的努力。

分公司的创立势必带来人才的分离，史丹利异常注重人才的挖掘。在历史上知名广告人奥格威成立奥美公司之后的几年，他最大的客户被JWT吸引走了，他向史丹利打电话祝贺。史丹利反而劝说他加入到自己的公司，被奥格威用不能放弃自己的员工为理由拒绝了。两年后，他再次发出邀请，这次说想要买下整个奥美公司，只为奥格威的加入。虽然这桩生意没能谈成，但史丹利看人的眼光和用人心切的态度成为企业家们的楷模。如今的奥美早已不再是几个人的小公司，JWT也成为广告业界的巨人。

1961年，83岁的史丹利才从任上退休，次年就撒手人寰，他将他的一生都扑在了广告行业上。作为一个广告人，他引领了现代广告的潮流，作为一个商人，他成为广告产业的一位楷模。1987年，WPP公司开始收购全球最著名的广告公司，用5.66亿美元强行收购了JWT，震惊业界。随后，奥美、杨雅等也归入其门下，成为目前全球最强大的传播集团之一。

电影《战争之王》中有句经典台词："和平是军火商最大的风险。"恐惧和平的不只军火商，所有在第一次世界大战中春风得意的商人，都在战争结束的那一刻心如死灰。1918年11月11日，混乱的世界终于安静了，历时4年零3个月的第一次世界大战宣告结束，战火席卷33个国家，15亿人（约占世界人口总数的75%）遭此劫难，交战各方共投入兵力7 400万人，840万人阵亡，2 100万人受伤，平民伤亡更不计其数。

战争是死神的盛宴，也是商人的狂欢，这场嗜血的盛宴终于散席，当人们欣喜地欢庆战争结束时，有一群人却呼天抢地，如丧考妣。从白宫到华尔街，从军工厂到小作坊，他们如幽灵般在暗夜中哀号。到那一刻，商人才如梦方醒：原以为各国政客和军队被自己玩弄于股掌之中，没想到他们才是企业命运的终极操控者，一道命令足以让商人倾家荡产。苦难还未到尽头。

20世纪20年代，全世界陷入经济危机，美国进入大萧条时期，商人命运生死难测。

商业总是令人捉摸不透，就像商人阴晴不定的性格。战争过后，一切归于平静，却又暗流涌动。未来就像硬币的两面，有人满眼绝望，有人满怀希望；有人举步维艰，有人跨步向前。

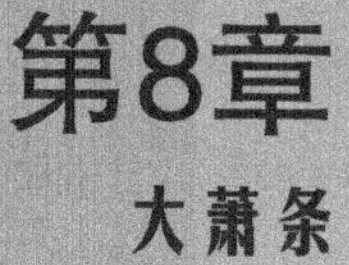

第8章
大萧条

柯达创始人乔治·伊士曼，在他摆满精致古董的豪宅内，安静地吸完一支烟，然后拿起那把路格手枪，小心翼翼地对准自己的心脏部位，毫不犹豫地扣动扳机，开枪自杀了。

这是 1932 年 3 月 14 日，一个星期一的中午，还差十分钟就一点整。乔治·伊士曼将纸毛巾放在胸口，以免被火药灼烧。不久前他问过私人医生心脏的确切位置，所以深知枪口应对准何处。为防止第一支手枪卡壳，他身旁还备有另一支路格手枪。乔治·伊士曼凡事一丝不苟，此生都力求让每件事完美无缺，只是对疾病缠身的痛楚与煎熬有心无力，在他 70 多岁时，身体陡然衰弱，下部脊椎不断恶化，甚至出现大小便失禁，这种无法舒缓的病痛令他生不如死。乔治·伊士曼无妻子儿女，纵然有万贯家财，却无法体味亲情温暖，残年孤老的凄凉可想而知。终于在 77 岁时，他以令人震惊的方式让心脏停止跳动，只在纸片上给亲友留下一句话：“对我的朋友来说，我的工作已经完成了——为什么还要等呢?”

乔治·伊士曼早在10多年前就已完成工作，逐渐从柯达隐退。1925年是他为生意奔波操劳的最后一年，他对员工说过一句富含哲理的话：“在工作时决定我们在世界上会拥有什么，在娱乐时决定我们是什么。”退休之后，他除了在配有电灯、唱机、电影放映机和1903年奥的斯电梯的漂亮别墅里把玩古董，或者出门狩猎，其余时间都在做慈善，那时许多学校都收到过署名“史密斯”的捐款，却无人知晓此人是谁，直到伊士曼离世谜底才揭晓。他一生共捐款7 500万美元，参透人生和财富的关系后，他说过这样一段话：“金钱的不断积累让富人往往面临这样的选择，把所有的钱积累下来，死后交给其他人管理，或者在活着的时候就把这些钱用在有价值的地方，让生活多一点乐趣。我更喜欢后面这种花法。”

伊士曼此生做过许多正确的事，但最伟大的莫过于创办柯达。在过去的100多年里，柯达几乎是照相机的代名词：1895年人类拍摄的第一张X射线照片，1945年8月“二战”结束时纽约时代广场留下的“胜利之吻”，1969年阿姆斯特朗登上月球的第一个脚印，1985年登上《国家地理》杂志封面的阿富汗女孩……人类历史的许多重要时刻都经由柯达产品留下珍贵的记忆，他给美国几代人留下了难忘的美好时光。《纽约时报》高度评价伊士曼有股“惊人的力量”：“帮助那些活在最底层苦苦挣扎的人寻找希望，让他居住的城市成为艺术中心，在世界的注视下为美国带来荣光。”

1854年7月12日，乔治·伊士曼出生于纽约州沃特维勒镇的一个小商人家庭，父母长期分居两地，他的童年时光并不快乐，他在1920年回忆说：“我在40岁之前没有笑过，我可能会咧咧嘴。”1862年5月，父亲去世，据说死于精神错乱，此前他的生意并不顺利，那时伊士曼才8岁。在公立学校念完7年书之后，他辍学到一家保险公司工作，每周上班60小时，周薪3美元。到15岁时，他每周能拿到6美元，那时他已跳槽到新的保险公司，由于能力突出，他后来成了这家公司的股东。1871年，芝加哥发生大火灾，不少保险公司破产，商户发现在多个城市投保能规避风险，这为身在罗切斯特的伊士曼带来机会，他新签的保单超过75万美元。

就这样，自幼万般多难的伊士曼开始交上好运。1874年，伊士曼从8名竞争者中脱颖而出，成功应聘为罗切斯特储蓄银行办事员，第二年又被提升为簿记员，年薪涨到1 000美元。1877年，伊士曼打算前往加勒比的多米尼亚旅行，顺便考察投资环境，有朋友建议带上照相机，他花49.58美元买回照相机和配套设备，又花5美元学习摄影，就是这54.58美元的投入，让伊士曼非凡的商业之旅由此起步。

从那之后，伊士曼每天下午3点从银行下班，直到第二天早餐时都在做实验，昼夜不息。他对化学研究并不感兴趣，实验以实用为主，有用的结论就留下，没用的就抛弃，几个月之后他发明了一种感光乳剂，并在1878年6月赶到英国申请感光乳剂和黏合器的专利，当时英国是世界摄影工业的中心。到1880年4月，他用获得专利的机器生产粘有专利感光乳剂的摄影干性感光片，当年就已赚到4 000美元。第二年，伊士曼因未获提拔辞掉银行的工作，“下海”创业，多年后他回忆创业初衷时说：“我要让摄影变得简单，让每个普通人都可以接触到。”

6年后，伊士曼以大众为目标市场研制的简易照相机终获成功，1886年11月，他的“小胶卷固定器BREAST照相机”问世，伊士曼将其命名为（Kodak），售价25美元。不仅如此，伊士曼还通过服务收费，每款相机装有100张未曝光的胶卷，摄影者拍完后将相机寄回伊士曼柯达公司，工作人员会将胶卷冲印成照片，然后重新装好胶卷一同寄回去，整套服务收费10美元。伊士曼还为新产品配上了别出心裁的广告语："你按按钮，我包办一切。"这句话以浪漫的诗意和饱满的温情撞击着人们的心弦，成为商业史上最经典的广告语之一。

1900年，伊士曼又推出一款布朗尼相机，售价仅1美元，胶卷15美分，柯达只是在轻便精巧的小盒子里装有不会曝光的胶卷，不需要学习使用方法。当时照相设备普遍沉重而复杂，三脚架、感光片、帐篷（作为暗室）、化工材料……柯达只需1.15美元就全部"包办"了，这是一款革命性产品，世界摄影史由此改写。

在1889—1895年的6年间，柯达公司的销售额从预计的51万美元增长到将近90万美元，1909年又猛增为970万美元，占据当年美国摄影材料销售额的近43%。到1912年，柯达已成为全球摄影行业最耀眼的企业，其风头让第二名望尘莫及。1919年，伊士曼重组柯达，成立9人管理小组全盘操控，并聘请咨询公司在管理、销售、生产方面出谋划策，他将所拥有的1/3的公司股票赠予员工，把柯达的未来托付给下一代。1930年，柯达的销售额占全球摄影器材市场的75%，利润占行业总量的90%，面对如此瞩目的成就，伊士曼却平静从容，他深知去日无多，病魔的纠缠已令他失去对生活和事业的热情。

1932年，在伊士曼去世之后，美国作家卡尔·艾克曼深情写道："柯达的创始人伊士曼先生是他所处时代的巨人。他在建造企业时所实践的社会哲学，不仅比他所处的那个年代的思想要超前很多，其价值也是多年后才被广泛认可和接受。"

那是个怎样的年代呢？用惊心动魄来形容毫不夸张。在金融危机日渐深重的20世纪30年代，因走投无路而自杀的悲剧事件层出不穷，他们离去时的沉重心境，远不如伊士曼那样轻松自然。

空气最凝重、沉闷的地方无疑是美国华尔街。进入 20 世纪之后，世界金融中心已经从伦敦转移到纽约，华尔街也成为财富的乐园，狂热的投机者奔涌而来，各自盘算着发财的迷梦，贪婪和狡诈是这群精明者共同的性格，结局却不尽相同，有人一夜暴富，有人倾家荡产。在名利场的穿梭，欲望有多远，危险就有多近；诱惑有多大，恐惧就有多强烈。著名金融史学家约翰·戈登曾经说过："华尔街只有两种情绪——恐惧和贪婪，而这两种概念情绪来回交替。"贪婪出现的时候，人们都在赚钱，然后突然感受恐惧，觉得什么都没那么有价值了，于是赶紧跳出去，这就是人性。他这里用恐惧和贪婪来评价华尔街再合适不过。当然，在 20 世纪 30 年代，这两种情绪不仅仅属于华尔街。

危机到来之前，人们总是处于自我烘托的狂热之中。大量财富纷纷涌入股市。1919—1929 年，道琼斯工业指数上涨 400%，这个数字是同时期美国 GDP 涨幅的 8 倍多。美国银行的贷款中至少有 40% 直接流向股市，就连擦皮鞋的儿童收到的小费都是股票。不仅在美国，大萧条前夕，全世界都处在这种集体狂欢中，甚至一些国家元首也暗渡陈仓，置身其中博富，比如丘吉尔。1929 年，他来到纽约，准备买点股票碰碰运气。遗憾的是，等待他的不是滚滚财源，而是股市崩盘。

1929 年 10 月 24 日，人们后来将这天称为"黑色星期四"，当天纽约证券交易所股价大跌 1/3，股价下跌的速度甚至超过了股票行情显示器的刷新速度。恐惧的气氛笼罩着整个交易大厅，有些倾家荡产的落魄者绝望至极，只好以自杀的方式寻求解脱，这一天简直就是华尔街的末日。丘吉尔在当天的日记中写道："就在我房间的那扇窗户下面，有人从 15 层楼纵身跳下去，摔得粉身碎骨。"当天有 10 个人纵身从高楼跃下，据说有些事情更叫人不寒而栗，人们描述的死亡，成为恐惧的终点。

从那一天开始，股票几番挣扎，却无法扭转一泻千里的衰落之势，到

11月底，已经有1 800亿美元的财富从这里蒸发。不过这还不是最糟糕的时刻，当华尔街的股市暴跌触痛整个世界经济的神经之时，才是灭顶之灾到来之日。

到1932年，股市崩盘最终演变成全球性经济大萧条，美国失业人口超过1 000万，英国早已深陷停滞的经济处境更是雪上加霜，澳大利亚的失业率达到创纪录的32%，加拿大的工业产值跌至危机前夕的58%，法国迎来大面积的社会骚乱，德国失业人口超过500万……社会如此萧条，民众何以苟活？经济的大萧条此时已为第二次世界大战埋下苍凉的伏笔，危机四起时，战火已燎原。

大厦将倾之际，谁为中流砥柱？全世界都在等待救世主从天而降，担负起力挽狂澜的使命。没有人会怀疑，摩根会在危难时刻大显身手，早在1907年金融危机时，“华尔街的拿破仑”J. P. 摩根就曾以一己之力扭转乾坤。而今，掌管摩根事务的是杰克·摩根，他性格温和，不像他的父亲J. P. 摩根那样暴躁、蛮横，他以潇洒从容的姿态纵观全局。10月24日危机爆发当天，杰克·摩根就宣布将与其他几位银行家联合向股市注资2 500万美元，当天下午股市曾因这一重大利好消息出现反弹，在许多乐观者看来，22年前的一幕即将重演。比如摩根公司的高级合伙人汤姆·拉蒙特，直到1929年底，他还坚持认为股市崩溃只是“一个有价值的教训”，它不会带来持久性的危害，时任美国总统胡佛更自信，他最初只是将股市衰退带来的不景气看作心理现象，并亲自选用“萧条”这个词语，而不是“恐慌”或“危机”那般“危言耸听”。1930年股市略有回升，他豪情放言：“所有迹象表明股市崩溃给失业者造成的最坏影响将于未来的60天里消失。”但他的话刚说出口，股市又进入新一轮的持续下跌。

摩根财团仍在努力。1931年6月，摩根操盘者拉蒙特给胡佛总统打电话，建议推出一个战争债务的延期偿付方案，当时欧洲经济已处于深度危机，如果再加上债务拖累，很可能会一夜崩盘，欧洲若失火，美国也会跟着遭殃。胡佛终于答应债务延期的计划，但时间只限一年，而且，他并未立即公布这项决定，而是在观望等待。

那时欧洲各国意见并不统一，在经济崩溃的恐惧中貌合神离，德国和奥地利试图建立关税联盟，法国人对此强烈反对，甚至对两者联合的所有潜在机会一律阻拦。当时奥地利最大的银行安斯塔特信贷银行已深陷破产边缘，为此只好向根本没有偿债能力的政府求援，消息传出后整个欧洲陷入恐慌，各路资本争先恐后地撤离德国和奥地利，欧洲经济走到崩溃边缘。

在 6 月 20 日那个灼热的星期六，早已走漏风声的延期偿付方案终于公开，但胡佛并未与法国商议。消息一出，赞扬声此起彼伏，《经济学家》杂志撰文称胡佛这是“一位伟人的姿态”，那是他在任期内难得的幸福时刻。还未等到法国人表达抗议，德国的经济危机便骤然爆发，那项尚未执行的方案也就名存实亡了。

阴晴不定的 7 月间，德国第三大银行达纳特银行宣告破产，整个德国银行体系陷入挤兑风潮，资本外逃加剧，柏林所有的银行被迫关闭，恐慌加剧蔓延，德国年轻人的民族主义情绪一触即发，狂热的纳粹之火烧遍整个德国。

拉蒙特还曾试图挽救英国，但摩根财团给英国政府的 2 亿美元贷款亦无济于事。1925 年摩根曾帮助英国捍卫金本位制，如今经济大萧条再施援手，却使深陷泥沼的英国连金本位制也废除了，此后有 25 个国家相继废除金本位制，争相让本国货币贬值以应对危机。对英国金本位制的历史终结，杰克·摩根居然拍手称快，这让拉蒙特毫无颜面，他曾为保住英国金本位制动员 100 多家银行支援，一向圆融通达的拉蒙特为此在报纸上公开指责杰克·摩根，建议他尽量少和媒体接触，那时杰克·摩根在公司事务中基本处于半退休状态，并没有太多发言权，这次分歧直接导致摩根财团内部权力的转移，摩根内部权力重心不再被摩根家族掌控，而过多参与国际政治事务使得美国政府对摩根心生反感，政客们在群枪舌战中也逐渐将摩根视为众矢之的。

噩运就这样悄无声息地降临。尽管在1929—1932年的大萧条中摩根财团也损失惨重，总资产缩水将近40%，可它依然积极向各国政府和企业施以援手，其中虽然有逐利求财和止损避祸的因素，但不能以此抹杀大佬们勇于担当的风范。只是，那些在经济危机中备受煎熬的普通民众和华尔街失败者早已情绪失控，不约而同地将孤军奋战的摩根视为元凶巨恶，政客们伺机责难。

1932年，一向对金融财团态度暧昧的胡佛总统突然剑指华尔街，斥责银行家的做空行为导致股票下跌，并以此为由组织一系列听证会对摩根等华尔街金融寡头展开调查。但直到一年后胡佛卸任时仍未查出蛛丝马迹，新上任的富兰克林·德拉诺·罗斯福总统继续追查到底，并最终导致《1933年银行法》出台。根据这项法案，私人银行只能在存款业务和证券业务中二选其一，无奈之下，摩根被迫选择保留商业银行，再从原先的雇员中挑选20人组建摩根士丹利开展证券业务。

在大萧条的惶恐中，证券业务并不被看好，但是当1935年摩根士丹利正式在华尔街诞生时，第一年就接到10亿美元的订单业务，这是因为经过70多年风吹雨打的洗刷和沉淀，摩根的金字招牌不仅未褪色，反而更加闪耀璀璨。分家之后，摩根以新的姿态栉风沐雨。

可胡佛的日子依然不好过。到1932年年中，美国股价最低点只有1929年9月份最高点的1/10，导致这一危难局面的政策性原因是胡佛总统在1930年6月签署的《斯姆特－赫利关税法》。在竞争激烈、工厂倒闭、失业率攀升的困境中，胡佛认为设置壁垒、保护贸易便可迎刃而解，于是制定了美国有史以来最为严厉的贸易保护法案，以保护本国工业为由向国外商品征收高额贸易关税。据拉蒙特回忆，他当时在白宫为劝阻总统签署这个法案，“几乎要给他跪下了”。此项法案通过后，多米诺骨牌纷纷倒下，各国竞相提高关税，对美国实行贸易报复。这种以邻为壑的孤立行为使美国商品出口量猛跌82%，欧洲各国也举步维艰，经济滞胀和贸易战争令全球贸易总额下降达60%，拉蒙特气愤不已地形容，当时的国际贸易体系简直就是“精神病院”。

总统架错“当头炮”，财长又乱摆“河边卒”。时任美国财长的安德鲁·梅隆高调实行货币紧缩政策，用高利率来阻止黄金流向欧洲，这对于急需宽松货币政策以刺激经济复苏的美国政府来说就是自困牢笼。1932年，美国经济跌入谷底，民众对政府和华尔街的对策十分不满，成群结队地走上街头游行示威，一首充满嘲讽色彩的顺口溜尤为盛行：“梅隆拉响汽笛，胡佛敲起钟。华尔街发出信号，美国往地狱里冲！”即便如此，偏执的胡佛总统仍自我安慰道：“没有人真正在挨饿，比如说，流浪汉们吃得比以往任何时候都更好，纽约的一个流浪汉一天吃了10顿饭。”那时整个美国将近1 300万人失业，200多万人无家可归，颠沛流离之乱象，总统竟置若罔闻，令人唏嘘。

1932年是美国在大萧条时期最令人绝望的一年，著名企业家李·艾柯卡在其自传中回忆那段艰难岁月时写道：“一份5美分的骨头汤也是我家的一餐，但我们都能吃饱。在大萧条变得更严重之后，她又到我父亲的餐馆帮忙，她还去过一个生产衬衫的工厂打工。”不只是艾柯卡的母亲，几乎所有女性都在家庭经济中发挥重要作用，失业女性以传统方式“自谋职业”，她们在家制衣、烤面包、做蜜饯、腌制泡菜、制造肥皂……这些家庭作坊式的手工制品比工厂大机器生产得更平易近人，十分畅销，有数据统计，1931 年用于腌制食品的玻璃罐销售量打破此前 11 年的最高纪录。与此同时，西方各国的女权运动热火朝天，女性社会地位普遍提升，女性逐渐从家庭走向社会，就业格局彻底改变。

美国人的生活方式和消费习惯也在大萧条中悄然发生变化，洗衣机、电烤箱、电炉、搅蛋器等标榜“幸福家庭生活”的家电根本卖不出去，有数万户家庭连电话都报停取消，汽车销量更是一落千丈，不过，电冰箱的销量却逆势上扬，每户家庭都节衣缩食，人们吃剩下的食物或大量购买的便宜食品全依赖冰箱储存。就在那时，霍梅尔发明的廉价午餐肉深受追捧，这种由猪肉、淀粉、糖、盐和水混合的廉价食品帮助美国人渡过了难关，成为大萧条的家庭生活缩影，研究午餐肉历史的作家布莱克说：“从心理上来讲，午餐肉是一种令人在逆境中获得安慰的食物。”

没有人知道这种饥寒交迫的萧条生活何时能挨到尽头，反正在胡佛总统身上是看不到希望。1933 年 3 月 4 日中午 12 点，富兰克林·罗斯福在万众期待中当选美国第 32 届总统，他昂首阔步地走上讲台，从口袋中掏出在海德公园书房写就的手稿，“我们唯一引为恐惧的只是恐惧本身，一种无名的、丧失理智的、毫无道理的畏惧心理。它能把我们搞瘫痪，什么事也办不成，使我们无法由退却转为进攻”。罗斯福的演说铿锵有力，“我将要求国会授予我一件唯一足以应付目前危机的武器，这就是，让我拥有足以对紧急事态发动一场大战的广泛的行政权力。这种授权之大，要如同我们正遭到敌军侵犯时一样”。坚定而朴实的话语通过广播网传遍美国，失业者和流浪汉驻足倾听、工人不再沮丧、老人动容落泪，只有胡佛颓然而立，低头不语。

罗斯福深知世事艰难，他对朋友说：“如果我失败，我就是美国的最后一位总统了。”生死存亡之秋，他绝不甘心留下骂名，“百日新政”已酝酿成型，之前他担任纽约州州长时就曾以“新政”应对危机，颇有成效。从 1933 年 3 月 9 日制定《紧急银行法》到 6 月 16 日通过《全国工业复兴法》的将近 100 天时间内，罗斯福整天忙于各类会议和演说，他宣布废止金本位制，制定新的外交政策，密集制定并通过 13 项重要立法，包括准许公开经营啤酒业、成立民间资源保护队、对一切银行存款实行保险、华尔街金融市场改革等，涉及所有从小调整到大改革的系列法令。

为了让普通人都能理解“新政”，罗斯福从 3 月 12 日开始在广播中发表“炉边谈话”，他以邻家大叔的质朴和温情通俗地解读了投资和公债等复杂经济学名词，诉说改革的困难和抉择，电波像暖流一般温暖人心，人们把罗斯福看作自己的朋友，飞往白宫的各类群众来信超过胡佛时期十倍之多，“炉边谈话”像催化剂一样为美国走出经济危机起到推动作用，这种平实高效的沟通方式被保留下来，有评论认为：“华盛顿与他们的距离，不比起居室里的收音机远。”直到 1944 年 6 月 12 日，罗斯福一共发表了 21 次“炉边谈话”，那时美国已走出经济危机阴霾，每次广播时，他还是以“我的朋友”这句平民式的称呼为开场白。

这场危机前后持续十年之久，对于在逆境中挣扎、奋发的人而言，这是一段并不算短的等待期限。尽管“罗斯福新政”没有立即将美国带出泥潭，毕竟积重难返，但自 1933 年之后，经济稳步回暖，失业率大幅降低，尤其是联邦政府对宏观调控和政策推进的权力明显增强，美国不仅从此驱散迷雾，而且为“二战”后经济的长期增长创造了条件。最难得的是，罗斯福重新唤醒了久违的“美国精神”。

在 1930—1936 年的灰暗时光中，美国的香烟产量从 1 230 亿支增长到 1 580 亿支，人们需要用它抚慰“大萧条过敏症”。因为“没有事情可做”，泡图书馆成为人们重要的日常活动，据美国图书馆协会 1933 年估计，1929 年之后新增借阅者达到两三百万。听广播也是一种不错的愉悦方式，到 1939 年，大约 80% 的人拥有自己的收音机，除了倾听罗斯福总统的“炉边谈话”，听众最大的快乐莫过于每晚收听“肥皂剧”，这种剧情简单、轻松搞笑的喜剧短片很容易让寂寥惆怅者开怀大笑。说到“肥皂剧”的得名，还与一家企业有关。

每逢精彩剧目播放的时刻，美国万人空巷，这种集体低落中难得的欣喜景象让宝洁公司看到商业机会，仿佛寒冬里走夜路时突然远望到一盏温暖的明灯，这个善于策划和营销的老牌日化巨头，瞬间找到在经济危机中持续增长的过冬秘诀。

宝洁公司（P&G）成立于 1837 年，两位创始人普罗斯特和盖姆原本只想制作一种洁白的肥皂，以代替当时大行其道的又黑又丑的粗糙肥皂，经过一年的悉心研制，洁白、椭圆、清香的“象牙肥皂”果然大卖。随后，普罗斯特和盖姆联合成立专门制造肥皂的小公司，并以他们名字的开头字母 P 和 G 命名为 P&G 公司，“象牙肥皂”的成功既得益于产品质量和改良创新，也离不开别出心裁的营销方式——广告，宝洁公司是最早发现广告与品牌、销量内在奥秘的企业之一。

到 20 世纪 30 年代，宝洁公司已经走过 90 多个春秋，即将迎来意义非凡的百岁诞辰，然而，一场突如其来的经济危机让公司持续经营都成问题，庆祝已成奢望。不过，在商界乘风破浪近一个世纪的老江湖总有化腐朽为神奇的妙笔，早在 1923 年宝洁就赞助过一个烹调节目，由此写下电台广告史的第一笔，到 20 世纪 30 年代，“肥皂剧”令人如痴如醉，宝洁在 1932 年赞助电台连续剧《烂泥家族》，第二年又赞助了《柏金斯妈妈》，尤其是后者，当时在美国引起轰动，宝洁在连续剧中插播的肥皂广告也家喻户晓，由于这些短片总夹杂着肥皂广告，人们就将其称为“肥皂剧”。

时至今日，“肥皂剧”在荧屏时代仍深受喜爱，宝洁公司也建成肥皂剧制造中心，自己定制投拍“肥皂剧”，而且一个星期就能拍出120集，宝洁的日化用品、厨房用品、妇婴用品都被巧妙植入其中，其代表中产阶级高尚生活的品牌形象已深入人心。

大萧条时期也是美国好莱坞电影的“黄金年代”。那段时间，美国年产电影高达500部，1935年，美国电影院座位数超过全国人口总数的10%，大量为逃避现实设计的离奇迷幻剧情和世外桃源生活让观众将生活的烦恼遗忘。沃特·迪士尼的动画公司也在这时逐渐壮大，著名的卡通形象米老鼠更是创造了一系列经济奇迹，有家制衣厂生产的印有五颜六色米老鼠图案的毛衣每年订单超过百万美元，有1/3的工人不得不加班赶工。一家苟延残喘的名表厂因为印有米老鼠标志而起死回生，每年销量达到200万只。1935年，《纽约时报》以拟人化手法高度评价米老鼠的形象：他是一个世界公民，不可思议地在商人领地取得一系列的胜利。他也是世界上少有的超级推销员，为失业者找到工作目标，拯救公司于破产境地。无论他出现在何处，希望之光都会突破云层。

沃尔特曾说，给自己一个梦想。想象的目的不是把你困于现实，而是要把你带到悬崖边，然后把你“踢”下去，这样你才能展开想象之翼，然后缓缓降落。米老鼠让沃尔特重新摆脱困境、展翼飞翔。他本人一直喜欢小老鼠，在堪萨斯市的办公室里还曾与小老鼠朝夕相伴。在一次返程的火车上，他灵感涌现，挥笔画下穿黑上衣、红天鹅绒裤戴白手套的“米奇老鼠”草图，还给随行的妻子莉莉讲最初的剧本。

1928年3月，沃尔特与厄布共同创作、设计米老鼠的形象，塑造它的个性。两个月后，他注册米老鼠商标和动画版权。被人抢夺创作版权后，沃尔特不再与合作者分享荣誉，他以米老鼠唯一创造者的身份为世人熟知。当时所有电影都是无声片，查理·卓别林是家喻户晓的明星，全靠夸张滑稽的肢体语言弥补音乐和对话的苍白。米老鼠动画片不仅实现音乐和动作同步，而且向观众展示了声音的俏皮生动，喜剧效果强烈。米老鼠的声音成为丰富故事情节、提升人物表现力的必备因素。于 1928 年 11 月 18 日首映后整个美国都为之轰动，观众热情持续了很长时间。

1929 年华尔街股市崩盘，美国百业萧条，沃尔特却在寒冬中迎来了一缕阳光。有个商人找来，希望将米老鼠印在儿童写字台上，以支付 300 美元的酬劳获得准许；一名妇女以米老鼠为原型制作玩具，不仅免费，沃尔特还资助她购置设备。沃尔特意识到授权经营的商机所在，但他要求合作者保证产品质量，此后关于米老鼠的拼图、帐篷、玩具、雨伞、零食等商品大量问世，许多濒临破产的公司因此起死回生，沃尔特也获得了丰厚回报。

1931 年，由于工作艰苦、压力过重，追求完美主义的沃尔特患了神经衰弱，他变得暴躁易怒、情绪失控，有时突然痛哭流涕，夜晚失眠，后来他听从医生建议锻炼放松，病情逐渐缓解。沃尔特对待雇员挑剔而粗暴，摆出听取建议的姿态最终却顽固执行自己的设想，公司内部等级制度森严，被称为“九大元老”的最优秀动画设计师享受优待，其他人的命运则由沃尔特按喜好决定。跟随多年的老搭档厄布最终被人挖墙脚离去，沃尔特以 2 920 美元收回他手中 20% 的股份。那几年沃尔特内心极度沮丧，却从未降低艺术标准和梦想追求。

那时电影价格由片长决定，为了提高利润、扩大规模，沃尔特打算拍摄动画长片，这种做法前所未见，以往动画片都是 9 分钟左右的单卷胶片短片，而他的动画长片需要 10 卷以上的胶卷，有人批评这是“迪士尼的蠢事”。1934 年，沃尔特开始制作《白雪公主和七个小矮人》，这是电影史上第一部动画长片。据参与者回忆，沃尔特在一次长达数小时的会议上讲解影片中每个场景的情绪、行动方式以及主题，扮演每一个角色并模仿他们的声音，所有故事细节、人物、动作、声音、音乐、画面等他都亲自过问，对制作过程严格把关。

这部耗时三年才上映的动画片几乎将沃尔特的工作室拖垮。原本50万美元的成本预算最终涨到150万美元，75名动画师、几百名员工一共制作出至少25万张图画，发行之前又经历了无数次重新剪辑和修改。1937年12月，《白雪公主和七个小矮人》在好莱坞众多巨星捧场造势中上映，第二年被翻译成10种外文登上49个国家的银幕，800万美元的票房收入超过同时代所有影片。

《白雪公主和七个小矮人》取得的巨大成功意味着动画艺术正在走向成熟，沃尔特也迎来动画黄金时代，由他制作的著名动画电影陆续上映：1940年的《匹诺曹》和《幻想曲》，1941年的《小飞象》，1942年的《小鹿斑比》。在沃尔特有生之年，他的工作室共获得近900种奖项，其中包括40项奥斯卡金像奖和7项艾美奖。正在他春风得意的时候，危机却悄然而至。

20世纪30年代，越来越多的美国工人加入工会，到1940年比例达到大约27%，工会为工人寻求保障、提高待遇与企业谈判，有时会以罢工相威胁。1941年初，沃尔特的动画师集会，谈判改善工作条件，工会则向美国劳工关系委员会提起诉讼，沃尔特不以为然，强硬弹压，他告诫员工不要在工会活动上浪费时间，声称“强者生存，优胜劣汰”是自然规律，并于5月解雇24名工会分子。之后，员工集体罢工，公众联合抵制迪士尼影片和产品，人们指责他是个道貌岸然的伪君子。7月他又辞退了一批罢工的员工，工作室暂停运营，他无法理解员工的愤怒，自己提供工作、传授经验却遭到忘恩负义的反叛。

虽然沃尔特是一名伟大的创意大师、梦想家，也是成功的企业家，但是对员工缺乏关爱和宽容。罢工直到9月才结束，沃尔特为所有员工提高工资、改善待遇，实行均衡的薪酬制度和责任标准。

随着罢工结束，沃尔特的动画黄金时代也宣告终结。

1939 年 9 月 1 日，第二次世界大战爆发，动荡飘摇的欧洲市场不再发行沃尔特的影片，风云突变让海外收入占 45% 的迪士尼工作室陷入困境。所谓福祸相依，与此同时美国政府出价 27 万美元让沃尔特制作宣传影视，以防止纳粹主义在南美洲蔓延。

1941 年美国卷入“二战”后，迪士尼工作室被军方征用，700 名士兵驻扎此地以保护飞机制造厂的基地，租住 8 个月分文未付，政府还要求沃尔特为联邦政府和军队制作教育和公共宣传影片。战争期间，迪士尼工作室 90% 的影片为政府订单，至少拍摄了 75 部军事题材影片，包含航空安全、气象条件、击落敌机、擦步枪等系列教育影片。不过，沃尔特并未就此大发横财，他规定不以政府合约谋利只要保证公司正常运转开支即可。他曾评价：“很难说战争是好事，但这是一个展现我们运作力量的巨大机遇。既能帮助自己的祖国，又帮助了自己，没有多少人能都得到这样的机会。”

“二战”结束时迪士尼工作室负债 400 万美元，沃尔特陷入人生低谷。战争让整个美国迷失，沃尔特亦误入歧途，想象力被大量政府合同消磨殆尽，创作激情日渐冷却，他甚至打算将早期作品整理汇编成新影片来快速赚钱。不过，从后来的轨迹和结果来看，沃尔特走过的弯路，正是实现终极理想的必经之路。

1947 年 8 月，沃尔特带女儿前往阿拉斯加州进行边疆之旅，回家后对一部野生动物电影着迷，他邀请拍摄影片的一对夫妻去拍摄阿拉斯加风情，后来又派他们去普里比洛夫群岛的白令海拍摄海豹生活，1949 年，《真实生活历险记》系列自然纪录片的第一部《海豹岛》上映，此后 12 年间该系列纪录片陆续创作了 7 部短片和 6 部长片，并获得了 8 座奥斯卡金像奖杯。1954 年，迪士尼工作室有史以来投入最大的影片《海底两万里》上映。1958 年，沃尔特派 9 名摄影师在寒冷的北极进行为期 3 年的《白色旷野》拍摄。10 多年里，迪士尼工作室拍摄了许多优秀的纪录片、冒险片以及真人电影。

沃尔特还注意到美国家庭对电视节目的青睐，并开始有意识地参与其中。1954 年，他将动画片、自然纪录片、观光影片、科教片等即将上映的电影和预告片制作成《迪士尼乐园》节目，并亲自担任主持人，他温文尔雅的风度和坦诚开朗的交谈深受美国家庭的喜爱，每逢周日晚上播出时几乎万人空巷。

在此期间沃尔特还迷恋上了微缩模型，他喜欢收集、创作、展览家具、房屋、火车等微缩模型，并期待将此前创作的动画场景建成微缩世界，儿童和成人都能身临梦中仙境，认识并改造世界。1948 年 8 月，他第一次将“米老鼠公园计划”以内部备忘录的形式告诉一名设计师，后来经过复杂艰难的修改又转变为迪士尼乐园。沃尔特希望建造一个干净、安全、吸引普通人、服务人员友好热情的地方，让全家人都能在一起尽情地玩耍。

回望沃尔特的创意人生，从动画短片、电影长片、电视节目、真人实景电影、自然纪录片、冒险片到微缩模型，他的所有想法、经历、成长都在为打造迪士尼乐园进行有意无意的铺垫。与其说这种神奇的成功路径由天赋引导，不如说是梦想的推动。

1952 年，沃尔特成立 WED 公司以建造迪士尼乐园，其中美国广播公司投资 50 万美元，并和迪士尼工作室联合贷款 450 万美元，以获得迪士尼乐园 35% 的股份及每周播放沃尔特节目的权利。迪士尼乐园总共耗资 1 700 万美元，历时一年建造完成，沃尔特深情写道：迪士尼乐园为理想而建，为梦想而建，为那些曾铸就美国的一切而建，希望它能成为全世界欢乐和灵感的源泉。1955 年 7 月 17 日，开幕典礼向 9 000 万美国观众实况转播，15 000 名嘉宾受邀参观，超过 2 万名游客入园游览。成人门票定价 1 美元，游景点单独付费，需要在搭乘处购买车票，票价从 10—35 美分不等。开放一年后，350 多万名游客从中收获快乐。

沃尔特的余生一直为建造佛罗里达州的迪士尼世界而奔波劳碌，直到 1966 年 12 月 15 日因肺癌与世长辞。他的离去震动了整个世界，许多人不相信他会死去，甚至传说他的遗体一直冰冻在冷冻室内，等待有一天科学技术能将他复活。事实上他的遗体已被火化，骨灰安放在加利福尼亚州立公墓。罗伊继续完成沃尔特未竟的事业，佛罗里达州的迪士尼世界于 1971 年建设完工，不久之后，罗伊溘然长逝。

时至今日，对沃尔特的迷恋和怀念成为美国生活方式的一部分，迪斯尼乐园更是全世界人民共同的快乐家园。从来没有哪个历史人物，让人类如此深切地感受到想象带来的快乐，这是沃尔特最重要的贡献，超过了他缔造的所有奇迹。

20 世纪 20 年代初，正当迪士尼的《爱丽丝梦游仙境》在各大城市如火如荼地上映时，在内达华州却几乎见不到放映机的影子，荒凉的美国西部一片寂静。整个州只有 4.5 万人，但土地面积却排名美国第七，内华达州的银矿在被开采殆尽后成了空壳一般，从来没有人会愿意选择在这样一个地方安居乐业。直到雷蒙德·英格拉姆·史密斯的赌场出现，内华达州才再次成为淘金者的乐园，这片土地也迎来了一个新的时代。如今，举世闻名的拉斯维加斯赌城屹立在这片土地上，但没有人知道，当年的赌城不过是史密斯赌场的复制品，他改变了整个赌博业，也让人迹罕至的内华达州重整旗鼓，恢复了当年的喧嚣。

1924 年，史密斯放弃马戏团售票员的职业，在旧金山的海滩上开启了自己的产业。37 岁的他已是两个大男孩的父亲，从头创业无疑需要巨大的勇气，而这份勇气，则来源于不久前的一次游戏——折刀转盘的把戏，这是他第一次接触这样“刺激”的娱乐项目。史密斯没有像其他人一样，身陷其中不能自拔，却和他们输的一样惨。但他很快就发现个中奥秘，并在傍晚回家之前赚够了交付罚金的钱，没有人知道他是怎么做到的。没过多久，沙滩上的人们就发现出现了一项新的娱乐项目——转盘。史密斯意识到这一行业的暴利后，毅然加入其中，并对自己的才能有足够的信心。他的轮盘和别人的没有什么不同，但他的营销手段独树一帜。他告诫一起经营的儿子哈诺德：“你要站在柜台中央，向每一个经过的人推销生意。”“声音大声点！”“不要随便开玩笑！”“如果你的生意不好，就把摊子向前移30英尺。”儿子对父亲言听计从，毫无怨言。没过多久，父子两人就得到了应有的回报，哈诺德回忆时感叹道：“我发现只要努力，就一定能赚到钱。”

在当时的商业界，只要你范围里的游戏与众不同，服务更上一层楼，就完全可能让自己的收入翻倍。至于用暗箱操作的把戏，永远都是低端下流小骗子的手段。史密斯对此深信不疑，他深知如果要让生意做大，决不能继续仿造骗子的手段。单靠吸引城市里那些妄想一夜暴富之徒，终归只是短暂的，他需要开发大众的市场。在芝加哥，他满怀诚意地经营了捞金鱼的游戏，却血本无归，因为向大众销售他们不需要的东西必将破产。他开始思考大众来玩究竟是为了什么。

很快，在堪萨斯州的经历让他找到了答案。当时的堪萨斯州流行一种“钉子游戏”，如果能用三次就把钉子敲进木头里就算赢，老板会将奖品双手奉上。但人们几乎从未得到过奖品，因为木头太硬了，所有的老板都用最硬的木头来挑战顾客的肌肉。史密斯认为这并不公平，除非自己能将钉子敲进去，否则就相当于诈骗。他找来不太坚硬的木头，苦练到手腕红肿，最后只用两下就能将钉子严严实实地敲进木头。随后，和女孩逛街的大个子们经常会受到史密斯的挑战，为了向恋人展现自己的力量，他们交上15美分，拿起铁锤，狠狠地砸向钉子。结果可想而知，绝没有想象的那么容易。但当他们要求史密斯展示这钉子能敲进木头的时候，他们又不得不心服口服。史密斯说："当然，我更希望看见他们获胜。"这话绝非乖张之言。没过几天，一个壮实的男子达成了这一目标，他用30美分赢得了一盒巧克力。

从此以后，每天晚上他都会来这里玩上几手。史密斯也非常乐意地把奖品赠送给他，因为这就是最好的"活广告"，每次获得奖品他都会向别人炫耀一番。这个游戏的成功秘诀在于掌握了人们的心理，激发起玩家的表现欲，又让他们获得了货真价实的奖品。此次之行，既让史密斯获得了销售经验，也让他了解到顾客的心态。但如果想要一步登天，没有非常好的机会也是不行的。

1929年，大萧条来袭，大多数美国人在迷茫与绝望中挣扎，史密斯却发现时代背后的机遇——游乐场游戏将会和电影一样赚钱，他对该事业信心倍增。在旧金山以北650英里（折合1 046千米）处，有一所娱乐业发达的小城——里奥·尼多。史密斯发现这里的一家"Bingo"游戏店异常惨淡，原来的老板不仅缺乏经营理念，甚至对顾客的感受都置之不顾，夜风中前来娱乐的顾客连挡板都没有，只能用冻得瑟瑟发抖的手递出零钱。史密斯毫不犹豫地接下这家店，他没时间听老板无聊的抱怨，一切以顾客为中心，进行了大幅度的改进。几周之内，营业额竿头直上，到了夏末，史密斯和儿子就赚了4 500美元，这是他14岁时全家年收入的9倍。

父子俩的旅程仍在继续，尽管他们所到之处都收获颇丰，却始终没有找到自己真正想要的开拓之地。甚至在加州还马失前蹄，因为带有赌博性质的行业在此是违法行业，但父子俩生意向来本分，警察对此也是睁一只眼闭一只眼。但在1934年，他们买进了一台硬币轮盘机，对警察来说这已经触及红线，这代表着90天的营业整顿和500美元的罚款。这台轮盘机对生意的发展至关重要，如果还只是用一些小游戏来赚钱，那只会离梦想越来越远。史密斯决定再次踏上旅途，选取了荒凉但法律宽松的内华达州，而这里简直是他生意的天堂。

内华达州的荒凉远远超过史密斯的想象，他们曾一路流浪，直到对里诺城的小游戏厅一见钟情。虽说是城市，但这里只有一家低等饭店、一家当铺、一家洗衣店和一家没有电梯的旅馆。然而就在这家旅馆里，他们找到了自己事业最后的归宿——乱七八糟的“Bingo”游戏房。儿子哈诺德和父亲在房间里站了没几分钟，心里就升起从未有过的强烈预感：这里就是我们未来的地方！所幸老板很乐意出售，他因为这家店欠了一身的债，说这里根本赚不到钱。但作为一位经营专家，史密斯打量了这里的十几个玩家，他发现有一半都是职业骗子，问题一定出在游戏本身上，没有对大众的吸引力。父子俩相信自己的直觉，他们也有信心让这个地方重获新生，最后以2 000美元的价格敲定。由于哈诺德曾在华人街被误认为是默片明星“哈诺德·劳埃德”，人们对儿子的热情欢呼让他记忆犹新，这座新生俱乐部的名字就干脆取名为“哈诺德俱乐部”，父子俩希望能借此扬名四海。

有一点要注意的是，起名为“哈诺德俱乐部”已表明了史密斯的商业态度。他始终认为，人们来这里不是为了发财，而是购买快乐，和到商店里买一些水果没什么不一样。史密斯反感乌烟瘴气的环境、债台高筑之人的歇斯底里，他要创造出公平又廉价的“快乐商店”。开张之日，导致他曾被罚款的“元凶”——电动轮盘机成为最吸金的机器，闪光的轮盘周围围着43个玩家，这是这种机器第一次在内华达州出现。

然而史密斯的做法在同行业得到的不是赞誉，而是冷嘲热讽。他们称俱乐部是“史密斯的低级娱乐场所”、“哈诺德的一分钱游戏室”、“赌徒的 5 分钱廉价店”，究其原因，是因为史密斯抢了他们的生意。然而事实上，第一年的经营虽然火爆，史密斯却损失了 2 000 美元，盗窃、官员的乱收税，甚至还遇到了有人拆店的麻烦。

当然，单靠游戏吸引是不够的，营销上的创新势在必行。史密斯首创“为输光的客人提供车费”赢得了广泛的赞誉，甚至他有时候还会将人们输掉的钱返还给他们。这样的经营理念起到了相当好的广告效应。俱乐部一直坚持着慷慨大度的行为，多年以来，返还的金额高达 50 万美元，但这些退款都有条件：第一，不能向外透露退款；第二，再次返回请到这里来；第三，要宣传哈诺德俱乐部是一家诚信游乐场所。这样一来，哈诺德俱乐部的名声传得原来越远，生意也越做越大，一跃成为里诺市的经济核心。

1941 年冬季，里诺市的经济依靠哈诺德俱乐部起飞，成千上万的人带着现金翻山越岭而来，只为过一把瘾。史密斯不失时宜地在城市各处开启了分店，收入迅速上涨，史密斯再把这些钱投入到广告中去。

到了 20 世纪 50 年代，这里每 24 小时就有 1.9 万人次进出，每年超过 150 万人光临俱乐部。没有人知道史密斯一家赚了多少钱，1953 年，《时代》称其年收入 1 亿美元，但父子俩守口如瓶，如同轮盘上的数字任人猜想。

但如今我们听到更多的是拉斯维加斯，里诺市却没能名扬海外。1962 年，史密斯一家人将俱乐部以 1 667.5 万美元出售给霍华德·休斯，实际上，这是一场可有可无的并购。后者在拉斯维加斯对哈诺德俱乐部的效仿大获成功，至于史密斯的俱乐部为何被赶超，原因只有一个，那就是地理位置。拉斯维加斯更靠近洛杉矶，并且大众对这座城市的长街又情有独钟，完善的产业结构让这座城市的招牌远比里诺市更为响亮。

史密斯固然没能让自己的家族发扬光大，但他的俱乐部拯救了整个内华达州，更是拉斯维加斯的“师傅”。当有人问起他的女婿，岳父为何成功之时，他说：“老爹是非凡的梦想家，他知道普通人的需求，因为他也在其中。”

20 世纪 30 年代的大萧条时期，当众多旅店像多米诺骨牌一样倒下的时候，康德拉·希尔顿的事业才刚刚起步。人们在优越的生活中被惊醒，很多人一夜之间身无分文，温饱都难以为继，花钱逍遥自在的旅店更是无人问津，80% 的同行丧失了信心，关门大吉。刚刚建起连锁店的希尔顿也承受了从未有过的巨大打击。在萧条的诅咒面前，8 家连锁店勉强保住了 5 家，欠债曾一度高达 50 万美元。但希尔顿眼光长远，对经济危机的分析成熟老练，他告诫员工们，灾难终将过去，希尔顿旅店必将重现辉煌，我们的微笑将永远在旅店绽放。

尽管希尔顿对未来自信满满，但现实中有时候却不得不忍饥挨饿，每当手上有一点现金就不得不交到债权人手上。在一个天气阴郁的日子里，饥肠辘辘的希尔顿在自己的旅店得到了自己员工的资助，300 美元的伙食费让这个疲惫饥饿的梦想家备受感动，忠诚的员工给了他坚持下去的力量。1936 年，希尔顿的坚持终于有了回报，当“全国复兴法案”颁布之后，老去的追梦少年再次迸发出活力，盈利—吞并—连锁的战略方式让希尔顿的名声响彻全球，除了南极洲每个大陆上都有希尔顿的名号屹立不倒。“微笑服务”在世界上扬起自信的嘴角，希尔顿旅店也成为世界上最大的连锁品牌。但希尔顿并非含着金汤勺出生的，他从 5 000 美元的本金到 10 亿美元的家产都来源于自己的打拼和母亲的鼓励，他诠释了真正的“美国梦”。

1907 年，20 岁的希尔顿第一次接触到了旅店事业，在经济恐慌的大环境下，他的父亲不得不放弃皮货等生意，到一个小镇上开了家家庭旅店。希尔顿的工作繁重到不能单用辛苦来形容。他每天都要去火车站招揽客人，但在自己所在的小镇上，火车只有三趟，一班在中午，一班在午夜，另一班则在凌晨三点。这就意味着希尔顿每天晚上要爬起来两次，在寒风中瑟瑟发抖地恳求旅客到父亲的旅店住宿。“这种痛苦的滋味，在我心灵上留下永难忘怀的烙印。”希尔顿在回忆中说道，“我曾经憎恨旅店的生意。”实际上，他的工作远不止这些，照顾客人、喂马等活计需要占据他从早上 8 点到晚上 6 点一共 10 个小时的时间，忙碌时还会更多。长期的睡眠不足让希尔顿总是没有精神，甚至在一个寒冬凌晨的接站过程中昏睡过去，一头扎进桥下的小河。浸湿的衣物在寒风中像冰一样贴在他的身上，但希尔顿没有返回家中，而是继续进行自己的工作。坚强的品性在他的生命中从未动摇过，这也让他经受住了创业过程中的狂风大浪。

尽管希尔顿在家庭旅店中不眠不休地工作，但家里的生意也只是在风雨飘摇中挣扎着。1913 年 9 月，希尔顿终于下定决心离开家门，扬帆远航，去追寻自己的梦想。他一直想要成为在办公室里呼风唤雨的银行家，说干就干！东拼西凑筹集了 3 万美元后，希尔顿成功在一所银行入股，却在第一次股东大会上受到了排挤，一个敌视他的 70 岁老头成了董事长。经过一年的竞争以及父亲的帮助，董事会重组后希尔顿终于手握实权，坐上了副董事长的职位。在他的苦心经营下，银行的资金达到了 13.5 万美元。即将大展宏图的希尔顿却没有得到更多的机会，1917 年，希尔顿应征入伍，等他两年后归来之时，银行早已不复存在，手里的资金也仅剩 5 000 美元，一切重回原点，32 岁的希尔顿必须从头开始。

然而从头开始谈何容易，纵然美国正处于发展的黄金时代，经济正在以难以想象的速度飞速增长，希尔顿却陷入了迷茫之中。这时他的母亲说了影响其一生的话：“康拉德，你必须找到属于你自己的世界，要放大船，就必须先找到水深的地方。”母亲对自己儿子的野心心知肚明，她的鼓励让希尔顿重整旗鼓。何处水深？何处充满机遇？希尔顿的目光瞄向了石油喷发的地方——得克萨斯州，当时成千上万的人正涌入其中。在那里，他找到了自己为之奋斗一生的事业。

事实上，希尔顿踏上路途，依旧放不下银行家的梦想，经营旅店的伤痛让他无论如何也不愿意进入这个行业。他在旅途的前两站，一下火车就钻进各个银行，询问是否出售。但碰了一鼻子灰，这个地方蒸蒸日上，如母亲所说——水深之地，银行却鲜有轻易出手的时候。但当他走进第三个城镇——锡斯科时，遇到的第一家银行就对他敞开了大门，要价7.5万美元。价格很公道！希尔顿一阵窃喜，迅速筹集资金后，他向卖主再次确定价格。却没料到卖家出尔反尔，要价8万美元且没有商量的余地。感觉自己被戏耍的希尔顿愤怒地离开了银行，眼看天色渐晚，他不得不先找一所旅店投宿。

实际上，希尔顿找到的不是一夜的落脚点，而是第一个属于他自己的旅店。当晚，旅店门口被挤得水泄不通，当希尔顿拼命挤到柜台前时，客满的消息从伙计的嘴里喊了出来。疲惫不堪的希尔顿备感失望，憋了一肚子气的他站在柜台前有些不知所措，这时，一个老板模样的人出来轰走了大厅里的客人们。希尔顿看到他闷闷不乐的样子很是疑惑，生意如此火爆为何还愁眉苦脸呢？便上前攀谈起来，对方抱怨道："我在这里没法脱身，身边的朋友都将钱投入到油田里发财，我的钱却被锁在这该死的宾馆里。"希尔顿听后却对老板没有丝毫的同情，因为他发现了千载难逢的好机会。他压抑住自己激动的心情，假装冷静地问道："这么说您是想出售这个旅馆了?"最终，两人以4万美元的价格敲定，老板高兴地拿着钱去"发财"了，希尔顿则找到了真正的致富途径。事实上，当人们趋之若鹜地在油田里寻找机遇的时候，一飞冲天的人只是很少的一部分，大多数人血本无归。但石油巨商的成功太具诱惑性，所有的人都被那些成功的案例蒙住了双眼，得克萨斯州的访客一天比一天多，旅店才是最稳定的赚钱行业。当晚，他向母亲发电报报喜：新世界已然找到，锡斯科可谓水深港阔，第一艘大船已在此下水。

当然，希尔顿和老板的区别不仅仅在行业的选择上，他接手了旅店之后，就开始了一系列的改革。他用寸土寸金的思维对旅店进行了改造，餐厅被分成多个小房间，增加的 20 个床位收益要远远大于原来餐厅的营业额。为了补偿客人对杂物的需求，他在大厅开了一个小杂货铺，这一小小的策略为旅店创造了大量的额外收益。希尔顿把这一经营思路称之为“探索黄金”原则，意在旅店任何一寸地方都能生产出金子。很快，他的资产和前来淘金的人一样疯狂地增长着，他偿还了借来的本金后，又与人合伙买下了华斯堡的梅尔巴旅店以及达拉斯的华尔道夫旅馆。希尔顿的经营顺应着美国的发展，他的旅店所设之处皆在崛起中的城市，在咆哮的 20 世纪 20 年代激流勇进，从未亏损。

单纯地收购二手旅店并不能满足希尔顿的追求。1925 年 4 月 8 日，希尔顿通过贷款和租赁建成了属于自己的“达拉斯希尔顿大旅店”。这座价值 100 万美元的豪华旅店是希尔顿资产的 10 倍之多，也就是说，希尔顿要担当的风险巨大，一旦稍有失误，身败名裂在所难免，无数个债权人会跟在他屁股后面讨债。但希尔顿对自己十分自信，他从未考虑过失败，他的口头禅是：“你必须怀有梦想。”1926 年的一天，他盯着报纸发愣，新婚燕尔的妻子问他在想什么，希尔顿手指报纸上的地图说：“这些地方都将建起我的旅店，一年建一家。”没有困惑、没有犹豫，1928 年的圣诞节，那些城市里都出现了希尔顿的名字，连锁旅店的格局开始形成，如果一帆风顺，十年之内希尔顿就能造就今天的局面。

然而大萧条一棒子打在毫无准备的美国人头上，所有人都在这一时期受到重创。事业正在起步中的希尔顿也难逃厄运，8 家连锁店只剩下 5 家，整个旅店行业 80% 都不得不歇业，剩下的仅仅是在苟延残喘中勉强度日。大萧条时期没有人旅行，更没有人肆意挥霍享受。此时的希尔顿负债 50 万美元，但心中的信念始终没有失去，那就是：“你必须心怀梦想。”

事实证明，希尔顿对员工的鼓励并非虚谈，希尔顿旅店在危机过后很快就出现云开日出的局面。1936年，失去的3家连锁店回归旗下，旅店重归黄金时代，金钱滚滚而来。在希尔顿小有成就的时候，他向母亲炫耀自己足有5 100万美元的财产，年老又睿智的母亲淡淡地说道："你和你拥有5 000美金的时候没什么两样，你不能只依靠这样的经营去留住客人。"希尔顿没有一笑置之，他不断地反思着自己的行业，知道自己必须有独到之处才能成为整个旅店行业的佼佼者。"微笑服务"在他的脑海里一闪而过。如今，无论你走进哪一座城市的希尔顿旅店，都会得到他们最专业的微笑服务，这便是希尔顿能在世界范围内立足的秘诀。

万事俱备，本金和策略俱全，是时候大展宏图了！不断的收购，扩大经营，客人们从四面八方赶来住进希尔顿旅店。当1945年，把世界上最大的旅店——史蒂文斯也收入囊中的时候，希尔顿俨然成为旅店巨头。紧接着，1949年又收购了被誉为"世界旅馆皇后"的华尔道夫大旅店，1954年并购了有"世界旅馆皇帝"美称的"斯塔特拉旅馆系列"，这是一个拥有10家一流旅店的连锁旅馆，用了希尔顿足足1.1亿美元，成就了当时数额最大的不动产交易，轰动一时。随后，希尔顿旅店遍地开花，逐渐发展成如今的格局。如果一个旅店经营者去问希尔顿为何成功，他不会告诉你跟随美国的浪潮，抓住机遇，也不会告诉你艰苦奋斗，不畏艰险，而是会说："你必须心怀梦想。"

第9章 实现理想

2013年3月13日，IBM的股价达到历史最高纪录212.36美元，市值高达2 363亿美元，作为IBM的最大股东，“股神”巴菲特再次令世人交口称赞。不过，他只是传奇的延续者和财富的分享者，真正缔造传奇与财富的人是IBM“教父”托马斯·沃森。

沃森的商业人生从40岁开始，属于大器晚成，他花了半生时间从贫穷走向富有，从边缘角色走向舞台中心。在他执掌IBM的岁月里，曾先后成功躲过1921年和1929年两次大萧条，并凭借敏锐的嗅觉和过人的胆识在“二战”期间迎来发展高峰。至于他对美国商业的影响，后人总结为三条：第一条是将信息处理变成一种产业；第二条是发现企业文化的力量；第三条是第一位个人比公司还要出名的CEO。不过，人们似乎更认同另一种评价——“世界上最伟大的推销员”。沃森的影响力已超出IBM甚至美国之外。

以技术著称的 IBM 公司，“教父”头顶的光环不是科学家而是推销员，这本身就很耐人寻味，事实上，没有比这更精确得体的称谓了。

1874 年，托马斯·沃森出生于美国一户农民家庭，因年少时家贫没有上过学，17 岁步入社会，第一份工作是推销缝纫机，此后一直从事销售，以致销售为王的理念深入骨髓，他曾经说过：“一切始于销售，若没有销售就没有美国的商业。”

1896 年，沃森加入全美出纳机公司（NCR），跟随“美国商业销售之父”帕特森打拼，然而在辛苦工作 18 年之后，1914 年 4 月的一天，却被生性多疑的帕特森排挤出局。那时他的儿子小沃森刚刚出世，还没来得及品尝身为人父的喜悦就遭遇背弃的打击，当他走出公司大楼时，转身对朋友说：“这里的全部大楼都是我协助筹建的。现在我要去另外开创一个企业，一定要比帕特森的还要大！”

这段话有赌气成分，但绝非信口开河，当时沃森在业界已声名鹊起，日渐衰落的 CTR（计算制表计时公司）将其招致麾下，沃森认为公司生产的办公设备还有潜力可挖，但他开出的任职条件并不低：除固定年薪和持有股票外，每年还要有 5% 的利润分成。然而董事会轻松答应，在所有人看来，那时 CTR 正处于倒闭边缘，纸上财富如同镜花水月，一切未有定数。

1924 年 2 月，已升任总经理的沃森将 CTR 更名为国际商业机器公司，英文缩写为 IBM，那年他刚满 50 岁，正是企业家成就大业的黄金年龄。CTR 初创时生产的都是绞肉机、磅秤、土豆削皮机等日用产品，如今正逐渐转型为经营打字机、打孔机、分类机、会计计算机等系列产品的公司，到 1928 年销售额已高达 1 500 万美元。

在 1929—1933 年的大萧条时期，IBM 形势陡然严峻，处境艰困，在 1932 年股市最不景气的时候，IBM 的股票狂跌 200 点，只要再跌几美元就会导致破产。尽管沃森每日焦虑烦躁，但他深信大萧条必将过去，经济繁荣终会到来，最好的过冬方法就是扩大生产以迎接繁荣时的巨大需求，他让人储备大量零部件，并加速生产进度，当时美国有 1 000 多万人失业，IBM 却没有裁掉一名员工。客观来说，沃森的逆向思维无异于一场胜负难料的豪赌，因为扩大产量，IBM 的生存危机日渐深重。

沃森还在继续冒险。在 1932 年经济最坏的年份，他居然拿出 100 万美元在纽约建立了一个现代化实验室，无论形势多么恶劣，研发投入绝不打折扣。在那个混乱而迷茫的年代，技术人才唾手可得，研发领域无限宽广，经济危机本就是对企业生命力的残酷考验，就像自然灾害侵袭世间万物一样，商业的优胜劣汰在大萧条中格外明朗，它是企业进化过程中必经的蜕变之痛。

1914 年刚进入 CTR 时，沃森对 30 多名销售代表说的第一句话居然是："我对制表一无所知，也不知该如何推销它们，因此我希望销售人员能够告诉我该怎么办！"如今，他已轻车熟路、游刃有余，实际上，他从未怀疑过"销售为王"的正确性，经济危机时还雇佣了大量业务员去推销办公设备，此时倒闭潮不断涌现，IBM 的业绩可想而知。但沃森并不在意，他要求业务员在推销产品时一定要将公司杂志《思想》送到客户手中，并坚信"这世上所有的问题都能轻易解决——只要你愿意思考"这句公司励志口号能激励并打动阅读者，"think（思考）"后来成为 IBM 的核心价值观。

自罗斯福新政颁布后，IBM 的状况不断好转。新一任总统化解经济危机的一项重要内容就是建立美国的社会保障体系，其中涉及社会福利、公共工程和价格控制等各个方面，而统计庞大又复杂的数据需要大量制表机，当时除 IBM 之外的所有办公设备公司因大幅减产而无法满足需求，政府的订单滚滚而来。随着经济复苏，各家公司迫切需要制表机来搜罗、分析数据，IBM 的产品炙手可热，销量迅速攀升。

到 20 世纪 30 年代末期，IBM 的销售额增长到 3 950 万美元，利润高达 910 万美元，超过另外四家主要竞争对手的总和，自此之后，IBM 成为美国最大的商用机器公司，“蓝色巨人”从苦难走向辉煌。

托马斯·沃森与美国总统富兰克林·德拉诺·罗斯福过从甚密，后者曾坦承：“我在华盛顿接待他们（总统的客人），而汤姆（沃森）在纽约招待他们。”私交至此，也难怪 IBM 能在“二战”中拿到大量军方订单，甚至步入军火制造商的行列。

早在 1941 年珍珠港事件之前，IBM 就开始半遮半掩地制造机关枪，美国卷入“二战”之后，沃森开始明目张胆地涉足军火生意，他不仅在纽约建立了一家专门制造军火的公司，而且将 IBM 原来的工厂扩大一倍，用于生产军工用品。美军所到之处，举目可见 IBM 生产的打孔机，详细记录着各部队的战争供给、作战结果和伤亡情况，参谋将其绘制成表格传回美国国防部，以便随时了解战场形势。从 1940—1945 年的五年间，IBM 的销售额增长了 3 倍，达到 1.4 亿美元，但利润却原地踏步，始终保持 1940 年的水平，这确实不正常。

与大多数美国人一样，沃森内心深处对战争恨之入骨，却又无法置身事外。那是一段扭曲而分裂的纠结期，沃森白天忙于扩大生产规模以支持政府和军队，晚上躺在床上又自责账簿上会沾满鲜血，他给自己定下规矩：IBM 所有军需品的利润率不得高于 1%。这是来自沃森心底的声音，即使做不到洁身自好，也不可见利忘义。在此后的战争以及和平年代，IBM 继续参与军工设备的研发、生产，并始终遵守“利润率不得高于 1%”的原则。后代研究者会习惯性将 IBM 列入发战争财的投机队伍，却往往忽视“1%”背后的自律和坚守，在一夜暴富已屡见不鲜的战火狂热年代，沃森的委曲求全实属不易。

在那段烽火连天的岁月，沃森的两个儿子——小沃森和迪克都参军入伍，多年以后，前者成为了 IBM 新的掌门人，后者出任 IBM 国际贸易公司的董事长。

“二战”爆发后，小沃森加入国民警卫队，军队生涯使他摆脱了父亲的阴影，并锻炼出坚强的意志品质。后来他终于有勇气拿起电话，告诉父亲将回到 IBM。这是老沃森梦寐以求之事，但父亲对儿子大举进军计算机领域的主张坚决反对，并断言道：“世界市场对计算机的需求大约只有 5 部。”父子俩为此发生激烈冲突，有一次小沃森直接对他吼道：“他妈的，你能永远不离开我吗?”

与承接军方订单和磨炼接班人相比，“二战”对 IBM 的影响更多在于管理变革和技术创新上。战争残酷激烈，军方对产品的性能和质量要求异常严格，IBM 既要保障品质，还要推陈出新，比如怎样改造仪器的运算能力以迅速破解敌方密码，如何精准计算以追踪敌军的水下潜艇，而瞄准器、防毒面具、卡宾枪等产品大规模高效率的生产也得依赖新技术的突破。

就是在纷繁芜杂的命令和需求迫使之下，IBM 终于在 1944 年研发出第一台自动顺序控制计算机（ASCCMarkI），这台庞然大物外壳由钢和玻璃材料包裹，高约 2.4 米，长约 15 米，重达 5 吨，由 75 万个零部件、3 304个继电器和 60 个开关组成，每秒能进行 3 次运算，23 位数加 23 位数的加法仅需 0.3 秒，同样位数的乘法只需 6 秒多，它被美国海军用来计算弹道表格。这次尝试成为 IBM 发展史上的重要转折点。

由于规模的急速扩张与战时的动荡环境，IBM 员工流动率非常高，这是当时所有企业共同的困境，沃森为此专门将一些优秀管理人员派到新建工厂，向新员工宣讲企业文化和价值观。当时的 IBM 在管理上还不成熟，人心涣散、流程混乱、效率低下等问题的解决迫在眉睫，沃森四两拨千斤，通过培训迅速提升员工经验，增强公司凝聚力，效果显而易见，《时代周刊》后来将 IBM 的员工队伍评价为“一支数量庞大、装备精良、纪律严明的集团军”。

自从 1914 年加入 IBM，此后 42 年，沃森每天的日程安排就像自己生产的计算机那般精准、严谨，风雨无阻。

破晓时分，沃森起床去梳妆台拿衣服，匆匆吃过早餐，就钻进专职司机等候的专车奔向办公室，那里有堆得像小山一样的文件、报告等待审阅，还有杂志、活页、书籍、信件需要浏览，他对处理文件和书信并无太大兴趣，通常都是从清单中选取重要内容批复，其他交给下属去完成。整个上午，他都在那张漂亮的红木办公桌上俯首度过。中午是他精力最充沛的时候，硬朗的体魄令许多同辈企业家羡慕，直到 80 多岁仍执掌公司，身体力行。

下班后，他会和客户一起去歌剧院听歌剧，或者在公司内外的宴会中发表讲话。有时意犹未尽，他还会将客人带回家中继续招待，并滔滔不绝地再谈上一两个小时，没有人敢离开。尤其 20 世纪 40 年代之后，他成为 IBM 帝国至高无上的“君主”，脾气暴躁、反复无常，甚至达到无法理喻的地步，溜须拍马者则被委以重任。

1940 年的《财富》杂志给他贴上好大喜功、性格乖张、极端自负的标签，凯文·梅尼在《特立独行者和他的 IBM 帝国——沃森传》中将其描述为商业暴君、独裁者的形象，事业越成功，他越自负狂妄，甚至心生拯救世界的宏愿，据说他曾试图以商业力量阻止希特勒发动“二战”，最终却被利用，成为一生中饱受争议的遗憾，历史学家埃德温·布莱克则为他辩解说：“IBM 生产的打孔机在德国纳粹清理犹太人的行动上，起到重要的技术作用。”

即便如此，他仍然不知疲倦地重复着程式化的工作内容和程序，以保证战略清晰、高效管理、执行有力、销售通畅，甚至可以说，独裁、暴烈是他树立威信、提高效率的必要手段，与他开创的卓越事业相比，管理风格上的非议不值一提。在最后的10年间，老沃森将销售额从1946年的1.156亿美元增长到1955年的5.635亿美元，这是他接手IBM之后最漂亮的经营业绩。事业还在高歌猛进，可他已经风烛残年，勇攀高峰的使命只能留给下一代去继承。

接替老沃森执掌IBM的是他的儿子小托马斯·沃森。从1952年1月15日起，父亲就将总裁职务交给儿子，自己只担任董事会主席，但二人之间的争吵和分歧并未因此缓和，反而越演越烈，在终日面红耳赤的交锋中，父亲日渐老去，儿子幡然悔悟，最终达成和解。1952年12月，以冯·诺依曼为科学顾问的研发团队研制出IBM第一台存储程序计算机——IBM－701，它日后被人们通俗地称为“电脑”。到1956年，IBM已经占领70%的市场份额，其他30%由7家公司共享，媒体调侃美国电脑业是“IBM和七个小矮人”。

1956年5月8日，老沃森将董事长和执行总裁的职务全部交给儿子，彻底退休，父子握手的镜头出现在《纽约时报》上，代表着权力交接和时代更替，小沃森说：“他肯定已认识到死神正向他逼近，这也许是他决定下台的唯一原由。”如他所言，老沃森已身患恶疾，便秘引起的营养失调令他痛苦不堪，他本可以通过手术治疗延长生命甚至康复，但他却始终拒绝。

1956年6月20日，《纽约时报》头版头条报道老托马斯·沃森辞世的消息，并将其商业贡献概况为：“‘世界上最伟大的推销员’构造了价值6.29亿美元的公司——IBM，‘思考’的广告词已深入人心。”报纸援引艾森豪威尔总统的评价说：“托马斯·丁·沃森的逝世使我国失去了一个真正的杰出美国人——一个首先是伟大的公民和伟大的人道主义者的企业家。我失去了一位诤友。他的忠告始终体现出对人民的深切关怀。”

沃森父子这辈子最强劲的对手，无疑是比尔·休利特与戴维·帕卡德这对“黄金搭档”。

25岁的斯坦福大学毕业生比尔·休利特在狭窄简陋的车库里躬身敲打着伟大的梦想，全神贯注地研发声频振荡器。屈指可数的操作工具——一套老虎钳、一台钻床、一把螺丝刀、一把锉刀、一只烙铁、一把钢锯，大部分是创业伙伴戴维·帕卡德从通用电气公司拿回来的，两人同为斯坦福大学同学，帕卡德年长一岁。这是1938年夏天的某个夜晚。车库、青年、斯坦福、通用电气，这组草根与精英混搭、激情与智慧融合的名词一经碰撞，必会在商业史上炸响一记惊雷。

这间木结构车库隐身于加利福尼亚州帕罗奥多市爱迪生大街的一片宁静的居民区里，出门便是灰尘扑面的车道。车库只容得下一辆普通汽车，由薄削的木墙板包围起来，里面只搭建了一张简单的工作台，旁边摆放着几个油液罐和存放真空管的盒子。没有人会料到日后诸如移动电话、计算机、互联网、机器人等现代重大发明皆源于此，这是最早在车库谱写的伟大神话，四五十年后，微软、谷歌、戴尔、苹果、雅虎等全球顶级企业仍在延续关于车库的精彩传奇。但与众不同的是，休利特和帕卡德的这间弱不禁风的车库不仅孕育出惠普，还是硅谷的发源地，惠普被美国人誉为“使硅谷诞生的公司”，休利特和帕卡德二人更被尊为“硅谷之父”。

车库创业的日子艰难而辛酸，凡事都需要两位创业者亲自处理，“从产品的创造和制作到定价、包装、发货；从深入进行客户调查、与销售代表沟通到记录公司所有事务；从写广告到下班时自己打扫卫生……”事必躬亲却差点导致一场火灾，由于喷完漆的零件板需要烘干，两人一时找不到好的烘干设备，而从导师弗雷德·特曼教授手中借来的538美元创业资金也所剩无几，他们只好自己动手改造一台廉价二手冰箱。

可是，冰箱的绝缘材料是易燃木棉花，当改造后已成为烤箱的“冰箱”接通电源后，将喷完漆的零件板放入，工作效果看起来非常不错，两人就互相鼓励着下班回家，留下烤箱整晚运行。夜半时分，烤箱火苗蹿动，木棉花已成火球，幸亏一位路过的司机及时发现并报警，消防人员扑灭火种，逆境求存的惠普才算是躲过一劫。

1938年11月，休利特和帕卡德终于制造出第一台声频振荡器试制品，他们带着新产品参加了波特兰无线电工程师协会的会议，与会者对声频振荡器一致看好。两人回到车库后，立即进行正式生产，到这年圣诞节时，外观和功能达到专业水平的声频振荡器正式完成，两位创业者欣喜若狂地把新产品放在壁炉上，拍摄了许多照片，再配上两页纸的说明书，然后送到由特曼教授推荐的25家潜在客户手中。

这批被命名为“200A”的新产品果然赢得大量订单，可对于惠普而言却是噩梦的开始，两位创始人将为年少轻狂付出成长的代价。当时通用无线电公司的振荡器售价为五六百美元，而“200A”的售价仅为54.4美元——只有竞争对手的1/10，这个价格连成本都保不住，卖一件赔一件，定价依据源自1844年美国与加拿大边界之争时“要么5440，要么开战!”的一句口号。对于创业公司而言，价格一旦公布，再想提高就十分困难，而惠普当时境况，“200A”不卖是等死，开卖是找死，怎么看都只有死路一条。

上演拯救大戏的人是沃尔特·迪士尼，他与两位惠普创始人共同谱写了一段关于互相成就的经典故事。如果迪士尼没有大量采购声频振荡器产品，惠普就难逃夭折噩运；如果没有惠普的创新产品，迪士尼也就无法制作出旷世巨作《幻想曲》。

迪士尼公司的总录音师巴德·霍金斯也参加了那次无线电工程师协会的会议，并对惠普的声频振荡器表示出浓厚兴趣。由于《白雪公主》和《木偶奇遇记》两部长篇动画片的巨大成功，迪士尼当时正考虑采用动画和声音方面的新技术，在新电影《幻想曲》中实现具有划时代意义的突破，寻找优良的测试仪器是霍金斯的准备工作之一，而惠普的声频振荡器不仅性能优越，而且价格低廉，霍金斯亲自到惠普查看生产情况，并提出了一些改良意见。

霍金斯的建议为惠普带来难得的脱困机遇，休利特和帕卡德顺势推出改良产品——200B，并趁机将定价提高到71.5美元，对于霍金斯而言，这个价格依然非常便宜，他一口气订购了8台。惠普从此走出因定价失误导致的生存危机，帕卡德回忆说："我们很快就认识到只要产品具有不错的实用价值就可以叫出好的价钱，这是非常重要的一课，因为这样我们才有资本推动公司向前发展。"

惠普正式诞生于1939年元旦这天，当新年的第一缕阳光照到身上时，休利特和帕卡德就签订了一份合伙协议，决定共同成立一家公司。他们以掷硬币的方式决定各自名字在公司名称中的前后顺序，最终休利特胜出，惠普公司（Hewlett - Packard，简称HP）落地生根。这个月末，两人还请旧金山一位律师为新发明的声频振荡器申请专利，三年之后终于获得通过，只是那时全世界战火重燃，休利特已奔赴战场。

两位斯坦福毕业生在车库创业的故事开始在电子行业疯传，一位名叫诺姆·尼利的无线电和录音设备推销员每天都在打探惠普的消息，他主要负责南加州地区娱乐业的销售开发。有一天，他向两位陌生的年轻人寄出一封邀请信，希望他们参加洛杉矶无线电工程师俱乐部的活动。那天晚上的谋面令休利特对尼利印象深刻，这位精力旺盛、雄心勃勃的销售代表不放过任何向客户推销的机会，他正是惠普迫切需要的销售人才。休利特很快说服尼利前往爱迪生大街的车库参观洽谈，尽管后者对眼前的寒酸简陋景象难掩失望，却又被两位创业者的热情和智慧所鼓舞，帕卡德后来回忆起来仍难掩兴奋："尼利离开时已达成口头合同，双方握手就表示合同压印生效。此后的50年中，我们和尼利之间的合作一直是这样进行的。”

尼利提出的第一条建议是终止委托业务，集中进行产品制作。此前惠普一直承接大量委托研究项目，同时服务于多个行业，尼利一语惊醒两位梦中人，公司开始专注于产品制造，这次转型为惠普在“二战”中脱颖而出提前布局，尼利的销售嗅觉和商业经验超出常人。毫不夸张地说，惠普早期的销售业绩主要依赖尼利，他在好莱坞和南加州航空公司拿到大量订单，并创造性地建立起惠普第一支地区销售团队，惠普今天的区域销售代表制即起源于此。到1939年底，惠普销售收入达到5 369美元，赢利1 653美元，基本渡过艰难的生存期，堪称旗开得胜。第二年，惠普的销售额激增至3.4万美元，大量的军方订单也应接不暇。

20世纪30年代下半期的美国经济处于大萧条与“二战”之间的夹缝求存境地，那几年帕卡德整日忙得焦头烂额。战争爆发后，美国政府的电子仪器订单源源不断，帕卡德也顺势由声频振荡器转型为军用无线电、声纳设备及与雷达相关设备的研究和生产，供销两旺，年销售额达到100万美元。1942年，惠普在佩奇山路395号建造起属于自己的办公大楼、实验室和工厂，并取名为“红杉树大楼”，虽然已经告别车库，但帕卡德仍保持艰苦创业的本色，他在1945年对休利特说：“如果今后电子行业不景气，这栋大楼可改造为食品杂货店。”

1943年，因为成功研发出信号发生仪及雷达干扰仪，惠普进入微波技术领域，由惠普生产的系列微波测试产品被公认为信号发生器行业的顶尖水平。到1945年战争结束时，惠普已成为一家拥有200万美元资产和200名工人的大企业。两年之后，已在部队官至作战特别参谋部新装备开发分部电子处主任的休利特重回惠普，出任公司副总裁，他离开时公司仅有15人，回来时已达250人。经过烽烟与炮火的洗礼，当年的热血战士已锤炼成一名出色的领导者，休利特是幸运的，他只是错过与帕卡德并肩作战的 5 年时光，而他的许多战友，却将生命留在了战场上。

正是在“二战”期间，帕卡德开始探索“惠普之道”。早在公司创立伊始，两位创始人就确立与员工同甘共苦的原则，惠普有一条用人政策：“我们为你提供一份永久的工作，只要你表现良好，我们就雇佣你。”并且立下戒律：“不能用人时就雇佣，不用人时就辞退。”据说“二战”期间，惠普曾获得一份军方大订单，但是要完成合同需多招聘 12 名新员工，帕卡德问属下：“如果这份订单完成后，公司是否有他们的工作位置?”得到否定回答后，他果断拒绝这份合同。

1942 年，惠普有一名员工患上肺结核，这在当时属于疑难杂症，帕卡德一直资助这名员工，并给予家庭般的温暖。帕卡德后来决定在全公司范围内建立意外灾害健康保险，此举在美国所有企业中尚属开先河之举。休利特后来将“惠普之道”解读为：“我们希望建立一种公正、客观的企业管理文化。我们有一个共识：每位员工都希望把自己的工作做好，但是他们也需要目标和规则，因此我们建立了一套精诚合作的经营管理体系。”

两位青年不仅以汗水和知识浇灌财富，还凝结成一种被后世汲取的创业精神，比尔·盖茨、史蒂夫·乔布斯、拉里·佩奇等后来的商业巨头无不深受激励和鼓舞，先后走上“车库创业”的道路。惠普的成长故事逐渐被演绎为新一代“美国梦”的符号，吸引万千仰慕者前往硅谷顶礼膜拜，1989 年，加利福尼亚州政府将“惠普车库”列入加州历史文物。

在 200 年的美国商业史中，男人往往是商业的主宰者，他们呼风唤雨，俾睨天下，以所向披靡的姿态冲锋、征伐。不过，也总有一些女人会被写进历史，她们在商业史中担当起令人尊敬的角色，浑身都充满坚韧勇敢的力量。

1948年，沃尔多夫·阿斯托利亚大酒店举行了盛大的慈善午宴，作为捐款人之一的雅诗·兰黛演讲过后，从金属盒里拿出唇膏分发给在座的客人们。女士们无不心怀新奇地收下这份小礼品，在这之前，市场上仅有廉价的塑料化妆盒，这个礼物显得高贵典雅。事实上，这早已不是雅诗第一次向他人赠送商品，而这次活动只为取悦一个人——第五大街化妆品店的老板鲍勃·菲思克。他已经多次拒绝雅诗上架的请求，对这个即将飞黄腾达的品牌不屑一顾，不指望这个无名的品牌能在自己的店内大卖特卖。然而午宴结束后，来自帕克街和第50大街的女人们纷纷涌入他的化妆品店，要求购买雅诗的唇膏。很快，800美元的订单送到了雅诗的手里，她与丈夫齐心协力，很快就将货物送到各个化妆品店老板的手中。这样的营销方式伴随了雅诗的大半生，她的成功所有人都有目共睹，但她背后的汗水却鲜为人知。

雅诗原名埃丝特，在她读小学的时候，富有浪漫主义色彩的老师为了让这个名字更有情调一点，便融合了法语元素称她为“雅诗”。1930年，雅诗与丈夫约瑟夫·劳特喜结连理，丈夫的姓氏来自于奥地利家族，原词为“兰黛”。雅诗·兰黛看上去简直就是高级化妆品的化身，用自己名字做商品名的企业家数不胜数，但如此恰到好处的实属凤毛麟角。但在结婚后，雅诗依然不断地追逐着自己的梦想，那就是通过化妆品摆脱贫困的境地。

雅诗的父母是来自匈牙利的犹太移民，在美国安家落户，雅诗是他们的第九个孩子，从而备受宠爱。不知是不是这个缘故，还是因为她天生丽质似贵族，雅诗的内心从未甘于平庸，她认为自己理应享受富人的生活，她从小就暗暗对着曼哈顿发誓：“总有一天，我要住进那个不同凡响的地方。”“一战”爆发时，雅诗才刚刚6岁。来自欧洲避难的叔叔改变了雅诗的一生，作为一名药剂师，他掌握了护肤油的私密配方。当他在煤炉上煮这玩意的时候，旁观的雅诗并不知道，这东西将改变她的一生。

长大后的雅诗在 22 岁时坠入爱河并成婚，但她却以更大的热情投入到护肤膏的生产销售中去了。当年，雅诗的狂热使得她在纽约电话号码簿上填写职业时，果断写上了“兰黛化学家”而不是丈夫的“会计师”。在不断的生产推销过程中，雅诗逐渐忘记了自己已为人妻，对家庭责任不屑一顾。1933 年，他们的孩子出生后，她一如既往地在工作中奔波，这让他们的婚姻出现了裂痕。丈夫的不理解和雅诗的执着在 1939 年集中迸发，他们签订了离婚协议书。

这件事让雅诗深受打击，但当时已无挽回的余地，雅诗对事业的坚持丝毫没有退缩的迹象。此时的雅诗一心想要进入上流社会，实现儿时的梦想。然而最接近这一梦想的途径并非日复一日地出售化妆品，而是嫁给一个百万富翁。她来到美丽的迈阿密海滩，开了一家化妆品店，也顺便从来自各地前来旅游的男人中寻找自己的牛郎。一晃 4 年过去，雅诗的事业一直在低谷徘徊，此时孩子突然身患天花，来到她身边的只有前夫。两人旧情复燃，不可抗拒的感情让他们再次走进婚姻的殿堂。

夫妻俩终于达成共识：共赴纽约，一定要在化妆品行业中闯出一片天地。1944 年，第一家属于雅诗夫妇的商店开始运营，他们对未来的生活充满了希望。然而，他们的销量并不高，雅诗在美容院进行的推销并不顺利，直到她受辱的那一天，她才重新扬起风帆，在营销上发挥出自己的才华。那天，她遇见了一位穿着入时的女士，便上前询问其衬衫是在哪里购买的。得到的回答却是：“你问这个做什么呢？反正你也买不起。”受到轻视的雅诗感到愤怒抵达了胸口，她那渴望成功的高傲心灵无疑受到了打击。从此她下定决心，有朝一日必将获得自己想要的一切。

雅诗的营销之路就此开始，她不断地走上街头，寻找合适的女性，并要求她们给自己“5 分钟”的时间。虽然很多人都拒绝往脸上涂抹这不知名的化学溶剂，但雅诗总能挽留住她们，她的美貌成了最好的模板，5分钟就能让那些女人找到和她一样的感觉。改变雅诗一生的营销经历就在这“5分钟”的时间里诞生了。在名为“金发女郎之家”的理发店推销的时候，店主弗洛伦斯·莫里斯夫人得到了最优质的服务。雅诗先用精制清洁油轻轻地涂抹在她的脸上，趁她还没改变主意，雅诗再迅速地用最好的洗面套装让她的脸色容光焕发。提起兴趣的莫里斯夫人让雅诗继续，随后，自制的洗面奶、护肤液、化妆粉和胭脂轮番登场，莫里斯夫人仿佛找回了年轻时的样子，这让她欣喜不已，立刻答应雅诗到一家新开的美容院上班。

在那里，雅诗得到了极好的推销平台。每一名顾客心满意足地离开店面之前，她都会免费赠送她们一点化妆品，并请她们向自己的女伴宣传。凭借优质的产品和良好的口碑，雅诗已然成为纽约市的美容大师，许多美容店和酒店都向她发出邀请，希望她能为客人提供服务。虽然这是一件很有成就的事，但雅诗并不满足于这样的结果，因为她要推出的不是“雅诗”，而是“雅诗·兰黛”。1946年，雅诗·兰黛公司正式成立，只售卖四种产品：清洁油、面霜、润肤液和全效润肤精华。在纽约的几年中，雅诗攒下了一笔财富，却依旧没能让自己的化妆品得到世人瞩目。直到1948年的一次午宴上，她才终于找到了营销的“敲门砖”。

雅诗·兰黛在各个化妆品店的销量都非常优秀，也依靠口口相传得到了应有的回报。当雅诗再次回忆起午宴活动的成功时，她决定在营销上再接再厉，这时，一个对所有服务类公司都绕不开的道路摆在了她的面前——广告。兰黛夫妇带着辛苦积攒的5万美元来到了BBD&O广告公司，询问如何能让自己的品牌打入上流社会，却引来了一阵嘲笑。5万美元固然不算小数目，但在异军突起的广告业面前，这只能买下当时最火的杂志的一页篇幅。雅诗高傲的心再次受到了伤害，她决定依靠自己的力量让这帮自以为是的家伙闭嘴。很快，连续3个月的赠送样品活动开始了，这意味着她要花光家里所有的积蓄，这是她的孤注一掷。当然，她绝非被愤怒冲昏了头脑，而是对自己的产品有着绝对的自信，更认为这才是最有效的营销手段。

结果显而易见，如果这次失利一蹶不振，我们今天也听不到这个耳熟能详的名字了。“今天我们在宴会上收到礼品是家常便饭，”她的儿子回忆说，“但在当时可是大手笔，整个乐队在舞台上一边演奏一边大呼‘雅诗·兰黛’，我的母亲则在下面派发粉底霜。”凡是经历过那个场面的人都没法忘记当时的狂欢，更没有人能忘记雅诗·兰黛，她这次真正的进入了人们的心中。除此之外，雅诗还从银行得到了一些信用卡客户的地址，她为她们寄去了言辞讲究的卡片，并且凭卡可换取一盒免费的粉底霜。后来，奖品变成了唇膏，又升级为粉盒。在当时，没人知道雅诗在想什么，同行都以为她疯了，他们都认为，如此大规模地派发势必会导致破产。没过多久，当雅诗赶去洛杉矶为她的顾客们发放粉盒的时候，500个人正排队等候着她的到来，她面对这个场景激动不已，长期的投资终于有了回报，也让同行们都闭上了嘴巴。

当3个月的活动过去，人们依旧蜂拥而至到她的店里，他们不是为了赠品，这次是真真切切地冲着雅诗·兰黛这一品牌而来。雅诗没有让她的客户失望，还给了他们一个惊喜，那就是如今我们常听到的一个词——买一赠一。至此，没有任何一家化妆品公司能动摇雅诗·兰黛的地位了，良好的营销手段和过硬的产品质量使得公司没有任何失败的理由。但雅诗并不满足于此，公司稳步上升，接下来就到了产品创新的时代。1953年，“青春之露”的上市，一举打破了法国香水一统天下的局面；1968年，“倩碧”的出现让化妆品过敏的女性拥有了自己的美丽；1990年，Origin子公司成立，纯天然植物配方构成的产品就连包装均可以回收利用。雅诗·兰黛一直走在时代的前沿，越来越高的市场地位意味着越来越大的交易额，从1960年600万美元的收入到2004年57.9亿美元的收入，毫无疑问，雅诗·兰黛拥有化妆品行业的顶级地位。

成功的雅诗曾隐藏自己的身世，拥有自己名字的商品，需要一个优秀的故事来衬托它的美妙。当著名传记作家辛迪·亚当斯提出要上门服务时，雅诗用自己的官方自传封住了他的嘴，很显然，这里面有不少小秘密。虽然名人的身世真相总是瞒不住大众，但这只会让雅诗·兰黛的名气越来越响。在她的自传里，她最喜欢的一句话是："只有结果才能证明一切。"很显然，这位成功的女性对年轻时的经历无法忘怀，直到2004年——她活到97岁，荣耀才伴随她一同远去。

露丝·汉德勒是另一位受全世界千万女性爱戴的时代榜样。在她创造的芭比娃娃身上，女孩们快乐地寻找到自己的影子，并鼓起为梦想奋斗的勇气。

1916年，露丝出生在一个贫困的家庭，她是家里的第10个孩子，也是最后一个。不知幸运还是不幸，她从小就被寄养在母亲的妹妹家，这让她的生活从未经受过贫穷的侵扰。露丝很快长大成人，1938年6月，她嫁给了跟随她一生的丈夫——埃利奥特。婚后的生活充满了希望，露丝活力十足，是个优秀的实干家，埃利奥特的梦想远大，如果有什么值得两人奋斗的事，他们必将飞黄腾达。细心的露丝很快就发现了机会，当丈夫打算用新型玻璃制作几个像样的家具时，她灵机一动："为何你不把它们拿出去卖呢？"很快，埃利奥特就在自家车库行动起来，将有机玻璃原料灌入各种小型的木质模子里。这让他们的邻居很恼火，因为车库是公用的。夫妇俩只剩下两个选择：要么停下来，要么另找地方。最后，他们用很少的一点积蓄去开了另外一家工艺作坊。这无疑是一场赌博，在没有销量的保证下，这么做需要莫大的信心。露丝多年之后也承认当时过于冒险："但我对埃利奥特的才能满怀信心。"

但没有销售能力的埃利奥特根本卖不出几件商品，虽然他的作品有着足够的吸引力。在派拉蒙电影公司工作的露丝只得依靠自己的午休时间，拖着一只装满样品的旧皮箱敲开玩具店的门。她机智地绕开势利的女店员，用自己可爱的面容和热情的态度打动了老板——一个来自欧洲的老移民，500 美元的订单成为他们创业的第一笔财富。接着，露丝又听说已经制作飞行器模型的公司正在寻找合作伙伴生产圣诞礼品，她便和丈夫一起设计了一只精美的座钟，将其与 DC－3 飞机模型结合起来。很快，一笔更为巨大的订单压在小夫妻的肩头，为此他们不得不从姨妈那里借了1 500美元用来购买原料。

不得不承认的是，两人的创业之路一直都一帆风顺，没有来自外部的危机，事业稳固上升。1944 年，露丝夫妇与哈诺德·马特森合伙成立了美泰制造公司。但露丝的内心有了新的矛盾，那就是渴望母爱的孩子和自己对事业的狂热追求。1941 年，女儿芭芭拉——昵称“芭比”出世，三年后儿子也降临人间。但露丝夫妇始终没有更多的时间花在孩子身上，两人在事业上齐心协力，没有像雅诗·兰黛的家庭那样出现裂痕。露丝对事业极为看重：“家务活让我厌烦，快节奏的工作带来的感觉更好，得到一笔大订单的感觉更是妙不可言。”

女儿当然对此不能理解，渐渐长大成人的芭芭拉对母亲长期离家感到愤怒，抗议接踵而至。为此露丝常常在夜晚哭泣，和女儿的矛盾让她痛苦。终于，她找到了一条心理安慰的出路：生产相框。或许亲人的照片能给孩子带来一丝安慰。她又走对了一步棋，在当时的美国，像她这样的家庭不在少数，“二战”的爆发更是让离开亲人的痛苦雪上加霜，照片成了他们唯一的寄托。很快，价值6 000 美元的相框销售一空，露丝亲自开着卡车为顾客送货上门，因为她的丈夫也随着军队离开了家。

所幸的是埃利奥特没有离家太远，他被分配到距离洛杉矶只有 250 英里（折合 402. 3 千米）的罗伯特营，利用探亲的假期他常常回到家，继续创造一些新的玩具。于是，露丝又有了新的工作——参加在纽约市的玩具交易会，并在那里卖出了价值 10 万美元的埃利奥特小玩具。但在战争结束时，空白的市场意味着巨大的商机，露丝意识到必须扩大生产，10 万美元只不过是杯水车薪。在各个银行“游历”了一番后，她终于在贾尼尼的美国银行得到了贷款。此时的埃利奥特也没闲着，他发明了“尤克莱钢琴”塑料玩具，这个创新型玩具在市场销售火爆，为美泰制造公司带来了丰厚的利润，也带来了第一次恶性竞争。“尤克莱钢琴”遭到了其他公司的剽窃，并以低于美泰 30 美分的价格出售。很快，两家公司就打起了价格战，这让没有勇气的合伙人哈诺德不堪重负，决定退出公司，于是美泰完全归露丝夫妇所有，但他们从此也只能靠自己了。最终，几百万个“尤克莱钢琴”的出售意味着这场战争的胜利，但也让夫妻俩亏了 6 万美元。

事实上这真的是一桩亏本的买卖吗？答案是否定的，因为这次低价销售的广告效应远远大于人们的想象，如果用区区 6 万美元在媒体上打广告只能收效甚微，但在低价面前，人们永远无法忘记美泰公司的大名。埃利奥特的创造力继续发挥作用，经他改良的手摇式音乐盒让孩子们得到了创造的喜悦，也让公司仅在这一产品上就获利几十万美元。

1955 年，公司的净资产约为 50 万美元，但那是一个黄金时代，这点钱在商业巨浪的面前无疑显得过于渺小。但就在这巨浪里，露丝得到了让整个公司一飞冲天的机会——米老鼠电视节目的投资。对方要她投入 50 万美元担任广告资助人，许诺她可以在节目中插播自己的广告。在当时，电视无疑是新兴媒体，广告的效用没有人能保证，包括广告公司和迪士尼，大家都在风口浪尖上。恰逢此时的美泰又得到了一份新的创意，来自一名独立发明人的机关枪仿真玩具，当人们扣动扳机时，它发出的不是子弹，而是滑稽的打嗝声。面对都需要砸钱的两条道路，夫妇俩做出了所有人都意想不到的决定：两笔生意都要做。

第一批打嗝枪售出两个月后，他们竟收到了几百支退货，虽然孩子们很喜欢，但不知道正确的使用方法。他们需要一次演示。露丝决定，在一个月后米老鼠节目正式上线时，插播的广告内容就是这个。当节目播出一周后，打嗝枪的销量竟毫无动静，这让夫妻俩如坐针毡，因为一旦失败，美泰势必会被商业巨浪所吞没。

事实证明，他们的担心多余了，当感恩节后的星期一，淹没他们的不是巨浪，而是批发商们的巨额订单。到圣诞节前夕，仓库里仅剩下两支打嗝枪，那是两个孩子玩坏了的产物。很快，他们修复的宝物就回到了两个孩子手上，这两个孩子一个是生病住院的孩子，另一个则是艾森豪威尔总统的孙子。打嗝枪成了那一时期所有孩子的梦想。

经过这一番挣扎，美泰制造公司一跃成为全美第三大玩具制造公司。露丝终于挤出难得的假期，稳定的发展让她不必再在事业上奋斗不止，她想起年轻时对孩子的愧疚。1956 年夏，被同行们称为“工业界的伶俐小子”的这对夫妇带着孩子去欧洲度假，在那里，露丝找到了她最珍贵的宝藏——芭比娃娃的原型——“莉莉”。露丝一家人在瑞士街头，看见了这只在玻璃橱窗后亭亭玉立的娃娃。“莉莉”各式各样的衣服显得极具诱惑力，但当露丝对售货员说：“请给我一个玩偶外加 6 套衣服。”时，女售货员看了她一眼，仿佛只有愚蠢的美国人才会提出这样的问题。当然，她被拒绝了，“莉莉”和衣服必须一同售卖。实际上，对“莉莉”一见钟情的不止露丝，还有她的女儿芭芭拉。一家人旅行到维也纳时，她还在回忆“莉莉”的美丽，欧洲的美景丝毫没能打动这个年轻的姑娘，反而让露丝意识到这是一大商机。

回到美国后，露丝当机立断设计了芭比娃娃，而且芭芭拉的昵称命名再合适不过了。接下来就是说服顽固的同事们，他们无论如何也不相信母亲会给女儿买长出乳房的玩偶。更重要的是，原型“莉莉”实际上是一款成人玩具，它的设计初衷绝不是给小女孩拿来玩换衣服游戏的。露丝对此不屑一顾，她认为小女孩们会觉得那很正常，和周围的大人没什么不同，芭比娃娃代表着她们的梦想。虽然当我们将芭比娃娃的身材放大到正常比例后，发现那要比小甜甜布兰妮还要妖娆，但除去这点，露丝摒弃了“莉莉”那魅惑的表情和过于漂亮的脸蛋，将其设计成邻家女孩的样子，芭比娃娃一定得是一个普通的姑娘。

第一批芭比娃娃来自日本制造，并携带着一批精美的衣服配件，手指精巧的日本妇女亲手缝制了这些袖珍衣服。但在玩具交易会上的亮相却受到了冷落，大家都认为女孩们需要的只有婴儿玩偶，她们只想扮作妈妈。露丝回到酒店大哭了一场，心中的失意不少于当年打嗝枪滞销的时期。但她绝不会轻易放弃，在调查中发现，母亲们之所以反对这一玩具，竟是出于对娃娃的嫉妒之心。露丝雇佣的心理学家建议，采用电视广告的方式让母亲们宽心。对！电视广告！当她们听见“小女孩变成可爱的姑娘……终有一天我会变得和你一样”时，如历史重演般订单纷至沓来，芭比娃娃的产量连翻 6 倍依旧供不应求。

露丝取得了巨大的成功，到了 1966 年，美泰公司在玩具市场已处于统治地位，它控制着 12% 的份额，但对芭比娃娃的争论战从未休止。作家 M. G · 罗德评论称：“它是 20 世纪后期美国文化最具说服力的一个偶像。”的确，芭比娃娃的故事在当时家喻户晓，专门为其写的小说也热卖得一塌糊涂，成为无数女孩向往的偶像。它拥有 80 多个职业，43 个宠物，数不清的衣服和一个大家庭。当年售卖 3 美元的娃娃如果保存完好，如今能卖出 5 000 美元的高价。在它的身上寄托的梦想太多太多，一代又一代的女孩子找到了自己奋斗的目标。

但当时的妇女联合组可不这么想，他们认为这无疑是对妇女的侮辱，社会评论家哀叹它堕入性挑逗，一些母亲则视其为拜金主义的化身。

但这些丝毫不影响芭比娃娃风靡全球的影响力，《经济学人》评论道：“它一步一步地走向顶峰。”

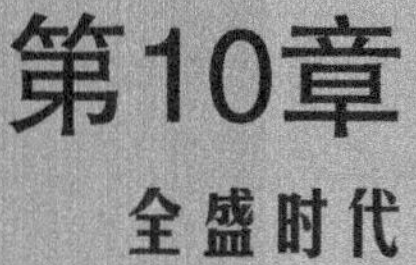

第10章 全盛时代

20 世纪 50 年代，美国郊区的变化比城市大得多，也发展得更快。据美国人口统计数据显示，20 世纪 50 年代中心城市人口增长只有 11%，而郊区却高达 46%。从 1950—1960 年，美国 15 个大城市中有 14 个人口减少，但郊区人口却大幅增长：纽约郊区增加 58%，克利夫兰新增 94%，芝加哥为 101%，底特律达到 131%。

那是美国“平淡得不能再平淡”的典型时代，虽然美国军方正深陷朝鲜战争不能自拔，但对于国民而言，远没有“二战”那样惨烈痛苦，饱经沧桑的美国人渴望安定平静，郊区无疑是隐私、自由、舒适、宽敞、安逸的代名词。汽车工业的繁荣和交通新干线的兴起使“城市工作、郊区生活”很快变成现实，郊区的迅猛发展直接导致美国工商业出现新趋势：就业率在大城市日渐下降，却在郊区急速攀升，一个显著的例子就是大型购物中心在郊区出现，“二战”结束时只有 8 家，到 1960 年已增加到 3 840 家。在这将近 4 000 家购物中心里面，其中就有山姆·沃尔顿的商店，若干年后，他已把沃尔玛经营成全球最大的“连锁零售王国”。

虽说沃尔玛创办于 1962 年，但沃尔顿的零售生涯早在 1940 年就已起步。这年 6 月 3 日，从密苏里大学毕业的沃尔顿到美国彭尼公司的艾奥瓦州得梅因市分店报到，他原本打算去沃顿商学院继续求学，但学费实在不够，他只好在西尔斯和彭尼这两大美国百货零售公司之间选择，并最终选择了彭尼公司，月薪 75 美元。

沃尔顿工作勤奋努力，但他在彭尼公司只干了一年半。1941 年 12 月 8 日，美国对日本宣战，第二年年初，23 岁的沃尔顿辞去工作，投身军旅，成为预备役军官训练团成员，但因为身体原因不能去前线，他被留在训练团担任少尉。服役期间，他与女友海伦成婚。1945 年战争结束后，沃尔顿已成为父亲，他需要用心规划未来的职业道路。

尽管在彭尼公司只工作了短暂的 18 个月，但这段经历足以改变沃尔顿的人生。得梅因市分店的销售冠军邓肯·梅杰不但教会沃尔顿零售业务知识，而且以高业绩、高收入让他对这个行业的未来充满信心，彭尼公司的系统培训和管理也令他受益良多。退役之前，沃尔顿花了大量时间到图书馆研究零售行业，为战后的职业选择提前谋划。这一回，他没有选择去寻找第二份工作，而是自己创业。

壮志凌云的沃尔顿希望将圣路易斯市定为发家之地。在他看来，此地位于密西西比河中游，既是交通要道，又是货物集散重镇，商贾云集，人口稠密，绝对是发展零售行业的首选。恰好大学同学汤姆也打算进军百货领域，沃尔顿准备与汤姆联手买下圣路易斯市巴特勒兄弟公司的一家百货连锁分店。但是，妻子海伦坚决反对这两种方案，除了她本人不喜欢生活在大城市之外，她还认为零售业只要有一万人左右的城镇就可以做起来，不必非得在大城市。而且，她也不赞成合伙，她的父亲是俄克拉荷马州十分有名的银行家和农场主，曾多次与合伙人不欢而散，她的建议是：除非是家人合资，否则风险太大。

沃尔顿不但听从了妻子的劝告，还将这两条建议作为沃尔玛发展的重要原则。在企业没有成为全球第一以前，他一直秉承着“小镇开店”的风格，并将所有权牢牢掌控在自己手里，直到1970年沃尔玛上市时其家族仍持有61%的股票。海伦富有主见且聪明能干，她不只是沃尔顿的生活伴侣，更是事业支柱。

1945年9月1日，沃尔顿的第一家杂货店正式开业，他将其命名为“5分~1角商店”。这家商店位于阿肯色州只有7 000多人的新港镇，原本是巴特勒兄弟公司旗下的本·富兰克林杂货连锁店之一，面积还不到500平方米。由于店主经营不善无力维持，正待转让，沃尔顿听说后乘火车南下，并以25 000美元签下协议，租期5年。

此后5年的经营充分证明了沃尔顿的商业天赋，接手之前这家连锁店年营业额只有7.2万美元，他第一年就做到10.5万美元，第二年14万美元，第三年增加到17.5万美元，他只用了三年时间就实现营业额增长143%，沃尔顿顿生万丈豪情，希望将生意做得更大，就在此时，5年前签约时埋下的隐患突然来临。由于合约为期5年，店主眼见财源滚滚，提前表示1950年到期后将收回商店交给自己儿子经营，如果当初加上“5年后有权续约”的条款就会合理规避。痛心之余，沃尔顿只得遗憾放弃他耗费心血打拼5年的事业，这也是他创业以来遭受的第一次重创。

1951年，沃尔顿拿着约5万美元的转让费来到本顿威尔，这是一座只有3 000人的边远小镇。他买下一家名为哈里逊的杂货店，并将隔壁一间理发店租下来，为了避免重蹈覆辙，他将租期定为99年，甚至将家族企业继承人的利益也在合同中注明。手续齐全之后，他拆掉杂货店与理发店之间的一面墙壁，但打通之后面积也不到400平方米，可这已是当地最大的百货店了。沃尔顿在第一家商店名号前冠上自己的名字，将其命名为“沃尔顿 5 分 ~1 角商店”。这家商店原本经营帽子、花边、裁剪纸样等传统商品，年营业额只有 3.2 万美元，沃尔顿买下之后重新装修，将传统柜台换成陈列式货架，顾客可自选货物，店铺面貌和经营方式令顾客耳目一新，营业额也日渐上升。

1952 年 10 月，沃尔顿又在本顿威尔以南约 30 千米的费特威尔买下一家杂货铺，店铺位于街角，还不到 250 平方米，他仍然将其命名为“沃尔顿 5 分 ~1 角商店”。虽然同一条街上还有另外两家百货零售公司的分店，但这里是阿肯色大学所在地，客流兴旺，第一年他就将营业额就从 3.2 万美元提升到 9 万美元，将近翻了 3 倍。

在此后的 8 年间，沃尔顿就以这种滚雪球的方式将连锁模式不断复制，到 1960 年他的商店在本顿威尔周围地区已扩张到 15 家，年销售总额达到 140 万美元。此时，他已经开始规划建造大型购物中心，两年后，他顺应时势，创办了沃尔玛。

50 多年后的今天，人们很轻易就总结出沃尔顿的经营秘诀——“天天低价”。他从小镇发家，从“5 分 ~1 角”的小生意做起，自然非常了解平民大众的消费心理——珍视每一个铜板的价值。一家小镇街角杂货店的成功关键，就在于能否敏锐捕捉周边人群的细微需求差异，尽力为他们节省每一分钱。所以，沃尔顿要求所有商品都要低价，当顾客想到“沃尔顿 5 分 ~1 角商店”时，首先想到的应该是低廉的价格和满意的服务，并坚信在其他商店不会有更便宜的价格。在零售连锁型行业，低价就意味着胜利。

然而，为何沃尔顿在 27 岁就能抓牢“天天低价”这把钥匙，是天生的商业禀赋使然，还是在彭尼公司的收获？其实，每一位企业家的商道哲学和经营理念都与其成长背景密切相关，沃尔顿的童年艰辛而拮据，父亲凡交易必讨价还价的习惯、母亲勤俭节约的风尚，都潜移默化地影响着他后来的经商理念。他很小就学会在清晨起早挤牛奶，等母亲加工、装瓶后他再去送奶，七八岁开始送报，上大学后还当过餐厅侍应生、游泳池施救生，尤其是在 1929—1933 大萧条期间，亲眼见到平民家庭的艰辛和困难之后，他更是对每一分钱的价值怀有根深蒂固的珍视态度，以至于他后来创办沃尔玛、山姆会员店等更高端的大型购物中心后，仍然对“天天低价”的信念毫不动摇，正是父母的言传身教和幼年刻骨铭心的磨砺，让沃尔顿在 27 岁时就洞悉了零售连锁行业的创富密码。

正当沃尔顿在零售连锁道路上一路狂奔之际，雷·克洛克也找到了自己的生意之门。1954 年，他获得麦当劳兄弟授权，可以将麦当劳餐厅以连锁形式在全国复制，尽管这家全球最大的快餐企业半个多世纪以来一直以“麦当劳”命名，但真正的“麦当劳教父”是雷·克洛克而不是麦当劳兄弟，后者用 15 年使一家餐厅在一座小镇远近闻名，前者却用 30 年将公司资产规模增长 1 亿倍，并让麦当劳享誉全球。

克洛克 1902 年生于芝加哥，一年之后，汉堡包首次出现在密苏里州圣路易斯安那采购展览会上。15 岁那年克洛克高中毕业后直接参加了工作，5 年后他进入图利普纸杯公司推销一次性纸杯。28 岁那年，克洛克突然财运亨通，从一家食品连锁店那里得到一个大订单，只要这家公司每开张一家新店，他的纸杯订单就会随着增加，从业 13 年来，他第一次发现连锁行业的神奇魅力和财富潜力。1937 年，克洛克供职的纸杯公司与他以 6∶4 的比例共同出资创办了一家新企业，独家代理“普林斯冰淇淋店”的多头奶昔搅拌机。几年之后，他从公司股东手中买回全部股权，独资经营。

就在克洛克创业的同一年，远在加利福尼亚州的麦当劳兄弟在圣安尼塔跑马场附近开办了一家“Drive－In（得来迎）”餐厅。20世纪30年代初，这种可以服务到车上的路边餐厅在美国蓬勃兴起，高速公路、停车场甚至郊区公路边随处可见，菜单以牛肉、猪肉和鸡肉的烧烤为主，深受欢迎。哥哥麦克曾是一家电影厂的道具管理员，后来带着弟弟迪克给公司开卡车、布置灯光、移动银幕。1932年，兄弟两人买下一家生意冷淡的电影院，每天节衣缩食，经常只吃一顿饭，或者只是在路边摊买一根热狗果腹，迪克回忆：“当时整个小镇就那家热狗店生意还不错，其他行业一片萧条。”这或许是麦当劳兄弟5年后进军快餐领域的初始动力。1939年，两兄弟又在桑博那地诺镇新开了一家面积更大的烧烤餐厅，并大受欢迎，尤其是受到十多岁的孩子们的大力追捧。

在此后的10多年里，克洛克与麦当劳兄弟的事业就像两条平行线一样，在各自的轨道上踏步而行。交集出现在1954年，那时克洛克仍然每天忙着向全国各地的饮料店和乳品店推销多头奶昔搅拌机，有一段时间，他骤然发现来自四面八方的订货电话说的几乎都是同一句话——“我想向你订一台跟加利福尼亚州桑博那地诺的麦当劳兄弟店里一样的多头奶昔机”。“麦当劳是谁？”克洛克感到莫名其妙，他走南闯北一二十年，还从未听说有这么一家名震江湖的餐厅，而且它所在的宁静小镇深处沙漠之中。他赶忙查询出货记录，结果把自己吓了一大跳：这家餐厅一口气买了八台“六头奶昔搅拌机”——只有大客户才这么干，这就意味着同时生产48杯奶昔，卖得出去么？

带着满脑子的疑问，克洛克第二天一早就飞往洛杉矶，然后驱车赶往沙漠。上午10点，他来到麦当劳兄弟餐厅门前。此时两兄弟已不再烟熏火燎地经营烧烤餐厅，早在1948年，他们就毅然放弃“得来迎”的经营模式，改为“快速度服务系统”的快餐厅重新开业，尽管当时生意依旧热火朝天。新餐厅里的汉堡包、炸薯条、饮料全部以流水线的方式烹饪加工，环境干净整洁，顾客络绎不绝。当克洛克到来时，当地已有 10 家餐厅挂着“麦当劳”的招牌营业，知名度可谓闻名遐迩。

这是一家典型的路边餐厅——还不到 20 平方米的八角形建筑，与其他的快餐店并无区别，克洛克就站在门外看这家站究竟有何不同。11 点整，麦当劳兄弟餐厅正式营业，清一色的男服务生统一头戴白帽、身着白色衫裤，用四轮小车将牛奶、饮料、面包和肉等原材料推出来，克洛克顿时感到紧张而兴奋，他后来在自传《三十年一亿倍》中写道：“像郊外的蜜蜂一样忙了起来。我告诉自己，肯定会有与众不同的事儿要发生了。”

接下来的景象果然令克洛克目瞪口呆：餐厅门口很快排起长队，旁边的停车场车满为患，工作人员只需 15 秒钟就将顾客所需食物全部配齐，高效而有序，尽管八台奶昔搅拌机同时作业，但仍难以应付，客人越来越多。克洛克随机拉住一位顾客打听，对方也是第一次光顾，却赞不绝口：“你在这儿只花 15 美分就可以买到从未吃过的最好的汉堡，而且不用像在其他地方那样等很长时间，接受差劲的服务，还要给小费。”餐厅后面还有几位工人模样的顾客正蹲在地上狼吞虎咽，他们每天都来，是麦当劳兄弟的忠实客户。

这次考察彻底改变了克洛克的命运，他将麦当劳兄弟餐厅比喻为“一座被埋没的金矿”，并迫不及待地想劝说麦当劳兄弟将餐厅开遍全美国，这样他的奶昔搅拌机生意也将兴旺发达。当天晚上他就与兄弟二人共进晚餐，然而，两位年轻人的淡漠和冷静让他周身沸腾的热血顿时凝固，他们更愿意每晚坐在长廊上看日落，享受宁静生活。经过一个辗转反侧的不眠之夜，克洛克第二天再次登门拜访，开口就豪情满怀地问道：“这样吧，我来干如何？”

那一年，克洛克已经 52 岁，身患糖尿病和风湿性关节炎等多种疾病，胆囊及大部分甲状腺已被摘除。对于一个百病缠身的半百老人而言，重新创业进军完全陌生的连锁餐厅领域，需要多大的勇气和毅力。如果我们再将麦当劳兄弟的枕稳衾温与他相对比，更会对他钦佩有加，他在自传中昂然写道："我相信前途一片光明，我依然年轻、依然在成长。"

麦当劳兄弟被面前这位壮心不已的老人所打动，双方最终签订了代理协议：克洛克每发展一家连锁加盟店，每年可获得该店营业额的1.9%作为加盟费，其中0.5%支付给麦当劳兄弟，每家加盟店将支付950美元给克洛克作为寻找和建造统一店面的开支。另外，加盟店必须统一命名为"麦当劳"，新餐厅所有变动都需提前向麦当劳兄弟报告，签字同意后才能改变，包括变更指示牌和菜单这样的小事。要不了多久，最后这条规定就给克洛克带来不小的麻烦。代理协议的有效期最初只定为10年，后来又延长到99年。

其实，克洛克起初对所有的法律条款不以为然，他甚至对麦当劳兄弟的律师怒吼道："你尽可以用你喜欢的这些什么如果、假如、但是、然而等条款来捆住这些持牌人，但对生意却什么鬼用都没有。"他更喜欢用商业规则来描述未来："如果他们赚不到钱，我就有大麻烦了。我可能输得连裤子都没有，但我会立即冲过去帮助他们，尽我的所能确保他们赚到钱。只要我做到了这一点，我一定可以成功。"在后来的经营管理中，克洛克始终坚持"合作共赢"的思想，将麦当劳打造成"一个由小商人组成的强大联盟"。在那个授权者普遍盘剥、压榨加盟商的时代，克洛克的商业境界超然物外。

1955年4月，克洛克自己建造的第一家麦当劳餐厅在芝加哥开业。由于芝加哥与加利福尼亚气候迥然不同，克洛克照搬麦当劳兄弟的经验反而出现诸多问题：房屋结构变形，土豆风干错误。后来制作冰淇淋又被诉侵权，而背后作恶的居然是麦当劳兄弟。经过3个多月的调整、改善，克洛克终于稳住阵脚，开始遍寻加盟者。5 年之后，由于麦当劳兄弟长期对公司经营漠不关心，但是对任何修改、建议一概否定，克洛克终于忍无可忍，最终以 270 万美元购买麦当劳餐厅品牌的特许经营权，成为麦当劳的实际控制人。这笔钱直到 1972 年才全部还清，连本带息将近 1 400万美元。即便如此，克洛克还是捡了个大便宜，1976 年麦当劳的营业额超过 30 亿美元，按照支付麦当劳兄弟 0.5% 的费用计算，克洛克为麦当劳的特许经营权付出了至少 1 500 万美元。

就在克洛克创建第一家自有麦当劳餐厅的 1955 年，另一位壮心不已的创业者也独自上路了。这时他已 65 岁，几经商海沉浮，头发胡子已雪白如霜，多年以后，世人常将他的企业与麦当劳相提并论。事实确实如此，凡有麦当劳的地方，三步之内必有一家悬挂“身着西装、满头白发及山羊胡子的老人头像”招牌的相似快餐连锁店，二者形影不离，难分伯仲。

老人名叫哈兰·山德士，他所创立的企业便是久负盛名的肯德基。

1890 年 9 月 9 日，山德士出生于印第安纳州一户农庄，6 岁时父亲去世，母亲带着 3 个孩子艰难度日。身为长子，山德士很早就为母分忧，少年时就能做 20 多道菜，成为小有名气的烹饪巧手。然而，在此后 30 多年里，山德士的职业生涯与厨艺并无瓜葛。直到 40 岁那年，他才无心插柳柳成荫。

1930 年，山德士到肯塔基州开办了一座加油站，由于过往司机历尽颠簸劳顿后经常饥饿难耐，他自幼又练就一手好厨艺，就推出自制炸鸡等食品来招待顾客，没想到好评如潮。久而久之，炸鸡的名气比加油站更大，有些人甚至为了品尝炸鸡专门赶来加油，这可不是山德士的初衷。眼看着加油站车水马龙、乱作一团，他索性在马路对面新建了一座可容纳 142 人的大餐厅，专营炸鸡。

经过数年精心琢磨，山德士研制出一套烹饪鸡肉的秘方：在鸡肉表面涂抹一层包含 11 种药材和香料的混合调料，经高压煎炸，鸡的表皮会形成一层晶莹剔透的酥脆外壳，而鸡肉仍滑嫩鲜美。山德士将其命名为“肯德基炸鸡”，深受顾客的称赞，这个配方也成为他后来东山再起的法宝。1935 年，为表彰山德士对肯塔基州餐饮业所做的突出贡献，州长授予他“肯塔基上校”的荣誉，这便是“山德士上校”的由来。我们应该还记得，在第二次世界大战中，可口可乐派往前线的员工也曾被称为“可口可乐上校”。商业的价值必须尊重，它是推动社会进步的力量。

随着生意日渐兴旺，山德士在加油站与餐厅旁边又盖起一座汽车旅馆，建成加油、食宿一条龙服务体系。为了提升管理能力，他还到纽约康乃尔大学学习酒店管理，但最大的问题是炸鸡的速度太慢，匆忙赶路的客户很不满意。1939 年，山德士终于发明用压力锅做美味炸鸡的方法，并将每只鸡的制作时间缩短到 15 分钟，经营状况明显好转。没过多久，“二战”爆发，由于美国在战时实行汽油配给制度，山德士的加油站被迫关门，他只好用心经营餐厅和旅店，专注让他的经营思路日渐清晰，财富滚滚而来。

躲过“二战”烽烟的山德士却在 20 世纪 50 年代折戟沉沙。当时政府正规划修建贯穿肯塔基跨州公路，他餐厅旁边的公路被新建高速公路取代，他不得不出售餐厅和旅店，突然的变故令他深受打击。为了偿还扩大规模所借的债务，他只好变卖资产，连银行积蓄都全部搭上了。一夜之间，山德士从富翁变成“负翁”，一贫如洗。这时山德士已 60 多岁，得而复失，一败涂地，他将何去何从？

沧海横流，方显英雄本色；大起大落，王者老当益壮。山德士重新站了起来，尽管身无分文，可他毕竟怀揣价值连城的“炸鸡配方”，这个法宝足以令他东山再起。有一天，他尝试性地将炸鸡方法卖给犹他州的几位餐厅老板，后者每出售一只炸鸡需支付5美分的“专利费”。从那时起，山德士每天开着他那老旧的福特车，带着一只装有11味药材及香料的调料桶和一口压力锅，在肯塔基州、印第安纳州、俄亥俄州等地的快餐厅门口表演炸鸡。只见他身穿白西装，胸前扎黑色蝴蝶结，动作熟练迅速，表情和蔼可亲，以吸引顾客尤其是店主的关注。

这种街头杂耍式的推销方式很容易让人将山德士误认为“骗子”，餐厅老板通常像打发“乞丐”那样劝退这位衣着光鲜整洁的老人。讲述山德士创业经历的励志文章写道：“整整两年，他被拒绝了1 009次，终于在第1 010次走进一个饭店时得到一句‘好吧’的回答。”言辞生动却不乏夸张。总之，山德士在那两年间推广炸鸡秘方并不成功，但岁月沧桑早已让他心如磐石，仍然百折不回地“叫卖”，最终，他如愿以偿。1952年，第一家被授权经营的肯德基餐厅在犹他州的盐湖城建立，这是世界上最早的餐饮加盟特许经营模式，麦当劳走上这条道路则在3年之后。

1955年，山德士正式创办肯德基有限公司，他开始受到美国各界的关注，科罗拉多州有一家电视台的脱口秀节目甚至邀请他去做嘉宾。他依然穿白西装，扎黑领结，戴一副黑框眼镜，以平易近人的装扮面对观众。越来越多的人喜欢并记住这位白发上校和他的炸鸡，要求加盟的商人慕名而来，短短五年时间，山德士已经在美国及加拿大发展了400多家连锁店。

自从1886年诞生以来，可口可乐由“包治百病的神药”成为全球畅销的饮料，这种“99.7%是糖和水”产品遍及世界200多个国家和地区，超过了联合国成员国数量，而“Coca－Cola”已成为除“OK”以外认同度最高的文字，甚至代表西方人的生活方式。无论产品发明者彭伯顿还是商业发现者坎德勒，以及奥斯汀、罗伯托等职业经理人，都是让这种棕色汽水红遍全球的英雄人物。然而，关于可口可乐的历史，最值得讲述的，还是罗伯特·伍德拉夫。

1885年12月，美国亚特兰大的药剂师约翰·彭伯顿与三个合伙人成立了彭伯顿化学公司，四人享有均等股份。1886年，彭伯顿终于获得不一样的成功，在他生命的最后几年，发明出这个星球上最伟大的饮料——可口可乐。1887年，彭伯顿个人申请“可口可乐”专利，并独自以1美元加1 200美元的无息贷款将2/3的专利权卖给其他人，整个公司从此陷入无尽的混乱和纠葛之中。费尽周折，商人阿萨·坎德勒最终以2 300美元将可口可乐的专利权收入囊中。

1892年，坎德勒申请成立可口可乐公司，总股本10万美元，他以专利权占50%股份。经过父子两代人的苦心经营，到第一次世界大战结束时，可口可乐公司已完成200多万美元的资产积累。1899年7月21日，坎德勒将可口可乐公司的瓶装权卖给托马斯和怀特海德，他以每加仑一美元销售糖浆，并提供所需广告，以便卖出更多糖浆。20年后，风云变幻，1919年8月，以欧内斯特·伍德拉夫为首的财团以2 500万美元从坎德勒的孩子手中收购了可口可乐的全部股份，坎德勒在1917年已将股票全部转给后代，当他知悉内情后泪如泉涌，却已回天乏术。

1923年4月，欧内斯特·伍德拉夫的儿子罗伯特·伍德拉夫出任可口可乐公司总裁，他前后掌权62年，是可口可乐帝国的真正缔造者。时年34岁的罗伯特气宇轩昂，视野早已超然美国之外，自他接手可口可乐公司后，不仅完成了产品的标准化生产，还专门设立国外部开拓国际市场。但是，在最初的10多年中，罗伯特的出海计划始终搁浅，一直等到1941年美国因“珍珠港事件”卷入“二战”，可口可乐公司才迎来扬帆远航的东风。

1941 年 12 月 7 日，就在罗斯福总统对日本宣战那天，罗伯特郑重声明："不管我国的军队在什么地方，也不管本公司要花多少成本，我们一定要让每个军人只花五分钱就能买到一瓶可口可乐。"可口可乐不再是一款味道清爽的普通饮料，而是鼓舞士气的精神源泉。为了引起军方关注，罗伯特又在华盛顿多方奔走，还专门托人撰写名为《战时休息至关重要》的研究报告，在第 9 页他居然毫不隐讳地写道："现在是非常时期，消除疲劳，保持旺盛的精力是做得出色的前提。战时国家的生产必须竭尽全力，此时可口可乐是军人的必备之宝。"

1943 年 6 月 29 日，盟军最高司令德怀特·艾森豪威尔上将从北非战场给美国陆军参谋长马歇尔发来急电："本军先行要求 300 万瓶可口可乐，以及每月可以生产两倍数量的完整装瓶、清洗封盖设备，请提供护航。"马歇尔立即给陆军部下令："必须向海外部队补给适当数量的必需品和便利品。"彼时，"可口可乐上校"已遍布全球，他们日夜在海外工厂奋战，可口可乐的销量一路飙升。在"二战"期间，可口可乐公司一共在海外建立了 64 家装瓶厂，可口可乐销量超过 100 亿瓶。

1955 年，66 岁的罗伯特退休，担任新成立的财政委员会主席。美国总统艾森豪威尔的朋友比尔·鲁滨逊被任命为可口可乐公司总裁，这出乎所有人的意料。鲁滨逊此前从事销售和公共关系工作，与可口可乐鲜有联系，他上任第一件事就是更换广告代理商，这意味着可口可乐黄金时代的终结。

1957 年 11 月 8 日，可口可乐裁员 10% 的计划引发员工自杀的悲剧，次年春天，鲁滨逊被撤销职务，李·塔利继任。这位可口可乐老员工深受拥戴，他忠诚务实，说话慢条斯理，但做事雷厉风行，拥有坚韧不拔的意志。1962 年，塔利步入 65 岁强制退休的门槛，董事会需另寻精明、谨慎又懂财务知识的接班人，5 月，保罗·奥斯汀成为可口可乐第 10 任总裁。20世纪50年代，劲敌百事可乐在“叛徒”阿尔弗雷德·斯蒂尔悉心管理的20年间突飞猛进，到1959年斯蒂尔去世时，百事可乐与可口可乐的市场份额比从10年前的1:7上升到1:3，双雄争霸时代到来。

奥斯汀是罗伯特时代唯一掌握过实权的领导者，众所周知，直到1985年去世，罗伯特才是可口可乐幕后的真正老板，各领风骚的英雄不过是台前显贵的操盘手。但奥斯汀不同，他是自罗伯特以来可口可乐最年轻的总裁，他管理严格，“行为看起来像个暴君”，在他的分权管理体系下，可口可乐遍布全球各公司的经理拥有更大的决策权，业绩不断攀升。然而，20世纪70年代初，可口可乐因虐待工人、环境污染、诉讼纠葛等丑闻而饱受谴责，1971年底，奥斯汀退居幕后任董事会主席，查尔斯·邓肯出任总裁。

尽管“黄金搭档”合作默契，但实权在奥斯汀手中。1972年，罗伯特从两次中风中逐渐恢复，身体状况却每况愈下，他希望邓肯能取代奥斯汀，以化解功高盖主的危机。不料奥斯汀提前知悉，强硬向董事会要求邓肯辞职。激烈博弈之后，邓肯出局，由奥斯汀推荐的卢克·史密斯接任。史密斯精明能干，但不具备领导才华，唯奥斯汀马首是瞻。

59岁那年，奥斯汀罹患老年痴呆症，行动迟缓、思维呆滞。1979年，他解除史密斯的职务却未设立董事会副主席，只指定6名候选人，权倾一时，但因患病，奥斯汀夫人成为实际掌权者，可口可乐陷入混乱，甚至因建造新总部大楼背负了1亿美元债务。90岁高龄的罗伯特勃然大怒，在1980年5月30日的董事会特别会议上，奥斯汀彻底出局，罗伯托·戈伊苏埃塔被任命为董事会主席，成为公司第一个担任此职的外国人。

然而罗伯托的日子并不好过，百事可乐对市场的疯狂蚕食令他寝食难安。1983年可口可乐的市场占有率为22.5%，百事可乐为16%，第二年变成21.8%与17%，此消彼长之间，可口可乐的霸主地位摇摇欲坠。

通过对美国和加拿大20万名13—59岁消费者进行调查发现，55%的人认为可口可乐不够甜。

1985年1月1日，96岁的罗伯特僵卧病床，行将就木，但思维依旧清晰敏捷。他掌舵可口可乐长达60多年，作为乾纲独断的“教父”，只要呼吸尚存，每个决策都亲自定夺。罗伯托站在床边，屏退随从，单独汇报一项史无前例的冒险改革计划，他打算在可口可乐百年诞辰之际修改配方。老板颔首静听，年轻人以统计数据分析市场增长率和无标识口感品评结果，结论是百事可乐更迎合大众口感，这是成败的关键所在，时代要求老迈的可口可乐推陈出新。

罗伯托静待老板恩准。屋内沉寂得可怕，落地钟嘀嗒飞转，时间分秒流逝，许久，罗伯特嘴角的雪茄微微颤动，双眼似有泪光，一声叹息之后，他使尽浑身力气说道：“干吧！”话音未落，热泪盈眶。两个月之后，罗伯特溘然长逝。又一个月，“新可口可乐”横空出世。上天怜悯这位饱经沉浮的老人，不忍让他目睹新配方的惨败。市场和舆论一片讨伐之声，激愤者指责：“即使你在我家前院‘烧国旗’，也比不上改变可口可乐更让我恼火！”

不过，这些都无法抹杀罗伯托的功勋。直到1997年去世，在他领导的16年中，可口可乐市值从43亿美元增长到1 450亿美元，全球市场占有率也从35%上升到50%。他无疑是罗伯特最优秀的门徒。

20世纪50年代中后期，可口可乐问世百年之际，百事可乐却骤然发力。自1898年诞生之日起，百事可乐就在可口可乐光环笼罩之外的阴暗处默然生长，50多年来一直都是寒酸低价的代名词。蹉跎潦倒之际，百事可乐曾三次乞求可口可乐收购，均被无情拒绝，谁都不会想到，就是这家气若游丝的寒微企业，居然在一夜之间变得生猛强悍，以暴风骤雨般凌厉的攻势逼得可口可乐无力招架，一场惊心动魄的激烈商战即将拉开序幕。

经历了半个世纪的多灾多难，百事可乐数易其主，却仍未摆脱随波逐流的命运。第一次世界大战结束后，砂糖价格大起大落，百事可乐创始人布拉德哈姆在此次砂糖的疯狂涨跌中血本无归，他主动恳求可口可乐总裁施以援手收购百事可乐，后者漠然冷笑，断然拒绝。布拉德哈姆破产之后，华尔街投机商梅加戈尔将百事可乐揽入怀中，几度注资仍收效甚微，恰逢大萧条又至，梅加戈尔急于止损，他沮丧地找到可口可乐总裁罗伯特，后者像他父亲那样回绝了并购请求，百事可乐再度破产。洛夫特糖果公司总裁查尔斯·古斯仓促接手，他不断拿糖果公司的利润填补百事可乐的亏空，却始终无法堵住窟窿，百事可乐就像粉碎机一样让新主人的财富梦想灰飞烟灭，无奈之下，古斯希望罗伯特施以援手，开价仅仅5万美元，傲慢的罗伯特再次拒绝。这是罗伯特最后的机会，在此后的日子里，当他每天见证"小病猫"变身"大猛虎"的蜕变时，一定会为当初的愚蠢决定悔恨不已。

"二战"是可口可乐名满天下的起点，也是百事可乐时来运转的开端。风光无限的可口可乐此时已放眼全球，根本无暇顾及国内市场，这是百事可乐走出低谷的绝佳机会，古斯将饮料装在廉价酒瓶内，容量增加一倍，价格还是5美分，他还在战前推出15秒钟的广告歌曲："百事可乐恰适所需，12盎司绰绰有余，一样价钱双份享受，百事可乐会投你所意。"这种低价策略确实在战时让百事可乐销量猛增，但"二战"结束后，可口可乐卷土重来，百事可乐节节败退，股票更是一落千丈，1948年已从战前的每股40美元狂跌至8美元。现实依然残酷，之前的兴旺不过是火红色的幻觉。

就在胜败即将揭晓的时候，阿尔弗雷德·斯蒂尔的倒戈让局势峰回路转，1950年，他出任百事可乐总裁。斯蒂尔曾是可口可乐总裁罗伯特手下最得力的干将，他有着非凡的销售天赋，同事如此评价他的精明："这家伙简直连野牛头顶的一对角都可以骗得下来！"由于罗伯特独断霸道，斯蒂尔盛怒之下转投百事可乐，要求只有一点：按自己的想法做事，不受任何限制。董事会对他寄予厚望，他们不仅将原总裁迈克辞退，而且全部答应斯蒂尔的条件。这是一次铤而走险的大冒险。

斯蒂尔是个不服输、好挑战的人。他上任之后彻底改变了百事可乐"跟随者"的形象，主动出击，引导潮流：改良配方，使甜度更低、味道更清爽；重新设计商标和包装，停播以廉价为卖点的广告片，将百事可乐定义为时尚而高贵的产品。斯蒂尔十分重视外卖市场，加大对自动售货机的投入，并选定25个城市作为"攻击性"重点促销地点。

1955年，斯蒂尔迎娶好莱坞著名女影星琼·克劳馥，这是这位大明星的第四次婚姻。她曾是可口可乐的广告女郎，结婚之后竭尽全力为百事可乐做宣传，出席重大活动都会手拿一瓶百事可乐，在一次九城巡回演出中，她共出席176次新闻采访，演出41个电视节目和65个广播剧。斯蒂尔夫妇为百事可乐的推广、营销立下了汗马功劳，两年过后，百事可乐的销售量从8 700万瓶增长到2.56亿瓶，并逐渐打入亚洲、非洲和南美市场。

然而可惜的是，斯蒂尔因疲劳过度，在1959年一个星期天的早上突发心脏病去世，两天之后，百事可乐公司将克劳馥选入董事会，以表示对夫妇二人的感恩之情。这一年，百事可乐与可口可乐的市场份额比从10年前的1:7上升到1:3，有可口可乐员工不无嫉妒地说：百事可乐的销售额就像被开水触了脚的猫一样猛跳！

唐纳德·肯德尔成为斯蒂尔的继任者，他既具备前任的执行力和营销才华，又有极强的外交手腕和战略眼光。1959年7月24日，美国国家展览会在莫斯科索科尔尼基公园揭幕，肯德尔通过公关，设法让赫鲁晓夫在展会上品尝了百事可乐，第二天，世界各国的报纸头版头条都刊登了赫鲁晓夫畅饮百事可乐的新闻，肯德尔趁机打入苏联市场，并将业务延伸到波兰等东欧社会主义国家。

百事可乐的一夜爆红令可口可乐悔恨交加。早在“二战”时期，苏联的朱可夫元帅就对可口可乐情有独钟，但碍于身份，他不能公开喝美国人的饮料，只好叫人秘密弄来几十箱无商标的可口可乐豪饮。罗伯特对这件趣闻了如指掌，但由于意识形态和政治偏见，战后他依然对苏联市场顾虑重重，以致错失机会。等到可口可乐再想进入，已是30年之后。

1960年，百事可乐与可口可乐的市场份额对比进一步缩小到1∶2.5，双雄争霸的局面正式确立。在此后的50年中，百事可乐与可口可乐、肯德基与麦当劳等行业巨头两强交锋的故事，为世人所熟知。

进入20世纪中期，美国商业逐渐显露出新的繁荣。同时期，美国大企业进入全盛时代，制造业前100大公司的资产超过行业总资产的40%，大公司成为美国产业的基石，它们以“看得见的手”取代“看不见的手”来分配资源，调控市场。美国未来50年的经济格局基本成型，唯一的变量，在于互联网等新经济体系的诞生。

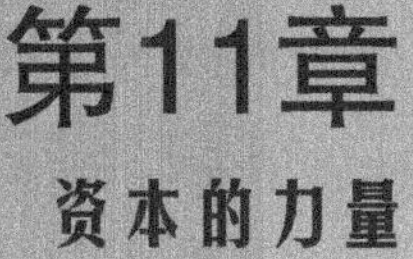

第11章 资本的力量

每个人都无法选择出生的家庭、地域和时代，一切都是命中注定的安排。其中或富贵或贫贱，或精彩或平淡，既受时代潮流和国家兴衰的大背景影响，也在于个人成长环境和自身性格的造就。换句话说，如果割离于索罗斯所成长的国家和时代，讲述任何故事都将苍白无力，黯淡无光。

1930 年，索罗斯出生于匈牙利一个犹太律师家庭，父母为他取名吉奇·索拉什，乔治·索罗斯是他后来的英文名字。索罗斯年轻时的理想是做一名哲学家而不是金融家。1949 年，索罗斯考入伦敦经济学院国际金融系，他的成绩相当优异，照此发展下去，完全可以在毕业以后找到一份薪水很高的工作。但是他对经济之类的东西似乎没有太大兴趣，大学最后一年，他几乎将全部精力都投入到卡尔·波普的“开放社会”理论研究中，撰写了不少哲学论文，他立志要做一个伟大的哲学家，如果他的愿望实现，世界上就会少一位杰出的金融家。

1956 年 9 月，索罗斯被同事推荐到朋友父亲在纽约的公司，尽管身处新崛起的金融中心，但索罗斯并没有忘记哲学家梦想，1961—1962 年在沃尔海姆公司做交易员期间，他利用业余时间完成了哲学论文《良知的负担》，并在公司的内刊部门发表。后来他跳槽到安贺暨布莱公司，在 1963—1966 年，他重新研究哲学，花时间改写了此前的这篇论文，他觉得有一些重要而新颖的观点需要阐述，但有一天他重读之前写的文稿时，却发现竟然看不懂，而所谓的创新不过是重述波普的理念，那时他意识到自己是在浪费生命，才下定决心重回商海。

对于成长于匈牙利、求学于英国的索罗斯而言，他对美国证券和金融知之甚少，于是他在工作中自我学习。1966 年，他利用公司资金设立了一个 10 万美元的模型账户，将资金分成 16 份，其中一两份用于自己非常看好的股票。赚钱并非目的，他每个月都会写报告解释买每种股票的理由，记录涨跌状况，检讨投资组合，同时提供一份月度绩效记录表。然后，索罗斯利用模型账户作为销售工具，开发投资机构的业务。显然，这是他对“人们对所处的世界的理解天生就不完整”哲学理论的实践。

索罗斯在这个模型账户的基础上成立了名为第一雄鹰基金的投资基金。隔年，他又筹建了资本额为 400 万美元的双鹰基金，可以融资，也可以卖空、做多，属于避险基金。随着两只基金不断成长，矛盾日益显现，一方面要向顾客推荐股票，另一方面又要用基金购买这些股票。最后，索罗斯只好放弃这两种投资组合，离开安贺暨布莱公司，并于 1973 年创设索罗斯基金，后来更名为量子基金。

认识吉姆·罗杰斯是索罗斯在安贺暨布莱公司的最大收获。索罗斯基金刚成立时只有三个人：索罗斯是交易员，罗杰斯是研究员，另外还有一名秘书。他们订了 30 种商业刊物，收集了 1 500 多家美国和外国公司的金融财务记录，罗杰斯每天都要仔细分析二三十份年度财务报告，以期寻找最佳投资机会。到1980年12月31日为止，索罗斯基金的增长率高达3 365%，而当时的标准普尔综合指数同期仅增长47%。

1979年，因为量子般的增长速度，公司更名为量子基金，索罗斯认为市场长期处于不确定的状态，一直在波动。在不确定的状态下注，才能乱中取胜，聪明勤奋者方可赚钱。1980年是量子基金生意最红火的一年，量子基金增长率达到102.6%，资金规模达到3.81亿美元。然而，因为管理思维的分歧，罗杰斯功成身退，这对合作10年的老朋友就此分道扬镳。

失去罗杰斯的索罗斯并不幸运。此后一年，他遭受到金融生涯最大的一次失败，原以为美国公债市场会出现一波较大的上升行情，他找银行借了短期贷款大量购入长期公债，可是由于美国经济强势增长，银行利率快速攀升，已远超公债利率。1981年，索罗斯所持公债每股损失了3~5个百分点，量子基金的利润首次下降，跌幅高达22.9%。面对失败，大批投资者弃他而去，带走将近1.93亿美元，相当于公司近一半的资产。事业挫败还导致婚姻破裂，他无奈地与妻子离婚了，心生悲凉时甚至想过要退出市场，去过平淡的生活，他觉得已成为事业的奴隶。

1981年1月，里根当选美国总统。索罗斯通过对里根政府新政策的分析，确信美国经济将会开始一个新的“盛衰”序列，果断投资。索罗斯的预测是正确的，美国经济在里根新政策的刺激下，繁荣期已经初现。1982年夏天，贷款利率下降，股票不断上涨，索罗斯的量子基金从中获得巨额回报，到年底已上涨56.9%，净资产从1.933亿美元猛增至3.028亿美元。索罗斯终于走出阴影，重整旗鼓。

此后五年，量子基金高歌猛进，1984—1985年达到新的高峰，资金由4.489亿美元猛涨到10.03亿美元，资产增加了223.4%。公司资本升值也带来个人财富的增长，据媒体披露，索罗斯在1985年的收入达到了9 350万美元，在华尔街收入前100名富豪排行榜中名列第二位。

1986年，量子基金的财富增长了42.1%，达到15亿美元。索罗斯从公司的收益中获得2亿美元的回报，身价倍增。至此，他正式走上神坛，成为华尔街乃至世界各地金融市场茶余饭后谈论的焦点人物。

但命运似乎在考验索罗斯，1987年9月，索罗斯将日本东京市场上的几十亿美元资金转投到美国华尔街市场。10月19日，美国道·琼斯平均指数狂跌500多点，刷新历史纪录。在接下来的几星期里股市狂跌不止，而日本股市却相对坚挺。索罗斯抛售了所持有的数额较大的长期股票份额，一天之内的损失高达2亿多美元。在这场华尔街大崩溃中，索罗斯累积损失将近6.5亿~8亿美元，量子基金净资产缩水26.2%，与美国股市同期17%的跌幅相比，索罗斯是这场灾难名副其实的“最大失败者”。

索罗斯曾说：“如果你的表现不尽人意，首先要采取的行动是以退为进，而不要铤而走险。而且当你重新开始时，不妨从小处做起。”尽管那一年遭受了灭顶之灾，但量子基金在1987年的增长率仍然保持在14.1%，总额达到18亿美元。

1989年11月，柏林墙轰然倒塌的声音传遍世界，当人们都在高调预测一个新的、统一的德国将迅速崛起和繁荣时，索罗斯却冷静地发现，德国将会更加关注自己的经济问题，无暇顾及欧洲国家所处的经济难关，这将对欧洲经济及货币带来深远影响。

第二年，英国宣布加入西欧国家创立的新货币体系——欧洲汇率体系（简称ERM）。索罗斯认为，英国犯了一个决定性的错误。因为欧洲汇率体系将使西欧各国的货币相互约束，每一种货币只允许在一定的汇率范围内浮动，一旦超出规定范围，各成员国的中央银行就有责任通过买卖本国货币来干预市场，而这一切，都以德国马克为核心。

到 1992 年 2 月 7 日，欧盟 12 个成员国签订了《马斯特里赫特条约》，英镑、意大利里拉被明显高估，这些国家的中央银行将面临巨大的降息和贬值压力，它们与德国在有关经济政策方面的合作能力受到质疑。9 月 13 日，危机爆发，意大利里拉贬值 7%，虽然仍在欧洲汇率体系限定的浮动范围内，但情况不容乐观。两天后，索罗斯大量放空英镑，英镑对马克的比价从 2.95 跌至 2.80。为了应对这场危机，英格兰银行在一天内两次提高利率，使得利率高达 15%。但是收效不大，英镑的汇率还是未能守住 2.778 的最低限值。在这场殊死较量中，英国政府动用价值 269 亿美元的外汇储备，却依然惨败，被迫于 1992 年 9 月 15 日退出欧洲汇率体系，人们将这天称为“黑色星期三”。

在这场空前绝后的大决战中，量子基金从英镑空头交易中获利接近 10 亿美元，在英国、法国和德国的利率期货上的多头和意大利里拉上的空头交易使量子基金的总利润高达 20 亿美元，其中索罗斯个人收益为 1/3。这一年索罗斯基金增长了 67.5%，索罗斯个人净赚 6.5 亿美元，并因此被《经济学家》杂志称为“打垮了英格兰银行的人”。

1997 年 3 月 3 日，泰国中央银行宣布：国内 9 家财务公司和 1 家住房贷款公司存在资产质量不高以及流动资金不足的问题。这条看似程式化的通报让索罗斯敏锐地察觉到：这是泰国金融体系出现深层次问题的信号。于是，他决定先发制人，下令抛售泰国银行和财务公司的股票，并发动手持大量东南亚货币的西方对冲基金联合起来大举抛售泰铢。面对围攻之势，泰国中央银行倾全国之力，四处寻求援助：请求新加坡政府动用约 120 亿美元吸纳泰铢；用行政命令严禁本地银行拆借泰铢给索罗斯大军；隔夜拆息由 10 厘提升至 1 000 ~ 1 500 厘。由于银根骤然抽紧，利息成本大增，索罗斯遭到当头一棒，损失了 3 亿美元。

3个月之后，索罗斯卷土重来，下令套头基金组织出售美国国债以筹集资金，扩大同盟军的规模，并于当月下旬再度向泰铢发起猛烈进攻。顷刻间，东南亚全融市场上狼烟再起，双方展开短兵相接的白刃战。泰国中央银行实力单薄，只有300亿美元的外汇储备，很快便“弹尽粮绝”，不得不釜底抽薪。7月2日，泰国政府宣布改变维系13年的货币联系汇率制，实行浮动汇率制。消息传出之后，泰铢一泻千里，到7月24日已跌至1美元兑32.63泰铢这一历史最低水平。经此一役，泰国政府被国际投机者卷走40亿美元，并因此陷入经济危机。

1997年10月，以索罗斯为首的国际炒家先后4次在香港股票、外汇、期货三大市场下手，前三次均获暴利。1998年7月底至8月初，国际炒家再次通过对冲基金狙击港币，并与香港特别行政区政府进行了3个回合的较量。直到1999年8月底，国际炒家以惨败撤退，索罗斯也损失了8亿美元，只得铩羽而归。

进入21世纪后，索罗斯依然带领欧美风投家在全球市场东征西讨，无孔不入，每次狙击都收获颇丰，但对被入侵国国民来说，无疑是一场灾难，因此有人称其为“恶魔”。可是，在索罗斯看来，只有通过“金融狙击”与“货币战争”，各国政府才会修补、完善财政体系与金融制度，他坚信“市场中留有投机的空间是各国政府的错误”。他希望以金融改变世界，这并非“恶魔”的残暴与贪婪之举，而是彰显一位“哲学家”的良知。

直到1964年从耶鲁大学毕业之后，罗杰斯才知道华尔街的事，此时他还分不清债券和股票，但这并不妨碍他爱上华尔街。因为在这里，有人会因为他估算出智利爆发革命会使铜价上涨而付给他一大笔钱。这让初出茅庐的罗杰斯意识到：原来了解世界就可以赚钱，而了解世界的钥匙便是知识。

对知识的渴求让罗杰斯重返校园，他选择到牛津大学攻读哲学和政治经济学。1968 年，他拿着仅有的 600 美元正式到华尔街工作。尽管从未学过金融和投资，但凭借超凡的毅力和勤奋，罗杰斯坚持尽可能多地掌握全球政治、经济、货物、原材料流通等方面的信息，以便寻找到赚钱的机会。

1970 年，罗杰斯在安贺暨布莱公司工作时与乔治·索罗斯相识。索罗斯被这位年轻人的勤奋和能力所吸引，对其投资哲学和投资理论极为赏识。二人于 1973 年离开安贺暨布莱公司自立门户，共同创建了索罗斯基金管理公司，1979 年更名为量子基金。作为后起之秀，罗杰斯学习能力惊人，索罗斯甚至没刻意地去教过他什么，而等他回过神来，发现罗杰斯已是可与之比肩的金融家了。作为金融界最耀眼的双子星，罗杰斯和索罗斯默契十足，量子基金连续 10 年年均收益率超过 50%。

遗憾的是，由于对“量子基金”发展方向和人生哲学上存在分歧，罗杰斯在 1980 年宣布“退休”，与索罗斯分道扬镳，开始新的投资生涯。从这时开始，他才真正进入人们的视线，开启成为全球金融三巨头的非凡征程。1982 年春，罗杰斯在报纸上看到东德与西德的新闻，从股市的情况来看，西德的经济状况可能要落后于东德。其实从 1961 年开始，联邦德国的股市一直疲软，以至于所有海外投资者都认为联邦德国的金融市场处于低迷状态。罗杰斯对此感到奇怪，正常情况下，开放活跃的联邦德国的经济状况肯定比经济环境闭塞的民主德国要好。于是他开始着手调查联邦德国的金融市场，发现从 1958 年起联邦德国便恢复了元气，经过 20 多年的蓬勃发展，联邦德国的经济体系越发完善。他据此断定，用不了多久股市就会迅速升温。在亲友的质疑声中，他坚持分批买进联邦德国的股票。

1982年夏，象征着联邦德国复兴的基督教民主党赢得大选，这个消息像一针兴奋剂注入了联邦德国的股市，极大地刺激了整个金融市场，所有的股票都在上涨，外国投资者争相抢购联邦德国的股票，这让联邦德国的股市火爆异常，股票每天的涨幅都令人欣喜若狂。

但罗杰斯并没有被这样的表象所迷惑，他开始冷静思考，分析联邦德国的经济形势。1985年正值联邦德国股市达到巅峰状态之时，罗杰斯果断抛售联邦德国的股票。他相信用不了多久联邦德国的股市就会回落，于是他在1986年之前把持有的联邦德国股票悉数抛出。果然，就在罗杰斯清空股票的第二个月，联邦德国的股市就开始衰退，下跌持续了半年，最终回落到正常价值水平。运筹帷幄、杀伐果决的行事风格让罗杰斯在这次投资中赚得盆满钵盈。

强烈的好奇心和冷静的思考是罗杰斯的制胜法宝。1984年，正在观望联邦德国股市的罗杰斯偶然瞥见邻邦奥地利的股市状况。这一年，奥地利的股市下跌到1961年的一半水平。因为热爱音乐，罗杰斯对奥地利的股市现状更加好奇。于是他带着家人来到维也纳，观看了几场演唱会后，便着手调查奥地利的金融市场，探究其股市暴跌的原因。罗杰斯发现奥地利的企业之所以没有活力，是因为缺少外界注资。奥地利的金融市场一直处于资金缺乏的状态，它就像一头饥饿的巨兽，想要站起来却没有力气。这让罗杰斯察觉到机遇，他大量购买奥地利企业的股票和债券，为奥地利注入新鲜的血液。奥地利企业的胃口并不大，罗杰斯以一人之力就将其全部喂饱，让它们重新站了起来。

雄起之后的奥地利金融市场迸发出强大的活力，仅在第二年，奥地利的股市便起死回生，居然在短时间内连续暴涨145%！这样的成长速度吸引大量投资者的注意，投机商们闻风而动，大量资金涌入奥地利金融市场。但这些投资对于奥地利企业来说显得有些多余，除了在奥地利的股市制造出不少华丽的泡沫外，他们没有给金融市场带来任何影响。但这些泡沫却给罗杰斯带来极大的收益。历史再次重演，在奥地利股市到达巅峰之时，罗杰斯急流勇退，头顶“奥地利股市之父”光环默默离开，因为他知道，泡沫终究有破灭的一天。不出他所料，没过多久奥地利股市就回跌至实际水平，不少投机商赔得血本无归。

罗杰斯做事十分随性，只要感兴趣的事就会付出全部时间和精力，对一切都充满好奇心。罗杰斯喜欢旅游，曾创造过两次环游世界的世界纪录。对于商人而言，时间就是金钱，可是罗杰斯却愿意把宝贵的时间花费在旅游和陪伴家人上。他的朋友不多，索罗斯是他最好的朋友之一。他之所以与索罗斯分道扬镳，是因为索罗斯太热衷于征服和挑战，甚至已经到了痴迷的地步。罗杰斯不止一次劝说索罗斯，希望他能够在行事方面稳重一些，因为再强大的挑战者都有失败的时候。罗杰斯不希望索罗斯失败，因为他非常清楚，像索罗斯这样的巨人在跌倒之后一定会伤得很重，但索罗斯却对此不以为然。

与索罗斯分道扬镳之后，罗杰斯来到哥伦比亚大学教书。他并不赞成年轻人去读商学院，他认为历史和哲学要比商学院的知识更有用。他曾经说“读经济学院大概要花费 10 万美元，如果把这 10 万美元用来做生意可能会有赚有赔，但不论是赚是赔，生意人都能在交易中获取非常宝贵的经验，而这些经验要比在学校里听到的那些高深理论有用得多。”在教学中他总会鼓励学生独立思考，让学生把教科书合起来，只给他们一个题目，让他们分享看法。无论学生怎样回答他总会给予鼓励，他认为这样会让学生养成独立思考的习惯。罗杰斯认为独立思考是金融家必备的一项技能，投资者不能随波逐流，因为真理不一定掌握在多数人手中。罗杰斯曾以此调侃说，能够在金融界崭露头角的永远只有几个人，也许真理真的掌握在少数人手中。

1999年，罗杰斯来到中国，他一直认为中国市场有着极大的潜力和开发价值，所以投资了中国的B股，还特意在上海证券营业部开户。当时所有人都不敢投资B股，罗杰斯的朋友们都劝他不要投资中国股票，可他却自信地说："19世纪是英国的世纪，20世纪是美国的世纪，21世纪是中国的世纪。"罗杰斯相信自己的眼光，他的信任与投资让B股出现大幅上涨，罗杰斯从中赚取了500%的利润。

罗杰斯在金融界是一位怪人，他的思维与众不同，在与索罗斯分开之后便独来独往，以至于连索罗斯都摸不清他的脉。他是金融界为数不多肯把宝贵时间用于环游世界的人，也是极少数肯跑到落后国家与当地人亲密交谈的人。他就像一位游侠，随性而行、随遇而安。时而热心，时而冷静，时而稳重，时而孩子气。他的足迹遍布世界各地，旅行依然在继续。

1941年一个波澜不惊的下午，一个11岁的男孩欣喜地用自己攒下的零用钱在证券交易所购买了他人生第一张股票，他的眼神中闪烁着兴奋的光芒。然而卖给他这张股票的交易员不会想到，眼前这位小男孩就是日后被亿万人所仰视的"股神"——沃伦·巴菲特。

巴菲特坚守的投资信条是："在别人贪婪时恐惧，在别人恐惧时贪婪。"这尤其适用于风云变幻的股市，毕竟牛市不可能一直持续，过高的股价最终必然要回归于其实际价值。1972年，美国股市迎来大牛市，股价涨势迅猛，几乎所有投资基金都集中到一群市值规模大、企业显赫的成长股上，如施乐、柯达、宝丽来、雅芳等，这些企业被称为"漂亮50股"，平均市盈率高涨了80倍。此时，巴菲特却大量抛出股票，只留16%的资金投资股票，其余资金全部投到债券领域。结果，1973年，"漂亮50股"股价大跌，道·琼斯指数不断回落，市场岌岌可危，众多上市企业只能眼睁睁看着自己的股票市值缩水了一半。到 1974 年，美国几乎每只股票的市盈率极其罕见地变成个位数，没有人再想继续持有股票。正当大家纷纷抛售股票时，巴菲特却知道真正的投资机会到了。

在旁人看来，巴菲特一生一帆风顺。他有着优越的家境、美满的婚姻，从出生起就不知道什么是失败。纵观金融史，能像巴菲特这样未尝败绩的金融家如同凤毛麟角，在波涛汹涌的商海中，即便是被人称作“金融界的上帝之鞭”的乔治·索罗斯也有过折戟沉沙的时候。有人说巴菲特能看见世界背后的东西，就是那些普通人看不见只有他才能看见的东西。巴菲特回答：“每个人眼中的世界各有不同，也许我的世界要比你们多出一些东西吧。”当人们问他投资都要遵循哪些原则时，他的回答是这样的：“原则只有两条，第一条是不许失败，第二条是永远记住第一条。”

不过巴菲特在投资的时候总会让人以为他根本没有遵循这两条原则。他最冒险的一次投资的对象是在以色列，巴菲特毫不犹豫地以 40 亿美元的价格购买了以色列伊斯卡尔金属制品公司 80% 的股份，并且还承诺他旗下的伯克希尔哈撒韦公司将在之后收购以色列的其他几家公司，他本人还会前往以色列视察情况。这次交易中，仅交易税就有近 10 亿美元。巴菲特的这次行动一直不被人所理解，但随着时间的推移，大家才发现巴菲特是在有着绝对把握的情况下才进行了这次投资。

全世界的犹太商人都肯自掏腰包来支援同胞们保卫国家，所以对于以色列的企业而言，有多少时间就能赚多少钱，巴菲特正是看中了这一点。巴菲特收购的这几家以色列公司无一不与军火公司有着产业联系，虽说这些公司的工厂偶尔会因为恐怖袭击而遭到破坏，但与这些损失相比，这些公司所赚取的利润是惊人的。他在风险背后看到了可以让风险所带来的损失视为无物的东西，所以他才会毫不犹豫地把数十亿美元砸进以色列，并换来了数倍的回报。

巴菲特成功的原因在于他丰富的学识、本身的天赋以及毕生勤奋钻研商业的韧劲。巴菲特好像有两个脑袋，一个不停地思考商业问题，从不休息；另一个用来处理社交，和朋友聊天、打桥牌、打高尔夫。他嗜读年报，并要求年报直接寄到自己手上，而不是通过证券公司官方的邮寄渠道，后者通常会慢好几周，他还要求公司股东也效法自己。

几十年来，巴菲特在股市中叱咤风云，这得益于其独特的投资理念，他只从事长期投资，极力远离像高科技股这样的期权多的股票，并且认为买身边的股票最可靠。据此，巴菲特重仓锁定的股票集中在金融、消费品、传媒等日常生活熟悉的领域，如可口可乐、吉利刀片、华盛顿邮报、政府雇员保险公司等。而对那些看不见未来的高科技公司，他却总是像躲瘟疫一般远离它们。这种投资理念曾一度让巴菲特饱受非议，也让巴菲特在1999年的牛市中暂时失利，但巴菲特不为所动，他清楚以自己目前的能力根本无法判断哪些高科技公司具备长期持续的竞争力。后来的事实证明，巴菲特的策略依然行之有效。2000—2003年，美国股市持续下跌，累计跌幅超过50%，而同期巴菲特的业绩却上升了30%以上。

身为世界顶级富豪的巴菲特，与中国也有不解之缘。伯克希尔哈撒韦公司于2004年斥资38亿港元买入中石油23.39亿股，一度导致中石油股价暴涨。巴菲特是最先看好中国市场的投资商人之一，在他的带动下，越来越多的投资商人涌入中国市场，为中国的金融市场充实了新鲜血液，也让中国的金融市场展现出活力。可以毫不夸张地说，巴菲特以他的智慧和才干激活了一个又一个市场，也让他赚取了足够多的利润。

随着市场经济的深入发展，刺激消费金融的手段层出不穷，信用卡作为其中一项重要的发明，如今已成为人们日常生活的一个金融部分，不论是吃饭购物、旅游娱乐还是买房买车，刷一下卡便能轻松消费。在中国，最为熟知的信用卡发行机构是银联，而在全球，VISA 则是“最佳的支付工具”，它是一个由全球 2 万多家金融机构所组成和拥有的非股份、非赢利性的国际银行卡组织，通行于 100 多个国家。

VISA 的前身是 1966 年美洲银行发行的美洲银行信用卡（Bank Americard）。最早美国的银行受 1927 年“麦克法登银行法案”的约束不能跨洲经营，为扩大信用卡市场份额，美洲银行采用“特许授权”模式，在全国有选择地授权一些银行发行带有“美洲银行”标识的信用卡，同时获得特许的银行签约商户也必须受理美洲银行信用卡，这就令美洲银行信用卡的品牌和使用范围立即从州扩展至全国。为了拓展业务，美洲银行改组成美洲银行卡公司（NBI），为美国各地银行提供信用卡服务，而原先使用美洲商业银行授权商标的银行都成为 NBI 的非持股会员。1973 年 NBI 推出首个电子化授权系统，一年后又推出电子清算和结算系统，即 VISA Net 的前身。NBI 于 1975 年发行了第一张借记卡。1977 年，NBI 正式更名为 VISA International，即 VISA 国际组织，并使用蓝、金色组合的旗帜标志。

与其他金融界传奇人物不同，VISA 的创始人迪伊·霍克的前半生几乎是在潦倒中度过的。霍克从小反感学校和教会的束缚，拒不接受传统思想。14 岁时，他忽然想去工作，可年龄又不够，于是他伪造证书宣称已满 16 岁，混进一家罐头厂做污水工，后来又做过乳牛场伙计、搬运工、屠宰厂工人、农场农药喷洒工。

叛逆的性格让周围人对霍克的评价极低。他 27 岁时终于谋得一份消费金融公司的正当工作。可是天性反叛的他，尽管业绩非凡，却不被公司保守的领导层接受，工作不到一年就被开除。在那个保守的年代，他打破陈规陋习、改革创新的努力一次次流产，失业因此成为家常便饭。

36岁时的霍克依然没有耀眼的学历，古怪叛逆的性格更是让他吃尽苦头，生活十分窘迫。走投无路之下，他到美国国家商业银行当实习生，实际与勤杂工相差无几。近40岁的他经常被各部门调来调去，任人使唤。即便如此，坚韧的霍克并没有被生活打败，梦想依旧在心中成长壮大。

机遇总会垂青改革先行者。1967年，霍克所在的银行获得美国商业银行的授权，准备开展“美洲银行卡”业务。已经43岁的霍克意识到人生的转机终于来了，他竭力争取到参与此项业务的机会，和同样“反叛”的鲍勃·卡明斯一起，计划用3个月开展这项和其他银行有着明显竞争的业务。当时信用卡业务由多家银行分别处理，各自为政，导致一个商家必须准备多台笨重的人工刷卡机来处理不同客户的不同卡片。而相对原始的清算系统中的漏洞和银行间的恶性竞争很快被骗子发现，他们制造伪卡，利用购买和账单结算之间的时差大肆行骗，各发卡银行因此损失严重。

为应对这一问题，负责给信用卡授权的NBI公司召开了一次各银行信用卡部门经理的会议，霍克提出一个“超越”每个银行自身利益的建议，即由全体授权银行成立一个委员会，这个委员会应该是“无中心”的，旨在强化银行协作，打破各自为政的混乱局面，每个授权银行都可以提议召开会议。根据霍克的建议，委员会按照“自主性区域”进行组织，每个区域设立负责营运、行销、信贷与计算机系统的四大功能委员会。入会门槛极低，只要拥有信用授权就可入会。如此一来，不仅是直接授权银行，连同每个区域获得再授权的直接与商家签约的地方银行也被纳入其中（与中国不同，在美国，只要符合成立条件，无须专门部门认可就能成立银行，因此美国有众多区域性的小银行）。

但是，信用授予规则以及混乱的支付难题，却不是任何一个单独的机构能独立解决的，它需要制定一个所有参与者都要共同遵守的规则。按照传统思维，此时应该有一个比所有授权银行更高的“领导”，手握权杖，赏罚成员，如此方能让所有的成员认真遵守规则，至少表面上不敢违反。但这却不是霍克构想的解决之道。

尽管此时霍克尚未意识到自己在创造一种全新的组织管理系统，但他清楚自己的目标，他要创建一个自组织、自创造、自演化的体系。这个系统没有所谓的“大领导”，所有的权力都是分散的，全体成员都是管理者。霍克专门设立规则避免权力集中，确保组织的活力和创新能力。理想很丰满，现实却很残酷。要让一个新组织完全不受“命令—控制”的传统思维干扰几乎不太可能。首要阻力来自该组织的主要发起者——NBI 公司，委员会成立之初，它已经把自己当作组织的领导者，要求获得支配性的管理权，保留商标的所有权和控制权。

为了让 NBI 公司放弃这种想法，霍克同 NBI 董事会副主席萨姆·斯图尔特会谈。霍克解释说，传统的“命令—控制”模式极可能导致“信用卡银行联盟”的解体，因为这种模式会产生信任危机。而如果放弃对联盟的控制权，则信任就有可能在所有授权银行之间出现，进而使签约商家、个人消费者都更加信任这个联盟，最终提升信用卡的信用度，使其成为真正的交易媒介。如此一来，联盟所带来的长远利益必然不可估量。在成功说服萨姆·斯图尔特之后，霍克又获得了 NBI 总裁汤姆·克劳森的支持。凭借霍克的三寸不烂之舌，NBI 公司同意将授权的权力让渡给联盟，并将协助他说服其他授权银行加入到联盟中。

随后，霍克和几名银行工作人员一起，到各地大力宣传新组织的宗旨：会员一律平等，任何董事的影响力均等，管理者对董事会的组成没有任何控制权。每位会员只需出让最小自主权，而换来的是整体合作与最大利益。两个月内，新组织的章程被送往各授权银行，而霍克则在家里收拾出一间办公室，配上两部电话。按照银行清单，挨个地与银行联系，说服他们加入组织。功夫不负有心人，新联盟规模日益壮大，社会的关注度与日俱增。当最后一家银行得知只剩自己未加入新组织时，随后便动摇了。于是，一个新型的分权联盟——VISA自此成型。

VISA有自己的目标和原则，却没有一个手握大权的“领导”。它的成员都是具有自主意识的个体，彼此更是竞争对手，但这不妨碍它们互相合作，更不会拒绝接受彼此的产品。当然，由于每个个体都有权决定自己的行为，错误在所难免，但通常伴随的是创新，错误会很快被纠正，而行之有效的新方法则可以在系统内被推广。改革不是自上而下地推动，而是自下而上，由成员独立进行判断并实施。

开放性的员工大会是VISA的一大特色。在这样的会议上，每位员工都可以参加讨论，不受限制地质询董事会所做的决策，或提出他们关心的问题。新员工往往对这样的规则表示怀疑，但是在VISA待得越久的人，就越认为有义务推广这种公开透明的组织原则，强化大家的信念。VISA变成国际组织后，霍克还同意让董事会成员的夫人们旁听正式员工大会和董事会。

当一个新生事物诞生时，总是会被旧事物视为洪水猛兽，遭到排斥、抵制和扼杀。在VISA的成长过程中同样面临这种困境。作为新型“无中心”组织，它面对的主要困难来自于人们根深蒂固的“层级观念”。VISA创立之初，就因违反《反托拉斯法》而被起诉，因为现存法律默认每个组织都是为组织的最高利益服务的，不可能真正开放，当一个组织的成员迅速增加，就有“垄断”嫌疑。竞争对手“万事达卡”抓住这一机会提起对VISA的反垄断诉讼。美国司法部经过四年的调查，认可了这一指控。最终的结果是，发卡授权机构的数量受到限制，于是，在“万事达卡”和VISA卡联盟中，发卡权迅速集中到几家大型银行手中，而且集中趋势日益严重，后果便是极有可能形成真正的支付系统的垄断。

然而这已不是霍克关注的重点。1984年，功成身就的迪伊·霍克离开VISA，并隐居10年思考人类组织的深层含义，1999年他出版了《混序时代的诞生》，探讨人类组织的终极奥义，引起学界和商界的广泛重视。

严格来说，霍克创立混序理论的成就远大于VISA的创建。不过，VISA的成功的确为美国金融市场带来一股新风，它为美国各地的银行突破跨州经营业务的禁令、建立全国信用卡市场开辟了道路。同时，它也将付账清算结账业务与信贷业务分离开来，VISA负责前者，而发卡银行专营后者，各司其职、各尽其责，形成既竞争又合作的良性体系。霍克因此被美国颇具影响力的《金钱》杂志评为“过去25年间最能改变人们生活方式的八大人物”之一。他独特的创业管理理念：“问题永远不在于如何使头脑里产生崭新的、创造性的思想，而在于淘汰旧观念”，激励着成千上万的有志青年走向成功。

作为金融角逐的竞技场，美国“创业板”——纳斯达克自诞生以来，一直在全球独领风骚。尽管出现无数高仿版，如欧洲的伊斯达克、日本的加斯达克、韩国的卡斯达克、德国的“新市场”等，但纳斯达克却从未被超越。这位年轻的“草根英雄”的历史最早可追溯到1961年。

当时，为整顿无序混乱的场外交易，美国国会授权美国证券与交易委员会（SEC）调查场外交易（OTC）证券市场。1963年，证券与交易委员会给出的建议是，场外交易从业者向自动化方向发展，并责成全美证券商协会予以实施。1968年，临危受命的全美证券交易商协会开始筹建自动报价系统，简称纳斯达克（NASDAQ），以解决OTC市场的分割问题。该系统的研发由专门做军用电子设备和数字计算机的邦克·拉莫公司完成。

1971 年 2 月 8 日，纳斯达克正式运作，首日就有 2 500 多种证券显示中位报价。不同于传统的纽约证交所，纳斯达克没有集中交易场所或交易大厅，一切都是电子化操作，因而也被称为市场中的市场。纳斯达克首创做市商体制，利用计算机技术把 500 多个做市商的交易终端和位于康涅狄格州的数据中心连接起来，形成庞大的数据交换网络。不过，此时的纳斯达克还不具备交易功能，股票交易只能通过各做市商的终端实现。但是，这种交易模式使得任何地方的参与者足不出户就可以通过电话进行交易，这给场外的经纪商和交易商提供了极为方便的交易方式，从而推动 OTC 证券交易规模迅速扩大。

作为全球第一个电子股票市场，纳斯达克自成立之日起便如鹰击长空，势不可挡。它更是顺应时代的产物。彼时信息技术革命方兴未艾，人们对科技良好发展的前景充满希望，众多潜力巨大的科技类股票汇集于此。于是，占据天时、地利、人和的纳斯达克，在 1988—1998 年，其股票市场市值增长了 664.3%，交易金额增长了 1 559.1%，股票交易量增长了 549.5%。仅用 20 余年的时间，其股票数就超过纽约股票市场，成为全球股市中成长最快的以科技为主的股票市场。像英特尔和微软这样的科技新秀即使已经达到主板市场——纽约证券交易所的上市要求，却毅然决然地选择在纳斯达克上市。这些高科技企业与纳斯达克互相成就，以至于后来全球都把纳斯达克当作创新公司上市的代名词。

随着规模扩大，为避免过多不具备融资资质的企业上市给投资者带来风险，纳斯达克于 1975 年建立上市标准，在企业公共股东、盈利能力和市值三方面提出了要求，达到标准才可申请挂牌交易。同时，纳斯达克规定只有在纳斯达克上市的股票才能在该系统报价。至此，纳斯达克彻底割断与其他 OTC 证券的联系，成为独立的资本市场。

最能反映纳斯达克发展历程的莫过于纳斯达克综合指数。以 1971 年 2 月 8 日作为基日，该指数设为 100 点。10 年后，纳斯达克综合指数翻番到 200 点；1991 年达到 500 点。1995 年 7 月，该指数迎来具有里程碑意义的 1 000 点。随着科技股收益不断提高，纳斯达克综合指数随之猛升，2000 年 3 月 10 日达到顶峰——5 048. 62 点。即便后来纳斯达克遭受指数下跌和随之而来的熊市，但在最活跃的股票排名中依然遥遥领先。

20 世纪 90 年代，美国通过风险基金和原始股上市等途径进行的风险投资每年高达数百亿美元，其中经过纳斯达克的约占总数的 40%。对此，有人说欧洲的金融市场比美国落后十年，就是因为欧洲缺少一个像纳斯达克这样的证券市场。

尽管让人一夜暴富的微软、谷歌等新兴巨头都青睐纳斯达克，但纽约证券交易所仍是美国最有人气的证券市场。无数华尔街电影中闪现的股市内人声鼎沸、指点江山的豪气与刺激，必须去华尔街 11 号的纽约证券交易所感受。

纽约证券交易所的起源可以追溯到 1792 年 5 月 17 日，当时 24 个证券经纪人在纽约华尔街 68 号外一棵梧桐树下签署梧桐树协议，协议规定经纪人的“联盟与合作”规则，通过华尔街现代老板俱乐部会员制度交易股票和高级商品，这也是纽约证券交易所的诞生日。1817 年 3 月 8 日，这个组织起草了一项章程，并更名为“纽约证券交易委员会”，1863 年改为纽约证券交易所。从 1868 年起，只有从当时老成员中买得席位方可取得成员资格。

纽约证交所内设有主厅、蓝厅、“车房”等三个股票交易厅和一个债券交易厅，为证券经纪人聚集和互相交易的场所，共设有 16 个交易亭，每个交易亭有 16 ~ 20 个交易柜台，均装备有现代化办公设备和通信设施。交易所经营对象主要为股票，其次为各种国内外债券。除节假日外，交易时间每周 5 天，每天 5 小时。

自 20 世纪 20 年代起，纽约证券交易所一直是国际金融中心，这里股票行市的暴涨与暴跌，都会在其他资本主义国家的股票市场产生连锁反应。20 世纪 70 年代以后，随着股票交易额的不断攀升、大宗股票交易增加，交易专员们疲于应付。更大的挑战则来自场外交易商，尤其是纳斯达克的出现。电子化的操作方式不仅速度快，而且费用低。

不过，纽约证券交易所不断革新。至 1999 年 2 月，纽约证券交易所的日均交易量达上亿股，交易额约 300 亿美元，上市公司超过 3 000 家，其中包括来自 48 个国家的 385 家外国公司，在全球资本市场筹措资金超过 10 万亿美金。

即便在新技术不断涌现的 21 世纪，纽约证券交易所仍然固守着古老的交易方式，交易专员和场内经纪人活跃于交易大厅，生意依旧兴旺，不啻为业界神话。对此，纽约证券交易所打出广告口号："我们不仅是一个场地，更代表一种做生意的方式。"

200 多年的华尔街历史反复证明，资本的海洋波涛汹涌、跌宕起伏，其间险滩环生、漩涡迭起，却又有着致命的吸引力，引无数金融赤子去开疆拓土。20 世纪 70 年代以来，每逢历史机遇期，华尔街都充分发挥着资本市场独有的优势，为现代工业及科技创新提供了强大助力，同时也成就了无数商业传奇，成为美国崛起的引擎。

日趋完善的资本运作监管体系让华尔街的经纪人在稳定、公正的证券市场中寻求利益的同时，也为美国经济提供了一个稳定的融资渠道，引领高新技术产业不断腾飞，促使美国成长为全球最大、最强的经济体。

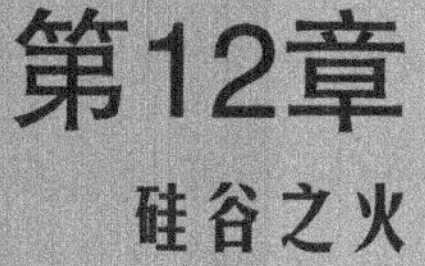

第12章

硅谷之火

正因为资本力量强大、风险投资成熟，硅谷才有机会在20世纪七八十年代至今创造这个星球“有史以来最大量的合法财富”。

在硅谷，创业成为一种生活方式。每个人都认为“工作是为了活着”，硅谷人却说“活着是为了工作”。在硅谷，只要凭借一个好创意、一项新技术就能获得投资、大胆创业，即使失败也会得到鲜花和掌声，因为尝试过奋斗的人值得尊敬。在某种程度上，失败也是一种值得彰显的资本和经历。

进入20世纪下半叶，人类闯入科技大放异彩的伟大时代，航空航天、原子能等技术的发展需要大量运算，计算机应运而生。1946年2月，世界上第一台现代电子计算机——埃尼阿克在美国宾夕法尼亚大学莫尔电机学院诞生。1952年，“计算机之父”冯·诺依曼的电子计算机问世，标志着计算机迎来新时代。在这场恢宏的信息技术革命中，美国以其独特的商业环境和人才资源迅速成为全球领航者。

比尔·盖茨就是在这样的科技高速发展时代成长起来的。作为美国航天工业发展的前沿城市，西雅图让盖茨有了更多接触高新技术的机会。在那个计算机还是稀有昂贵之物的年代，盖茨就在学校接触到了这一神奇机器，他对这个庞然大物一见倾心，进而激发对软件程序的浓厚兴趣。

对财富的野心让盖茨在中学时便开始谋划如何让自身技术转化为金钱。这种野心也让他对机遇的把握要比一般人更为准确。1972 年，刚刚成立不久的英特尔公司推出 8008 微处理芯片，敏锐的艾伦和盖茨意识到一场新信息革命即将到来，这意味着巨大的商机。经过仔细研究，他们创办了交通数据公司，利用 8008 微处理器发明了一台能够处理交通数据的机器。两人满怀希望地去市政当局推销，然而对方并不买账，第一次商业运作以失败告终。

1973 年秋，盖茨以优异成绩被哈佛录取。但他此时对人生方向没有明确的认知，时常感到迷茫，真正引导他重新振作的是挚友艾伦。1974 年，《电子学》杂志公布了英特尔公司开发的新一代产品——8080 芯片的消息，与 8008 芯片的体积一样，但 8080 性价比更高，这让盖茨和艾伦兴奋不已。他们知道微型芯片日益强大的功能必然淘汰大型笨重的计算机，计算机体型会越来越小，硬件成本将会越来越低。一旦计算机的价格降到大众可以接受的范围，它就会像福特汽车一样成为家家户户的必备品，到时上网费用肯定会下降。普及后的计算机必然会被开发出更多用途，而决定计算机用途的关键就是软件，这种连锁效应必会引发一场意义深远的技术革命。

越想越兴奋，盖茨和艾伦用几个月时间写出专门应用于 8080 芯片的 BASIC 程序语言，并给美国各大计算机公司写信推销。然而，直到 1974

年12月，他们都没有收到任何公司的反馈。

一天，艾伦看到《大众电子》杂志封面刊发了世界上第一台微型计算机——牛郎星（即阿尔塔）8800诞生的消息。盖茨仔细研读后，发现这台计算机用的正是8080芯片。牛郎星8800定价397美元，这让以前只出现在实验室和大公司的计算机走下神坛，走向大众。1975年2月底，艾伦将编好BASIC语言的纸带输入计算机。当时计算机需要几分钟才能做出反馈，这几分钟对艾伦来说就是一生中最漫长的时间。最终程序试验成功，这不仅是盖茨和艾伦个人事业的阶段性成功，更预示着全球PC时代的到来。

1975年夏，19岁的盖茨做出人生中最重大的一项决定——退学创业。他和艾伦在新墨西哥州的阿尔伯基创办了微型计算机公司，简称微软。艾伦主攻技术，盖茨以商业为主。公司成立之初，他们与微型仪器公司签订合同，将软件专有权授予微型仪器公司。后来微软公司又与其签订新合同，规定微型仪器公司如果单独卖出微软的软件，微软公司将收取一半费用，由此开创软件产品独立销售的先例。

正当微软公司渐有起色时，盗版危机骤然袭来。当时，自由拷贝软件是电脑爱好者们的传统，不为软件付钱似乎天经地义，而这对以软件为生的微软可谓致命打击。为公司利益着想，1976年，盖茨在《电脑通讯》杂志连续发表两篇公开信，向软件盗版发起挑战。这些信件固然振聋发聩，却难以阻挡盗版之风蔓延。即便如此，微软的名气却因这一战而大幅提升。盖茨的努力没有白费，源代码不久就被纳入知识产权的保护范围。

1977年2月，盖茨正式办理退学，并把当年湖滨中学计算机小组成员威兰德和另一个同学麦克唐纳招到公司，后来阿伯特·朱和史蒂夫·伍德也入职微软，这几个年轻人成为微软主力。他们常常一边工作一边播放摇滚乐，每个人都可以自由研究和开发软件，只要按时完成任务。盖茨和大家一起编写大量程序代码，经常不分昼夜，累了就靠在椅子上歇会儿，醒了继续编写代码，饿了就吃点汉堡比萨。

1977年4月15日，在旧金山第一届计算机博览会上，盖茨被加利·基尔代尔博士的计算机操作系统深深吸引。盖茨之所以注意到这一系统，是因为当时每个公司为保持产品的独特性，各自采用一套操作系统，使得软件公司不得不耗时耗力，为形形色色的操作系统编写不同的软件，这些操作系统的互不兼容也使软件的使用范围有限，进一步阻碍了软件市场的发展。而基尔代尔的操作系统更为方便使用者操作，极具市场推广性。博览会结束后，盖茨亲自拜访基尔代尔，二人结为好友，而该操作系统也让微软成为软件行业的最大赢家。

经商天赋和敏锐的洞察力让盖茨清楚地看到，要想做计算机领域中的常胜将军，就要实现技术的兼容性和标准化，以便推广普及、规模化生产，同时只要你的产品比对手再稍微优秀一点，胜利便唾手可得。因此，盖茨等人不断改造BASIC语言，同时，持续开发新软件，以使制造商为确保与现有微软产品兼容而使用BASIC语言。

1979年，盖茨将公司迁往西雅图，并将公司从“Micro - soft”改为“Microsoft”。1981年，IBM的个人电脑问世，急需一个配套的操作系统，艾伦从西雅图计算机公司搞到了SCP - DOS程序的使用权，两人对该软件程序作了扩展改编，重新命名为MS - DOS（“微软磁盘操作系统”），再反销给IBM。借助IBM这个业界大神，微软平步青云，其操作系统销售量猛增。更重要的是，与其他竞争者相比，微软的操作系统软件最早进入市场，所谓“近水楼台先得月”，微软轻易便赢得了更多用户的认同。此后微软又向其他计算机制造商进行软件捆绑销售。在低价授权、以量取胜的策略下，微软BASIC语言很快成为电脑产业的行业标准，那时几乎每家 PC 制造商都会用微软授权的软件。从而以免费或低价的方式迅速占领市场，这成为微软屡试不爽的策略。

就在微软蒸蒸日上的时候，艾伦于 1983 年辞职，这不仅因为他身患重病，更因为他想独创一份以“互联世界”为核心的事业。此时，微软的另一位传奇人物——史蒂夫·鲍尔默开始崭露头角。虽然不懂编程，但他以超强的团队管理和公关能力带领微软再登高峰。

同样退学创业的还有另一位电脑奇才——迈克尔·戴尔，他一手创办了如今享誉全球的戴尔电脑公司。

16 岁那年夏天，戴尔找到一份推销《休斯敦邮报》的工作。仔细观察之后，戴尔惊喜地发现会订阅邮报的主要有两种人——刚结婚或刚搬进新房子的人。于是，他发动好朋友一起到休斯敦地区的 16 个县市地方法院搜集新婚（或即将结婚）者的姓名和家庭地址，又到房地产公司去查找贷款申请者名单，随后向目标客户每人寄了一封信，除姓名外内容基本一致，都是需要订阅的报纸资料，还免费给每个家庭赠送了两周的邮报。免费的东西自然没有人拒绝，而且两周的时间足以让人养成一种消费习惯。小小年纪的戴尔简直是营销天才，短短一个暑假，他赚了 18 000美元，相当于他的老师一年的收入。

尽管戴尔极具经商才能，但父母执意要他去学医。1983 年，戴尔按照父母的期望进入得克萨斯大学医学系。大学期间，戴尔对医学丝毫不感兴趣，而是痴迷于电脑，经常逃课去鼓捣电脑。即便强迫自己回到课堂上，脑袋里充斥的也全是电脑。当然，戴尔并不是网瘾少年，他是对整个电脑行业充满了征服欲和好胜心。他从电脑零售商那里低价买入一些过时的个人电脑，自己改装升级后，再以低于市场价近 1/3 的价格卖出去。通过倒卖电脑，戴尔发现如果能够去除中间销售环节，电脑直接由厂家销给用户，将原本属于零售商的利润直接回馈消费者，电脑价格降下去的同时销量也会随之上升，这将是一个双赢的局面。更重要的是，厂家与用户的直接接触，有助于厂家迅速了解到用户需求，符合市场需求的电脑，销路自然更好。这个想法在今天看来司空见惯，但是在当时的个人电脑行业，如此简单直接的经营方式却没有一个人尝试。

戴尔就做了这第一个吃螃蟹的人。1984 年，戴尔注册了一家公司，取名 PC's Limited，直到 1987 年才改名为戴尔电脑公司。戴尔按照自己的经验和想法打造了一个“异类”公司，他所卖的个人电脑不是闭门造车弄出来的，而是真正按照客户要求量身打造的，因为不用经过电脑经销商的利润盘剥，戴尔电脑的市场价格也比同类电脑更有竞争优势。这种电脑自然不愁销路。

然而一个人的精力毕竟有限，顾此便会失彼。因为生意太好，戴尔根本无暇顾及学业，更何况那本就不是他喜欢的。和众多成功的创业者一样，戴尔也是坚定的行动派，将自己的兴趣变成终生的事业，这何尝不是人生中的一大幸事。于是，戴尔果断决定弃学从商。

这一决定遭到父母的极力反对，这也是意料之中的事。此时如果与父母硬碰硬绝非明智之举。对此，戴尔已想好了应对之策。他说服父母给他一个夏天的时间，如果他的业绩不理想，就立刻回学校专心读书。他的父母爽快地答应下来，在他们看来，一个乳臭未干的孩子能掀起多大的风浪。

戴尔用实力证明了自己。仅仅一个月的时间，戴尔的销售额高达 18 万美元。面对如此惊人的经商才能，他的父母只剩下了欣赏。退学的戴尔终于可以放手大干起来。在直销模式的带动下，戴尔公司如鲲鹏展翅，尽情遨游于广阔天空，以每年 50% 的增长额突飞猛进，成为不容小觑的科技新势力。1986 年，戴尔公司年收入达到 6 000 万美元。1987 年，年仅22岁的戴尔就被美国企业家协会评为年度“青年企业家”。1988年，戴尔受到华尔街的密切关注，戴尔公司在纳斯达克公开上市，融资3 000万美元，市场价值达到8 500万美元。

野心勃勃的戴尔乘胜追击，将势力扩展到海外，在加拿大和当时的西德创办了全资子公司。1989年，戴尔公司收入高达2.5亿美元。随着全球化不断推进，戴尔又将业务拓展到法国、瑞士、爱尔兰等欧洲国家。20世纪90年代可谓戴尔公司全面腾飞的美好时代，发展势头如骏马奔驰，一日千里，收入年均增速高达97%，净利高达166%，不断刷新着历史纪录。

曾经不切实际的“一步登天”的想法，如今却在竞争激烈的商场中轻松实现。如此轻易的胜利让初出茅庐的戴尔有些飘飘然。当戴尔公司极具膨胀之时，原本的结构已无法承载如此巨大的需求，一直被忽视的基础设施和经营管理制度方面的问题逐渐凸显出来。公司很快陷入失控状态，随即出现创业以来的第一次亏损，股价随之暴跌。因为不妥当的生产计划，戴尔公司不得不叫停笔记本的生产。

连续的打击让戴尔彻底清醒过来。针对公司现状，他连出改革组合拳，第一拳就是重新定义公司的发展目标，从过去一味追逐最大生产量的目标改为“流动、利润和增长”。第二拳直指公司内部组织管理，强化组织纪律和科学管理，组建高素质管理团队。第三拳是重新定位，果断退出零售渠道，将以后的发展重点转向更高利润的企业和政府机构领域。此后，戴尔公司雄风重振，再次登上行业高峰。20世纪90年代，互联网的兴起再次改变了世界经济的运营轨迹，电子商务随之兴起，这种线上交易与戴尔的直销模式十分契合，让戴尔看到了另一条生财之路。1996年，戴尔公司的网店正式营业。用户进入戴尔直销网站后，只需要轻轻点击几下，就可以根据需要挑选电脑和内部配置。如果仅止于此，戴尔公司也只能算是芸芸众生中的一个普通网店。

好胜的戴尔绝不会允许自己的公司流于平庸。在那个群雄逐鹿的时代，要想从众多竞争者中脱颖而出，真正留住客户，就需要更加精细、个性的服务。戴尔公司将服务做到了极致。在戴尔的官网上，专业客户可自主选择电脑的 CPU、硬盘、内存等配置，可随时确认配置流程，每一台电脑都是量身定做，而价格却不会比同类产品贵。只有最大限度地满足用户需求，才有可能为公司赢得最大限度的利润。

网络直销模式使得戴尔进入某个新市场的成本降至极低水平，并且免去了开设店铺和建立渠道等种种费用，甚至根本不用关心是哪个国家，只要开设一个网站，就可以轻松占领当地市场。这种新型销售模式的效果立竿见影，仅仅一年，戴尔官网的日营业额就由年初的 100 万美元跃升至 400 多万美元，网上业务成为戴尔公司新的利润增长点。2000 年，戴尔公司通过电子商务的成交额达到 160 亿美元。2001 年，戴尔公司首次成为全球市场占有率最高的个人计算机厂商。这一切的功臣就是无所不能的互联网。

这种线上营销模式以其超低的成本策略和便捷的配送方式，给戴尔的竞争对手 IBM、惠普等巨头造成巨大压力。惠普不得不通过并购康柏来增强竞争力，而 IBM 则干脆出售其 PC 业务。这样的意外之喜，恐怕连戴尔都始料未及。

纵观戴尔的成功，除了他个人的商业才能之外，最重要的就是直销模式的推行。事实上，商业直销并非戴尔的创举。几十年前，山姆·沃尔顿同样凭借直销模式造就了沃尔玛这一零售帝国。戴尔的成功在于他是第一个将直销运用于个人电脑行业的人。强大的戴尔公司奉行的是最简单、实用的生存哲学：组装并销售电脑。在戴尔看来，顾客可能比上帝都重要，只有以他们的需求为出发点和落脚点，真正满足客户需求，公司才会有继续发展的可能。顾客至上，这是商界颠扑不破的真理。

从另一方面来说，戴尔公司的崛起算是计算机界的异类，因为它靠的不是高精尖的科学技术，而是抽象的经营理念、一种简单直接的商业模式。这种模式曾被行业蔑视，但戴尔公司却坚持了下去，并成功逆袭。在戴尔公司的成长过程中，非议和贬损之声一直不断，强大如戴尔奉行“敌军围困千万重，我自岿然不动”的信条，不受环境影响，将精力全部投入到市场中，时刻警惕着市场的风吹草动，并大胆预测市场发展趋势，从容引导或创造消费需求。

不过，在很长一段时间内，硅谷的旗帜并非比尔·盖茨、迈克尔·戴尔，而是安迪·格鲁夫。在硅谷众多传奇巨擘中，要论硅谷精神的象征非格鲁夫莫属。从匈牙利难民到全球最伟大的CEO，从半导体内存到CPU，脾气暴躁的格鲁夫一生的信条是“只有偏执狂才能生存”，他传奇的一生称得上是美国梦的最好范例。正是他一手创造了微处理器巨头——英特尔，带领芯片与个人电脑不断前进，也是他启发微软，人类由此进入全新时代。

这位英雄人生的前20年全是数不尽的苦难，这种经历却带给他一笔巨大精神财富，造就他坚毅果敢、好斗却谨慎、喜好掌控一切的性格，为他以后的辉煌商业人生奠定了坚实的基础。

1956年，匈牙利爆发革命，20岁的格鲁夫偷渡到美国，开启了他人生的崭新篇章。初到美国，格鲁夫还是一个有浓厚匈牙利口音、不懂英文的“乡巴佬”，口袋里仅有20美元。通过自学和兼职打工，格鲁夫进入纽约市立学院学习化学，在这里，他遇到人生中最重要的导师——施密特，这位个性鲜明的老师让格鲁夫明白，在美国，态度“强硬”一点并没有什么坏处，刚硬独断后来一直成为格鲁夫驰骋商海的显著标签。

27岁时，博士毕业的格鲁夫进入集成电路始祖——硅谷的仙童半导体公司，四年后晋升为研发副主管，同时成为集成电路领域的专家。1967年，他还出版了一本大学教材《物理学与半导体设备技术》，即使在今天，这本书也被视作半导体工程专业的入门书。

1968年，格鲁夫的同事罗伯特·诺伊斯和戈登·摩尔离职创业，开办了英特尔公司。诺伊斯和摩尔原本计划用两个人的名字组合成公司的名称——Moore Noyce，当他们去工商局登记时，却发现这个名字已经被人抢先注册。无奈之下，他们用“Integrated Electronics（集成电子）”两个单词的缩写作为公司名称，英特尔正式诞生。公司成立第一天，敢拼敢闯的格鲁夫就决定追随他们，成为英特尔名副其实的第一位员工。从最初的工程总监开始，格鲁夫后来陆续担任了英特尔首席运营官、总裁、CEO以及董事长。随着英特尔从籍籍无名的创业小公司逐步成长为全球IT行业的龙头，格鲁夫的领导才能体现得淋漓尽致，并成就了自己和英特尔的共同传奇。

创业两年后，英特尔开发出革命性的半导体内存DRAM-1103。在1103之前，一般计算机的内存是磁芯存储器，而1103是动态随机存取存储器，容量巨大，主要缺点就是不方便使用。为推广1103，使用户尽快认可它，英特尔推出样品设计模板供用户学习使用。于是，消费者很快发现这种模板正是他们想要的，就把1103和模板一起购买。没多久，英特尔的半导体内存就占领了半导体内存市场。

早期英特尔的定位就是存储器（记忆芯片）公司，随着市场影响力的不断提升，存储器就等同于英特尔。在IT界，有一个芯片魔咒——摩尔定律，即一个芯片能装进的晶体管的数量每两年（后来精确为18个月）就会翻一番，同时价格却下降一半。照此逻辑，制造商必须投入大量资金，建立新工厂和生产线，这些工厂要生产出未来的产品，但需要这些产品的客户群还没有形成。这个魔咒拖垮了无数芯片制造商。

就在英特尔蒸蒸日上之时，却在主营业务——存储器领域惨遭滑铁卢。20世纪80年代，日本的存储器公司势头强劲，大有后来居上之势，他们的营销策略是以超低价售卖高品质存储器。这种价格战让英特尔遭遇到巨大的生存危机。

对此，向来严厉的格鲁夫推出“125%的解决方案”，要求员工每天工作10小时，加班加点，全力以赴，以更高的效率战胜咄咄逼人的日本人。为强化效果，格鲁夫还制定“迟到登记表”，所有上午8：10以后上班的人都得签名，他以身作则，迟到也会在登记表上签名。

即使上下总动员，英特尔还是没有摆脱困境，连续6个季度的亏损让整个IT界都不看好英特尔。而忧心忡忡的英特尔管理层也围绕是否放弃存储器业务争论不休。因为当时英特尔就等于存储器，如果没有存储器，英特尔还是英特尔吗？只是这种争论拖得越久，英特尔的经济损失就越大，如果再不采取措施，等待英特尔的结果只能是灭亡。雷厉风行的格鲁夫再次展现其果断性格，1985年，他顶住各方压力，力排众议，坚决停止亏本的存储器生产。

此后，格鲁夫将公司的发展重心转移到微处理器领域。其实，早在1971年英特尔的工程师霍夫就研制出第一款微处理器4004，这也是世界上第一代微处理器（CPU），微处理器和个人电脑的大发展时代从此开始。其后，8008、8080、8086、8080等产品陆续推向市场，反响巨大。

真正让英特尔微处理器名声大噪的是电脑巨头IBM。1982年，IBM进军个人电脑市场，将英特尔的8088芯片作为核心处理器。虽然直到1985年IBM个人电脑销量依然很小，但英特尔微处理器的名号却逐渐被人所熟知。就在同一年，英特尔公司在8086的基础上推出80286微处理器，其内部、外部数据传输均为16位，内存寻址能力为16MB。产品一经推出就大受欢迎，同时被广泛应用在IBM的个人电脑兼容机中。这些电脑也因此被称为“80286电脑”或“286电脑”。

1985年春，英特尔公司一跃成为一流的微处理器公司，同年10月推出全新32位核心的CPU－80386DX，内部和外部数据传输提升至32位，地址总线升级到32位，寻址能力高达4GB。386芯片是计算机技术发展史上的一个里程碑。不过，大客户IBM竭力想打破英特尔的垄断地位，一直坚持要英特尔把微处理器的设计特许权让给其他芯片制造商，这样CPU的价格将越来越低，货源也更加充足稳定。

IBM固然不能得罪，但格鲁夫决不妥协，如果听从IBM的要求英特尔将成为无法掌控命运的配件供应商。稀缺性才意味着话语权，英特尔如果想实现真正的自由独立，就必须成为微处理器的唯一货源。

格鲁夫宣布不会将该技术专利权授予其他制造商。为报复英特尔的行为，IBM疯狂抵制386。但是，这种情况并没有持续多久，当IBM获知死对头康柏公司使用386芯片后，立马改变态度，主动与英特尔达成购买协议。386芯片风靡一时，英特尔在这场商战中大获全胜。正如格鲁夫所说：“在紧要关头，当你坚持自己的立场时，结果或许是输掉比赛，即便如此，也远比抛弃自身独特优势而来得要好。”

1992年，英特尔一雪前耻，超越当年曾在存储器业务上打败自己的日本公司，成为世界上最大的半导体企业，这首先要归功于微处理器的成功。对英特尔来说，巨大的生产能力令竞争者无法企及，它可以投入数以百万美元生产同一档次的微处理器，同时对微处理器不断进行更新换代。财大气粗的英特尔还是唯一不断增建巨型工厂来满足芯片生产的公司。由此看来，英特尔已然打破摩尔定律的魔咒。

塑造英特尔奇迹的首要功臣当是格鲁夫。在他任职的30年间，英特尔的年收入从最初的2 672美元一路飙升到1997年的208亿美元。在他担任英特尔 CEO 的 10 年间（1987—1997 年），英特尔的市值从 40 亿美元增长至 1 970 亿美元，成为全球第七大公司，员工总数超过 6 万名。在回顾此生管理所得时，格鲁夫感悟道："企业就是一个活着的器官，它需要持续褪去皮肤，方法必须要改变，注意力必须要改变，价值必须要改变，这些所有变化的总和便是企业的转变。"

只是人类不能超脱自然规律，身体无法像企业那样不断更新再生。2016 年 3 月 21 日，79 岁的安迪・格鲁夫溘然辞世。他一生的成就足以让全球商业精英顶礼膜拜，他的经历也激励着每一个追求梦想的人披荆斩棘、勇敢前行。

这个世界唯一不变的就是变化，每个时代都有其特立独行的偏执狂，引领这个世界不断改变。

一个被未婚母亲丢给舅舅抚养的婴儿，一个在芝加哥犹太区中下阶层长大的孩子，一个从未被认可的少年，一个没有大学学位的青年，一个三十却难立的男人，一个婚姻失败者——当这些充满失败意味的表述聚集在同一个人身上时，大多数人可能无法想象他成功的样子。他就是甲骨文创始人拉里・埃里森。

虽然没有在正规学校接受过系统计算机编程教育，但埃里森却成为了一名程序员。20 世纪 70 年代，埃里森跳槽到安培公司，因为表现优秀，公司派给他一个设计大型计算机数据的项目，代号"甲骨文"。或许埃里森也没想到，曾经的项目名称会成为未来公司的名字。

在安培公司，埃里森结识鲍勃・迈纳和爱德华・奥茨，三人一起研究如何有效存储海量数字信息。埃里森接手的项目最终以失败而告终。在他看来，失败的主因是公司管理不善，如果由他掌管公司绝不会出现这种结果。1977 年，埃里森凭借其出色的游说能力与较低的标价拿下了一个软件项目。6月份，他联合鲍勃·迈纳和爱德华·奥茨共同出资2 000美元成立了软件开发实验室，主攻商用关系型数据库管理系统。

之所以选择这个方向，源于埃里森无意中读到的一篇论文。早在1970年，IBM研究员埃德加·考特发表了《大型共享数据库数据的关系模型》论文，概述关系数据库理论与查询语言SQL，并做出关系型数据库技术将成为未来企业软件市场发展方向的大胆预测。当时，主流产品是层次模型和网状模型数据库，这篇文章作为数据库史上的重大转折点，拉开了关系型数据库软件开发的大幕。

然而，由于IBM的关注重点在其他方面，这一理论并没有引起IBM足够的重视。受其影响，其他公司对这一理论也持保留态度，导致新理论提出的几年时间里，关系型数据库被尘封在历史的浩繁长卷中，等待独具慧眼之人。

与当时主流观点不同，当埃里森读到这篇论文时，立即敏锐地感觉到利用关系型数据库与SQL查询语言可以开发出一套全新的商用软件系统。他坚信一旦该体系建立起来未来一定会有所改进，或许自己就是那个推进历史的人。他不禁想起前半生的经历，一直不顺利却坚信会成为富翁。时势造英雄，属于埃里森的时刻到了！

在埃里森的推动下，公司着手研发通用商用关系数据库系统，取名Oracle，意即"神谕"。从这时起，埃里森意识到在IT界赚钱靠的不是努力，而是灵感与远见。埃里森研发关系数据库系统Oracle的过程并非一帆风顺，Oracle1.0版本除了完成简单的关系查询之外不能做任何事，软件要达成期待的效果还需要相当长的时间。但熟悉营销之道的埃里森坚持先推广再研发的经营理念，不论新产品质量好坏，一定要比对手先占据市场份额。为突出核心产品，1983年，公司正式更名为"甲骨文"。

然而公司资金捉襟见肘，为了维持运转，埃里森在研发软件时还要承接一些数据管理项目和顾问咨询工作。虽然团队的辛苦努力最初只换来两位客户，但他们分别是美国中央情报局和海军情报所，这两个机构使用完全不同的两种硬件，中情局用的是IBM大型机，海军则用的是VAX机，而埃里森团队开发软件时使用的是Digital的PDP机，这三者使用的程序语言完全不同。现实迫使埃里森做出一项重要的决定，那就是从Oracle3.0版本开始，以后软件开发都使用C语言，因为几乎所有机器都支持C语言，而且编译器也很便宜。

新产品上市离不开强大的营销团队和宣传攻势。埃里森组建起庞大的销售团队，其中很多人都曾是美国海军陆战队队员。他对员工的激励政策十分简单、直接，按照业绩给奖金。对产品的宣传他也有一套章法，充分利用言过其实的广告效应为Oracle大造声势。当时，几乎每家公司或机构都有两种以上的电脑和操作系统，数据的存取和整理十分不便，大家都想买到一种可以通用的数据库。埃里森紧紧抓住消费者的这一心理需求，对客户宣称Oracle能在所有机器上运行，这自然是不可能的事，不过这种夸大其词的说法却吸引了很多大型公司和机构的眼球。

另外，当别人只是枯燥乏味地讲述产品功能时，埃里森已经意识到现场演示的重要性和震撼性。他和团队不厌其烦地给每一位潜在客户现场演示Oracle的强大功能：在电脑上输入一个关系查询，结果立马出来。即使在实际应用时，可能并不会达到这样的处理速度，但无疑已给客户留下深刻印象。

功夫不负有心人。在这种宣传攻势下，Oracle大获成功，并使关系数据库从边缘走向主流，计算机新时代的大门因此被推开。埃里森的甲骨文公司名声大噪，1986年3月，甲骨文公司以每股15美元公开上市，公司市值2.7亿美元。

在别人眼中，埃里森无疑已功成名就，但他对成功的定义却异于常人。他认为真正的成功不仅是自己成功，还要让对手失败。就在埃里森开发Oracle时，加州大学伯克利分校也做出类似产品——Ingres数据库系统，技术明显领先于Oracle，发展势头也更强劲，在不断侵蚀甲骨文的市场份额，这让埃里森压力倍增。

为击败对手，埃里森真是无所不用其极。一次，Ingres宣布发明了新技术——分布式查询技术。仅仅10天后，埃里森就登广告宣传自己的新产品：第一个分布式查询数据库，而实际上这种产品根本不存在。为了立于不败之地，他竟然“无中生有”。

只是这种小聪明明显不足以应对Ingres的挑战。危急关头，IBM的一项举动无形中帮助埃里森解决了眼前的难题。原来，IBM担心Ingres的发展会将其搜索技术变成标准，这样会对IBM非常不利。1985年，IBM发布关系数据库DB2，采用与Ingres不同的数据查询语言SQL，并抢先提交技术标准。

正焦头烂额的埃里森看到了希望，他一方面大肆宣传Oracle产品能与IBM全面兼容，另一方面不遗余力地攻击Ingres，再加上Oracle在销售上的绝对优势，Ingres很快败下阵来。大树底下好乘凉，紧跟IBM的策略让Oracle产品不断壮大，也让埃里森成就了不败神话。

时至今日，拉里·埃里森已成为与史蒂夫·乔布斯、比尔·盖茨齐名的IT产业巨头。但他轻狂任性的性格丝毫没有改变，时常为参加帆船比赛而放弃主持公司的重大会议。他向来言辞犀利，对对手的批评尤其如此，他曾把惠普董事会称作“白痴”，还说死对头微软是一家垄断公司，该让它分成两个公司去经营。

甲骨文超越IBM成为世界第二大IT企业后，微软成了他的死敌。为了战胜微软，他不择手段，甚至让部下去调查微软扔进碎纸机里的无用资料。他的行为让比尔·盖茨哭笑不得，他不想找埃里森的麻烦。除了私底下和埃里森的好友乔布斯调侃几句外，比尔·盖茨极少提起这件事。

当然，埃里森与乔布斯的友谊也是一段佳话。在乔布斯面前的埃里森不再是张扬轻狂的怪咖，而是温柔的谦谦君子。在乔布斯生命最后的那段日子里，埃里森每天都会陪他散步。乔布斯离世之后，埃里森变得沉稳许多，并逐渐从商业江湖隐退，水静流深。

1979年，DEC公司的电脑硬件工程师莱昂纳德·波萨克跳槽到位于硅谷的斯坦福大学，担任该校计算机系的计算机中心主管。在这里，他很快找到了此生挚爱——商学院计算机中心主管桑德拉·勒纳。

恋爱中的人总希望一刻都不分开。尽管波萨克和勒纳的工作地点相距不过500米，但对热恋中的人来说，咫尺便是天涯。虽然他们都坐在电脑前，可彼此的电脑却不是同一公司的产品，连接在主机上的各种板卡型号、协议各不相同。在那个局域网割据的年代，他们甚至连一封电子邮件都发不过去。

为解相思之苦，两人设计了一个小盒子，它可以将一个系统命令模拟成另一个系统能解读的命令，世界上第一台路由器由此诞生。1980年，波萨克和勒纳步入了婚姻殿堂。不久，波萨克参与斯坦福大学实现全校所有主机联网的项目，期间他创造出一个“多协议路由器”，这个小盒子犹如魔法棒一般，瞬间解除了长期困扰计算机领域的“不兼容”魔咒，将斯坦福校内不兼容的计算机局域网整合在一起，形成统一的网络。这个小盒子很快成为计算机界的宠儿，并掀起一场改变世界命运的互联网革命，波萨克因此成为“路由器之父”。

波萨克夫妇嗅到其中潜在的巨大商机。他们最开始向校方求助，申请批量制造和销售这种路由器，却遭到否定。就计算机行业而言，硬件和软件换代更迭之快令人咋舌，时间比金钱还要珍贵，夺得市场先机是成为最大赢家的前提。

仔细思量之后，1984 年，波萨克夫妇决定辞职创业。因为很喜欢旧金山“San Francisco”的发音，波萨克夫妇将最后五个字母 cisco 作为公司名字，这就是后来鼎鼎大名的“思科”。他们还精心设计了公司的商标，巧妙融合旧金山金门大桥的侧面和“信号”符号，寓意“网络互连互通”。

1986 年，思科正式推出第一款路由器——AGS（先进网关服务器）。在毫无市场推广的情况下轻松接到数十万美元的订单。不过，一块阴云始终笼罩在年轻的思科头上，那就是路由器的知识产权问题。虽然路由器归波萨克发明，却利用斯坦福大学的设备和项目资源完成。按法律规定，这款路由器属于职务发明，专利权理应属于斯坦福大学。受此影响，波萨克夫妇多次寻找风险投资却屡屡碰壁，这意味着思科公司的生死存亡就在斯坦福大学的一念之间。

幸运的是，作为硅谷摇篮的斯坦福大学有很强的包容性，不会刻意束缚任何新生事物的发展，只是象征性地收取了一点专利许可费用。感念于斯坦福大学的宽容，波萨克夫妇将思科的部分股份赠予学校。不到十年时间，这些股份暴涨到数千万美元。功成名就之后，波萨克夫妇多次向斯坦福大学进行了巨额捐赠。

面对网络设备的巨大市场，思科将触角延伸至网络建设的每个角落，硬件设备从路由器、交换机、IOS 软件到服务器、光纤平台、网络安全产品与 VPN 设备等，软件如思科腾讯通、网络会议软件等，用户遍及电信、金融、服务、零售等行业以及政府部门、教育机构等。可以说，你能想到的任何网络设备几乎都由思科公司控制。同时，网络信息每 4 个月增加一倍，需要更新、更快的网路传输设备支撑，这意味着思科的市场需求永远不会饱和，思科因此成为硅谷新经济的中流砥柱。

1987 年春，红杉资本执行合伙人唐·瓦伦丁注资 250 万美元，获得思科 29.1% 的股份，波萨克和勒纳各持 17.6% 的股份。随着管理团队的壮大，创始人和职业经理人之间的冲突也愈演愈烈。“客户利益至上”是创始人为公司制定的铁律之一，但勒纳却凭着“完美主义”的态度和“对抗主义”的手法行事，对手下缺乏宽容之心；波萨克则非常不善于沟通，甚至会为对方利益考虑而在“不领情”的潜在客户面前狂吼。为让公司解雇不听话的 CEO 格雷夫斯，波萨克夫妇在冲动之下将全部表决权委托给大股东瓦伦丁，这次意气用事为公司的未来埋下了祸根。1988 年，瓦伦丁找来经验丰富的摩格里奇担任思科的 CEO。在后者推动下，思科成为硅谷最早向非管理层和非技术员工批量配送股票期权的公司之一。

1990 年 2 月，思科成功上市。登陆资本市场并未缓和内部矛盾，反而彻底激化。8 月，思科高管团队以集体辞职相威胁，要求董事会解聘勒纳。勒纳辞职后，波萨克随后离开。两位创始人果断抛空名下的思科股票，转身进入风险投资领域和慈善公益事业。

上市之后就立即逼走创始人，这样的突然变故令如日中天的思科蒙上了一层阴影。1991 年，约翰·钱伯斯力挽狂澜，改变了思科随时可能衰亡的命运。与波萨克夫妇的行事风格迥然不同，曾有销售经历的钱伯斯更加注重公司的人文关怀，不仅对客户有求必应，对同事、员工同样和蔼可亲，愿意与他们沟通交流，适时给予鼓励，以此凝聚人心。

钱伯斯掌权后，对思科进行大刀阔斧的改革。曾经在 IBM 和王安电脑公司工作的经历让他深切地感受到客户的重要性，改革的首要措施就是重新摆正“客户利益至上”的理念，完全根据客户的要求确定技术方向。这一举措让思科从单一路由器生产公司变成生产 25 类网络通信设备的全能型公司，销售额也因此激增。另一方面，钱伯斯要求思科在每个领域都要争取前两名的行业地位，如果做不到就通过收购来实现。这种收购并不是毫无章法的扩张，而是精心挑选出那些与思科发展关系密切且在某些技术上稍微领先的公司，这是思科迅速占领市场的最佳途径。

在钱伯斯的运筹帷幄之下，仅仅四年多的时间，思科的市值便提高了千倍，再次创造了硅谷奇迹。

当今世界，智能手机的普及推动了移动互联网时代的大发展。从某种程度上来说，手机已成为生长在人类身体的器官，让每个人的行为习惯和生活方式产生巨大改变。手机已成为生活必需品，人们对手机质量的要求也越来越高。然而，真正掌控手机行业的不是苹果、三星或者华为、小米，而是隐居幕后的手机 CPU 生产商，其中最著名的当属全球领军者——高通。

1968 年，艾文·雅各布与好友创办 Linkabit 公司，主营卫星加密装置开发。虽然公司运营不错，但雅各布在 1980 年还是将公司卖出去，拿到人生第一桶金。虽然公司不再属于雅各布，但他仍在公司待到 1985 年，之后宣布“退休”。

悠闲的生活节奏显然不适合雅各布，仅仅过了 3 个月，他便和几个好友商量创业，新公司取名“高通”（Quality Communications）。一天，雅各布正飞驰在圣地亚哥的高速路上，一个大胆的想法突然迸发：为什么不能改变军用 CDMA 技术（码分多址）变为民用呢？

实际上，CDMA 的概念由来已久，在高通之前基本都运用在军事领域。但当时这项技术并不被看好，而商业嗅觉极准的雅各布坚信 CDMA 未来的商业潜力，坚持转为民用。在美国，CDMA 不被同行认可，也不被市场接受；国际上，GSM（全球移动通信系统）风头正盛。1988 年，高通推出 CDMA 第一款产品时，GSM 已占领欧洲市场。紧接着，美国移动电话行业协会的一项决定——确定 GSM 为第二代移动通信标准，差点使高通的新产品夭折。

生性倔强的雅各布并没有被外部严酷的环境击败。他需要一个契机，高通需要一个突破口。上天似乎很眷顾雅各布，就在他一筹莫展的时候，美国电信业开始放开管制，新的电信运营商如雨后春笋般出现。作为市场新势力，他们需要新技术，以便更快地在市场站稳脚跟，同传统电信巨头一争高下。CDMA 技术因此重新受到关注，这让高通终于缓过一口气来。

现实依然残酷。在 GSM 作为公认标准、大行其道的情况下，CDMA 技术被市场认可接受还有很长的路要走。几乎没有人愿意冒风险生产 CDMA 设备，没有相应的设备和产品，CDMA 技术要想打开市场简直比登天还难。

面对重重困境，充满冒险精神的雅各布决定孤注一掷，自己生产并向运营商供货，这才使 CDMA 逐渐在市场上立足。好胜的雅各布并没有止步不前，他知道远未到高枕无忧的时候，毕竟 CDMA 在移动通信市场中的份额很小，设备的型号和外观并不能吸引消费者。权衡利弊之后，雅各布再出惊人之举，将 CDMA 设备的生产权卖掉，公司专攻技术研发，以占据行业制高点，牢牢握住产业链中最赚钱的技术专利许可转让权和核心芯片业务。如此一来，任何公司想要生产 CDMA 相关的产品设备必须取得高通授权，缴纳昂贵的专利转让费。

随着越来越多的电信运营商使用 CDMA 技术，越来越多的设备制造商生产 CDMA 产品设备，仅靠专利许可转让费一项，高通就赚得巨额利润。因为掌握核心专利，即使强悍如摩托罗拉、爱立信也得为高通“打工”——这样的企业全球有 100 多家。而在核心芯片业务方面，高通只把握芯片的设计和开发，并不直接介入生产，逐渐成为全球最大的非生产线模式的芯片供应商。

转让专利许可的运营模式得益于雅各布强烈的专利保护意识。早在高通成立之初，雅各布就十分重视新技术专利权的保护问题。他不辞辛苦地为高通每一项研究成果申请专利，久而久之，高通在研发CDMA技术的过程中陆续注册了数百项专利，这还不包括尚在审批中的数百项专利。这些专利将核心技术和外围技术全部通杀，以后再有企业想进入该领域都必须向高通支付高昂的转让费。这种不留后路的生存方式必然会遭到整个行业的联合抵抗。为与高通抗衡，GSM阵营强势推出WCDMA标准（即3G的CDMA标准），目的十分明确，就是要终结高通在3G领域的霸主地位，最好将其排挤出市场。然而，WCDMA标准的有关技术早就被高通申请过专利。

当然，高通的成功还得益于庞大的技术团队。一般科技公司的技术人员只占到总人数的10%～20%，而高通的研发人员比例则高达50%。他们或许不懂经营，但强大的创造力却是高通最宝贵的财富和制胜利器。

对于CDMA技术，雅各布还有更大的野心，他的目标是征服全世界，让CDMA成为世界公认的全球移动通信标准。为此，雅各布将CDMA技术提交到美国标准组织TIA和世界标准组织ITU，通过官方渠道将其确立为全球移动通信标准，并将CDMA推广到全球各个角落。后来3G的三大标准WCDMA、CDMA2000、TD－SCDMA全部基于CDMA技术设定。正如高通一位负责专利事务的高管所说："我们的技术就像地基，是任何建筑都不可或缺的。"

互联网科技正以前所未有的速度征服世界，而作为发源地的硅谷，其创业、创新之火席卷着整个美国。英雄辈出的时代，新经济崛起的时刻，新的传奇仍将上演。

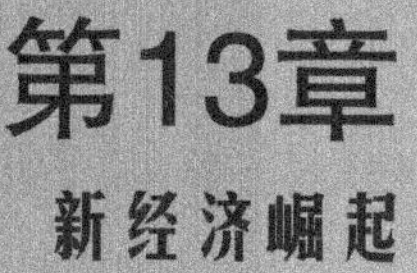

第13章 新经济崛起

2001 年 9 月 11 日，美国世贸中心大楼遭遇“9·11”恐怖袭击。出于安全考虑，政府下令在全国范围内实行禁空令。突然的变故给整个美国快递行业带来了巨大的打击。但是，有一家快递公司却在 12 小时之内租用了 800 辆卡车，日夜兼程开展业务，在无法使用飞机的情况下，大部分货物的送达时间仅比规定延迟了一天。这家快递公司就是全球快递业霸主——联邦快递，而一流的执行力正是这家公司 30 年来持续成功的秘诀。

联邦快递创始人弗雷德·史密斯对航空飞行异常痴迷，为此还考取了私人飞机的驾照。1962 年，史密斯进入耶鲁大学攻读经济学和政治学。大学期间，他的所有课余时间几乎都用在飞行上，不仅专门研究飞行，还报名参加海军陆战队后备役军官训练班、耶鲁飞行俱乐部，甚至当过一阵子农用飞机驾驶员。

从那时起，飞机和运输每天盘旋在弗雷德的脑海里。他发现，美国的所有包裹必须经由多家航空公司转运，而非直接送到目的地。于是，他写出一篇“利用专用飞机创立一种隔夜传递服务公司”的学期论文。但在弗雷德的教授看来，这种想法简直是异想天开，因为当时美国政府对空运航线有诸多管制，直接运输基本没有可行性，因此给他评定成绩为“C”。

不论别人如何否定，弗雷德始终坚持着内心的想法。1971年6月28日，弗雷德的“联邦快递”公司正式成立。他将客户目标锁定在美国联邦储备系统，因为这个系统有大量票据需要在银行间传输。弗雷德认为，如果能提供隔夜快递，就能为对方节省大量金钱与时间，他们没有理由不答应。这个冒险家提前购买了两架飞机待命，以增加谈判筹码。没想到几周之后惨遭拒绝，因为这会让运送票据的既得利益者失去财源。

首战失利，花血本购买的两架飞机也闲置在仓库里。此后两年间，所有人都告诉弗雷德“隔夜快递”纯属痴人说梦，民用航空委员会绝对不会批准，否则那些航空公司早就行动了。但弗雷德不为所动，虽然他有些鲁莽轻率，却坚忍执着、雷厉风行，从不因为困难而退缩。他投资75 000美元聘请由专家、飞行员、技师、广告代理商等组成的高级顾问小组，重新进行市场论证，最终结论是：小件包裹的快递业务有巨大潜力。

接下来又是一场“豪赌”。弗雷德孤注一掷，将全部身家——850万美元投入进去，并制订了更为复杂宏大的商业计划。公司不仅要购买大量飞机和汽车，还要在全国建立服务网，开通多条航线。如此一来，850万美元远远不够。弗雷德跑到华尔街找银行家、风险投资机构游说，最后融资9 600万美元，创下美国单项投入资本的最高记录。投资者众口一词：“我们投资是看中弗雷德这个人，他一定能成为一位难得的创造神话的伟大企业家。”

获得注资之后，弗雷德立即购买了 33 架达索尔特鹰飞机。同时，他把公司迁到家乡孟菲斯，因为那里的天气更适合飞机降落。1973 年 4 月，联邦快递正式营业，向 25 个城市提供服务。但令人失望的是，第一天夜里运送的包裹只有 186 件。3 个月之后，公司连发工资都困难。有一天，弗雷德带着几百美元到赌城拉斯维加斯碰运气，结果赢了 27 000 美元，他拿着这笔钱赶紧给员工发薪水。

最初的两年十分难熬，联邦快递亏损 2 930 万美元，负债 4 900 万美元，随时可能破产。这也让投资者开始动摇，准备撤资。弗雷德一边管理公司，一边积极争取更多的资金，还要设法稳住心存疑虑的投资者，忙得焦头烂额。可是，无论弗雷德怎样努力，公司还是在亏损。为了抵偿公司债务，他卖掉了私人飞机，甚至伪造律师签字，从家庭信托基金中提取本属于两个姐姐的钱。1975 年 1 月，他被两个姐姐起诉，幸运的是，最终被宣告无罪。

即便如此艰难，弗雷德依然没有放弃。为拿下美国行政总局的合同，弗雷德在西部专门开辟了 6 条航线，而价格却比同行要低得多。随着经济发展，商业运输需求迅猛增长，一些老牌运输公司由于运载工具不足，便舍弃小城市的业务。此外，1974 年，竞争对手联合包裹运输公司因为员工长期罢工，导致铁路快运公司破产，这让弗雷德终于找到突破口。

1975 年 7 月，公司终于扭亏为盈，盈利 5.5 万美元，两年后疯长到 820 万美元。联邦快递公司的紫色飞机在每个夜晚运载着数不清的包裹穿梭于美国各地。这一年，弗雷德被纽约一家杂志评选为“十大杰出企业家”，“隔夜快递业之父”的美名不胫而走。

凭借高效的服务，联邦快递创造了无数奇迹，荣誉纷至沓来。1978 年，快速壮大的联邦快递成功上市。1983 年，公司年营业收入达到 10 亿美元，成为美国历史上第一家不到 10 年、不靠收购或合并就让营业额达到10亿美元的公司。美国人已经离不开联邦快递的隔夜送达服务，就连备用件、紧急商用文件都交付联邦快递运送。

弗雷德深知科技的强大力量，时刻将技术投入摆在重要位置。1987年，公司斥巨资创建Powership查询系统，使顾客可以在全球范围内随时了解包裹的物流情况。进入互联网时代，系统升级到任何顾客只要浏览网页就可以查到物流。而且，联邦快递也是第一个在投递系统中使用激光条码、扫描仪等信息识别技术的公司。

联邦快递最著名的口号是："不计代价，使命必达。"他们向客户保证：国内货物快递不过夜，即使晚上交货也能在第二天上午十点半之前送达，哪怕为此投入巨额财力。弗雷德告诫员工："货物本身对寄件者和收件者而言是极具时间价值的，他们愿意为节省时间付出额外费用。我们说服客户把货物交给我们，就必须做到使命必达，并保证货物在运抵前绝不会离开我们的手。"在他看来，无论面临怎样的困难，都要想尽一切办法，排除万难，不计代价地完成任务，因为你运送的不仅仅是包裹，更运送着对顾客的承诺。为此他公开承诺："只要耽误60秒，公司就退款。"为应对意外状况，每天夜里，公司都会派两架空货机穿梭于美国东西海岸。在这里，任何突发事件和偶然因素都不会影响快递业务。

有一则经典故事能完美诠释"不计代价，使命必达"的含义。一天下午，联邦快递印第安纳州分公司的包裹跟踪员黛比接到一个电话，一位自称琳达的小姐伤心欲绝地抱怨，她第二天就要举行婚礼，这是小镇的一件大事，更是自己的终身大事。她查询到自己订购的婚纱前一天已经到达佛罗里达州，按道理当天中午就应该送到自己手中，可到下午三点还没收到。

黛比安抚好顾客之后，立即利用公司的跟踪系统查找，给每个取送站打电话，看是否有错放的包裹。终于在第六个电话拨通后找到那件包裹，它在150千米外的底特律。黛比深信只要公司承诺过，就必须在当天下午将婚纱送到琳达手中，可是公司在底特律及其附近所有的运输机都在运货途中，无法调借。情急之下，黛比毫不犹豫地租用塞斯纳公司的一架飞机和一名飞行员，把包裹空运到琳达手中。

当天傍晚，飞机抵达琳达所在的小镇，轰鸣声引来四面八方的居民赶来围观，琳达更是万分惊讶，她做梦都想不到联邦快递居然会租用一架专机只为送一套婚纱。两天之后，琳达打电话向黛比表达感谢，并带来好消息：参加婚礼的客人中有几位是RCA工厂的领导，他们听说此事后立即改用联邦快递，每天都有20件包裹需要邮递。琳达还不忘调侃说："大家都在议论这家荒唐公司如何用专机运送每件包裹，以至于把我这个新娘子都给忽略了。"

有调查表明：企业成功20%靠策略，60%靠管理层与普通员工的执行力，另外20%则是运气因素。任何一家企业，无论战略多么完美，目标多么伟大，如果执行乏力、作风涣散，最终仍然一事无成。正是凭借"使命必达"的信念，联邦快递不仅实现"隔夜快递"，而且发展成全球最具规模的快递企业。

20世纪80年代末以来，全球制造业开始从发达国家转移到发展中国家。联邦快递最先捕捉到这一新机遇，迅速开始全球大规模扩展，并抢占了亚太市场。1989年，联邦快递收购了飞虎航空，这使联邦快递不仅跃升为美国航空业界的最大企业，还开创了物流企业收购的先河。更重要的是，联邦快递因此掌握了飞虎航空在亚洲21个国家及地区的航线权，从而在全球经济增长最迅速的区域占据了一席之地。1990年，联邦快递公司获得极负盛名的"马尔科姆·波多里奇国家质量奖"（全球影响力最大的质量奖项），成为美国历史上第一个获得该殊荣的服务性企业。

时至今日，联邦快递的业务遍及全球 214 个国家，有 20 多万员工和承包商，平均每天处理 500 万个包裹。创造此奇迹的弗雷德凭借不屈不挠的铁人意志，不仅成功将兴趣变成事业，更是作为“创造了一个新行业的人”在美国商业史上留下浓墨重彩的一笔。

世界首富比尔·盖茨的父亲最喜欢谈论的商界领袖不是他的儿子，而是老乡霍华德·舒尔茨：“作为一名职业律师，如果看到一个舒尔茨这样的人，带来诸如星巴克事业计划的时候，他的眼睛肯定会为之一亮。舒尔茨有着罕见的才干，他做事坚韧不拔，为人正派。他是一个传奇。”1987 年，舒尔茨募集资金买下星巴克的全部股份，比尔·盖茨的父亲正是出资人之一。

1987，舒尔茨只有一家咖啡店，到 1992 年他已将星巴克扩张到 53 家，20 世纪 90 年代年均增速为 25% ~30%，到 1999 年达到 3 500 家，销售额 17 亿美元。自 1992 年 6 月 26 日登陆纳斯达克后，10 年间攀升 22 倍，收益超过 GE、可口可乐、微软等大公司。如今，星巴克成为一种社会现象，浓缩咖啡成为美国人生活中不可或缺的一部分。

星巴克创始人霍华德·舒尔茨的父亲是个收入微薄的蓝领工人，穷困让舒尔茨一家少有笑容，每天借酒浇愁的父亲更是在小舒尔茨的心头压上了一块大石。在他 12 岁那年的圣诞夜，家人因为没有钱筹备一顿像样的圣诞夜晚餐而愁眉不展。舒尔茨的父亲为此大发雷霆，他大骂舒尔茨的母亲：“家里居然连一杯像样的咖啡都没有，这样的家庭还不如毁了好。”

为了保护孩子们，母亲将三个孩子赶到大街上，独自承受着丈夫的怒火。但在出门前，小舒尔茨还是听到了父亲的话。他觉得只要弄到一杯像样的咖啡，父亲就不会再为难母亲了。三个饥肠辘辘的孩子走在大街上，对一家家商店门口摆着的商品望眼欲穿。舒尔茨的眼睛死死地盯着展示架，他的目光已经被几罐普通的超市咖啡吸引住了。

舒尔茨盼望着家庭的和睦，也盼望着父母和弟弟妹妹的笑容。他决定为家人偷一罐咖啡。他让弟弟妹妹先行回家，然后执行拙劣的偷窃计划。毫不意外，他被店主发现，并跟踪到家里。当时他的父亲正质疑咖啡的来路，店主的出现让一切都败露了。舒尔茨的父亲愤怒地打了他一顿，并和家人一起向店主道歉，把咖啡还了回去。店主看舒尔茨一家确实穷困可怜，就把这罐咖啡当作圣诞礼物送给舒尔茨一家。这个圣诞节对舒尔茨来说终生难忘。那只是一罐普通的超市咖啡，但它给舒尔茨一家带来了难得的笑容。

后来舒尔茨进入北密歇根大学。由于家境贫寒，舒尔茨生活很节俭。为了省路费，舒尔茨一直在利用假期打工，大学期间居然没有回过家。大学毕业后，喜欢挑战的舒尔茨做过很多工作，后来他加入刚进军美国的瑞典厨房塑料用品公司，负责开拓北卡罗来纳州市场。10个月后，舒尔茨决定辞职，因为他并不喜欢这份工作，公司为留住他，晋升他为美国分公司总经理，待遇丰厚，舒尔茨留了下来。

1981年，舒尔茨注意到一个奇怪的现象：西雅图有一家名为“星巴克咖啡、茶和香料”的小公司向公司订购了大量咖啡研磨机，数量甚至超过纽约大型百货商场。要知道，在当时大多数东海岸美国人的心目中，西雅图和阿拉斯加一样偏远落后。舒尔茨非常好奇，他想知道这个小公司为什么会用到这么多咖啡机，于是他决定去西雅图一探究竟。

到了西雅图之后，当他喝到一杯由星巴克员工毕恭毕敬递来的咖啡时，香醇的咖啡和员工的服务让他瞬间爱上这家小店，他知道这家店必然前景远大。于是他毅然放弃高薪工作和曼哈顿的舒适生活，用了一年的时间说服星巴克的老板聘用他，并于1982年8月带妻子来到西雅图。

舒尔茨主动提出为星巴克工作可以不领酬劳，将工资转为股份。他担任星巴克市场部和海外零售部经理，负责市场开拓。

1983 年春的意大利米兰之行彻底改变了舒尔茨的商业观念。在那里，舒尔茨首次见识到意式咖啡吧的魅力，每向前走一分钟就会看见一家热闹的意式咖啡吧。实际上，米兰这座人口 130 万的城市有 1 300 家咖啡店，这让全城只有 650 多家咖啡店的西雅图相形见绌。意大利人对咖啡的喜爱以及咖啡吧本身的魅力让舒尔茨眼前一亮。人们在播放电台流行音乐的屋子里吸烟、闲聊，成百上千的杯盘相撞发出叮叮当当的声音。在大理石吧台的后面，咖啡师热情地招呼客人，人们大多只点一份浓缩咖啡，从点单到离开，每位客人平均只用 5 分钟左右的时间。舒尔茨在这番场景中找到了生财之道，放松愉悦的氛围、畅快谈心的意境才是吸引顾客重复消费的关键。

回到西雅图，舒尔茨向老板建议改造星巴克，将星巴克从出售咖啡豆和咖啡设备转向提供新鲜咖啡饮品，在繁华市区开设咖啡吧，店内播放柔和音乐以提升舒适氛围。然而，这些建议却遭到老板的反对。

失望之余，舒尔茨与星巴克分道扬镳，自己创业。为筹集启动资金，他先后游说过 200 多位有钱人，虽然经常吃闭门羹，但还是有 25 个人把钱投给了他，其中就有比尔 · 盖茨的父亲老盖茨，他也是舒尔茨的法律顾问。

1986 年，舒尔茨的第一家咖啡饮品店正式营业，生意火爆，一年之内连开两家分店。与此同时，星巴克却因经营困难被出售。听到消息，舒尔茨果断出手，于 1987 年 8 月收购了星巴克。8 月 18 日，全新的星巴克诞生了。舒尔茨入主之后，星巴克的咖啡种类逐渐丰富起来，如奶沫咖啡、拿铁和摩卡。自 1987 年在芝加哥开第一家浓缩咖啡店后，短短 3 年间规模就扩大了 8 倍。

舒尔茨的营销理念十分简单，那就是“极限扩张”，有多少资金就开多少家分店。当时星巴克的对手是美国著名的连锁咖啡厅——高乐雅，对方资本要比星巴克雄厚得多。但舒尔茨毫不畏惧发起挑战，在最艰难的时期，星巴克员工两三个月才能拿到一次薪水。舒尔茨知道这会让员工感到不满，他以身作则，与高乐雅对决期间他一次薪水也没有领过，全家的经济负担都交给了已经怀孕的妻子负责。

星巴克的员工知晓内情之后深受感动，他们甘愿拿最低限度的薪水。这个故事被媒体报道之后，被打动的美国人纷纷来星巴克消费。星巴克的生意一天比一天好，舒尔茨和员工们终于拿到应得的薪水。而此时，势头正盛的高乐雅却因为扩张过快濒临破产。

舒尔茨决定扩大战果。他将星巴克咖啡推销给好莱坞的知名影星，当时意式浓缩咖啡在美国还属于新时尚，所以星巴克咖啡迅速在好莱坞流行起来。大牌明星经常手持星巴克咖啡出现在各种公共场合，名人效应让星巴克的销量猛增。到 1991 年末，舒尔茨已将咖啡店的数量增至 115 家，意式浓缩咖啡逐渐进入主流文化。1992 年，星巴克在纳斯达克上市。深谙用人之道的舒尔茨适时推出“咖啡豆股票”计划：任何星巴克员工在工作满 3 个月之后都可以根据该计划购买星巴克的股票期权，合伙人购买则能通过工资折扣获得 15% 的优惠。舒尔茨想把所有员工都变成合伙人。

即便如此，还是有很多人并不看好星巴克咖啡——舒尔茨的生意只会像果汁吧那样成为一时的潮流。舒尔茨也意识到这一点，于是他在扩张连锁店规模的同时打造“精品咖啡”的概念，推行一种全新的“咖啡生活”，打造“舒适、安全和家的温馨”。在星巴克，无论是煮咖啡的嘶嘶声，将咖啡粉末从过滤器敲击下来的啪啪声，还是用金属勺子铲咖啡豆时的沙沙声，都是顾客熟悉且舒心的声音，它们组成了世界上独一无二的“星巴克格调”。

另外，重烘焙极品咖啡豆是星巴克味道的来源，加上禁烟、禁止员工用香水、禁用化学香精的调味咖啡豆、禁售其他食品和羹汤的“四禁”政策，使店内始终充满咖啡自然醇正的浓香。在视觉享受方面，星巴克以咖啡制作的四大阶段衍生出四种色调：以绿色系为主的“栽种”；以深红和暗褐系为主的“烘焙”；以蓝色为水、褐色为咖啡的“滤泡”；以浅黄、白和绿色系诠释咖啡的“香气”。另外，灯、墙壁、桌子的颜色从绿色到深浅不一，都尽量模仿咖啡的色调，而包装和杯子的设计也彼此协调来营造假日欢乐、多彩的情调。

星巴克一直秉承“认真对待每一位顾客，一次只烹调顾客那一杯咖啡”，为保证咖啡具有纯正口味，星巴克常年从印度尼西亚、东非和拉丁美洲等地采购最好的咖啡豆。当然，要营造和顾客之间的私密性感情维系，硬件也很重要，当一间店由小变大时就很难保持这种气氛，所以星巴克选择“小店＋大规模”的做法，多网点、全覆盖。星巴克每个小店都有诱人、浓郁的环境：时尚且雅致、豪华而亲切。

此外，舒尔茨相信最强大、最持久的品牌是在顾客和合伙人心中建立的。星巴克对合作供应商精挑细选，由采购部门牵头，产品开发、品牌管理和业务部门等有关员工都将参与进来，从生产能力、包装和运输等方面进行评估，以达到特殊的质量标准，只有具备发展潜力的供应商才能与星巴克荣辱与共。星巴克每半年或一年做一次战略业务评估，如评估供应商的产量、需要改进的地方，双方还会就生产效率、提高质量、降低成本、新品开发进行频繁的沟通。通过频繁的检查与沟通，星巴克希望供应商懂得这样一个理念：与星巴克合作不可能获得短期的暴利，但供应商却可以通过星巴克极其严格的质量标准获得巨大回报。当星巴克成为顾客首选而获得大发展时，供应商就会得到更多的订单与更好的声誉。

最重要的是，舒尔茨强调以人为本。在星巴克，员工不叫员工而叫“合作伙伴”。舒尔茨出生在一个犹太人家庭，在纽约贫民区长大。有一天，靠打杂工维持生计的父亲躺在床上，他的脚踝断了，从此失业，由于没有医疗福利，家里的经济更加拮据，舒尔茨说：“我永远忘不了这一幕，我父亲是个快垮掉的蓝领工人，他的价值没有得到体现，没有受到尊重，这使他觉得很辛酸和愤怒。所以我下定决心绝不会让这种事情发生在我的雇员身上。”舒尔茨的平民主义思想直接影响着星巴克的股权结构和企业文化，这又直接导致星巴克商业上的成功。他坚信把员工利益放在第一位，尊重他们所做出的贡献，将会带来一流的顾客服务水平，自然会有良好的财务业绩。

舒尔茨建立了完整的员工管理体系。薪酬福利方面，星巴克雇员工资和福利比其他零售业同行优厚得多。从1988年开始，舒尔茨还给那些每周工作超过20小时的员工提供医疗保险、员工扶助方案、伤残保险，而且员工只需支付总保费的25%，而星巴克支付其余的75%。这项健康福利方案在同类企业中极为罕见，因而受到了美国前总统克林顿的高度赞扬。2001年，星巴克共进行190万小时的训练，全球每个员工平均每天要接受近1个小时的训练，星巴克花在培训员工方面的费用远比广告投入高得多。一直以来，星巴克员工跳槽率仅为60%，远远低于快餐行业140%~300%的水平。这充分证明舒尔茨所建立的员工管理制度获得了巨大成功。

身为星巴克的老板，舒尔茨总是不断从提升人们生活品位中寻找商业机会，可能从他还是纽约布鲁克林区的一个靠卖血才能交上学费的穷孩子开始，舒尔茨就是一个懂得生活、学会感恩的人。他时常想起十二岁那年的圣诞夜往事。在他喝过的咖啡中，再没有任何一杯能比得上那晚的咖啡。这使他意识到，要想让人们记住星巴克，单靠咖啡口感是不够的，更重要的是一种“人文情怀”，一种可以缓解都市浮躁的片刻静谧，一种可以直击心灵的神秘和浪漫，这种心灵上的味道才是星巴克脱颖而出的秘诀。舒尔茨认为，作为一名企业经营者，不单单是要卖出商品、养活员工，还要将快乐和温暖带给顾客。

于是，舒尔茨提出“环保经营”与“人文关怀”的新型营销理念。星巴克尽可能地使用环保型的设备和包装材料，并大力提倡节约能源。舒尔茨还要求员工为顾客制造出温馨、自由的消费环境，鼓励店员和顾客建立情感交流，让顾客无论是独处还是小聚都能怡然自得。这种“熟客文化”成为星巴克的一大魅力。他还让星巴克投身于一些温情、励志的电影和图书的推广，为星巴克的品牌赋予更多的文化内涵。

扼住命运咽喉的强人，终会在年富力强的岁月里获得成功。

在49岁之前，伯尼·马库斯是标准的上班族，二十年如一日勤恳工作，让他按部就班地晋升到了经理的职位，日子过得波澜不惊，倒也安稳自在。他只要再继续工作十几年就可以靠退休金颐养天年。这一天，伯尼·马库斯又拎着办公包去上班，然而，老板直截了当地告诉他：公司最近效益不好，要裁员。马库斯就这样失业了。

对一个年近半百、承担家庭重任的男人来说，失业是多么可怕的事！和众多失业者一样，马库斯陷入迷茫、痛苦，意志消沉至极，经常去咖啡馆一待就是几个小时。一天，他遇到同样因失业而落魄潦倒的亚瑟·布兰克。同病相怜的两人互相宽慰，纾解沉重如山的压力。

在交谈中，一个念头如翻江倒海般奔涌而来：既然不想被炒鱿鱼，为什么不自己当老板呢？一个冒险想法就像火苗一样瞬间燃起二人的斗志与激情——创办一家新型家居仓储超市的大胆规划就这样在咖啡馆里诞生。两人怎么都不会想到，在不到 20 年的时间里，他们创办的名不见经传的小公司能够跻身世界 500 强，能够与世界零售业巨头沃尔玛一较高下。此时，马库斯和布兰克的目标是把公司做成最低价格、最好服务的家居公司，力争成为全美国大众的首选品牌。

1979 年，家得宝公司在亚特兰大正式成立。马库斯和布兰克最为看重的是优质服务，他们想成为顾客的真正代言人。为了照顾顾客的利益，两人不惜一切代价，由此形成家得宝独具特色的“血橙文化”。有人评价这种文化犹如人格分裂，一半是无“恶”不作的恶魔，一半是普惠众生的天使。

为了实现目标，马库斯和布兰克不惜采用集权主义方式，一方面，对员工实行军事化管理，持续不断地灌输家得宝的文化和理念：“不惜一切去赢。”直至员工被完全“洗脑”。但是，另一方面，在家得宝不存在凌驾于他人之上的权威，每一位员工都是独立的“企业家”，他们手中的权限甚至比管理层都多，有权自由决定销售策略。而唯有大胆放权才能最快地满足顾客千变万化的不同需求。

马库斯和布兰克在公司地位最低，员工可以随意谈论他们。在这里，只要你能力强，即使最底层也可以升到管理层。家得宝“天使”的一面还表现在十分懂得塑造光辉伟大的正面形象，它积极参与有业务联系的社区公益事业，捐赠家装用品，大范围发放装修宣传手册，举办建筑装修讲座，甚至建立自己的电视台，最大限度地吸引潜在客源。

马库斯和布兰克始终认为，唯顾客利益为先是成功的唯一原因。家得宝不仅仅是打开店门并把货物塞满，而是要从顾客的角度去思考并满足其需求。

在这种经营理念的影响下，家得宝首创家装 DIY（自己组装），顾客可以完全根据自己的喜好定制家具。在 20 世纪 80、90 年代，美国新经济的崛起解放了人力，人们有了更多的闲暇时间和可自由支配的收入，进而带来自主装修的动力，这种消费欲望的变化必会反馈给建材市场，一场变革正在酝酿，马库斯和布兰克抓住了此次机遇并成为变革的先行者。

于是，任何一个走进家得宝商场的人都能享受到类似国王级的贵宾待遇，全程都有专业人员陪同，为你量身选择性价比最高的产品。家得宝还雇佣各行各业的能工巧匠，手把手教授安装技巧。正如家得宝打出的口号：你可以做到，我们可以帮忙。马库斯和布兰克坚信，家得宝做的不是冷冰冰的交易，而是有血有肉的情感培养，让每一位相信家得宝的人都能打造出梦想的家。

为适应市场需求的变化，马库斯和布兰克从未停止创新的脚步。他们不断尝试新型门店，如在美国各州的中心城市开设 BIY 型（自己买建材，请专业人士施工）的设计中心店；针对大都市的高档消费群体、节奏快的白领和时尚消费群体，开设兼具仓储与设计特点的综合性门店。此外，针对女性日益参与到家庭装修中的新变化，家得宝改变门店装修风格，变得更加明亮清洁，以吸引更多女性顾客。

1997 年后，家得宝开设了儿童作坊，向 6 ~ 12 岁的儿童讲解模型，以此教会他们如何安全使用工具，这也成为家得宝吸引女性顾客的利器。同时，针对年轻一代希望更多服务的需求，及时推出送货上门、安装、维修服务，形成 DIY + BIY + CIY（自主设计风格，由专业人士施工）的新型服务组合。

为提供更高水准的服务，家得宝同样注重宽松购物环境的营造。布兰克认为，如果仅仅为了业绩而让门店变得拥挤不堪，那是对顾客、店员甚至是对商品的虐待。一旦某家卖场的人气过旺，导致顾客无法享受舒适的购物环境，那么家得宝便会“忍痛割爱”，在附近再开一家店，从原来的店里拉走部分客源，使其业务量恢复到适度水平。在马库斯和布兰克看来，卖场的规模再大，其应对顾客的能力依然有限度，家得宝不允许店员处理存货、补充货架的时间多于服务顾客的时间。

家得宝之所以将极致服务放在首位并一以贯之，除了两位创始人的商业天赋外，更与其长久的工作经历有关。在创业之前，马库斯曾在著名折扣商店和家装连锁卖场工作过，目睹了传统家装零售商因轻视顾客而衰落的全过程，比如价格高、规模小而不受消费者欢迎。

多年的从业经验让马库斯坚信：顾客满意的服务才是重中之重，其中最关键的就是基层员工管理。为使顾客得到专业知识性服务，家得宝雇佣大量具有丰富经验的木匠、油漆工、电工等技术型人才，让他们经过系统培训后给顾客答疑解惑，为他们的装修、组装提供专业指导。为了培养一支真心服务的队伍，从员工进入家得宝的第一天起，就被灌输千方百计照顾顾客是唯一出路的观念。包括马库斯和布兰克在内的高管都化身职业培训导师，言传身教，激励员工时刻以最饱满的状态与顾客建立良好的情感关系，共同为家得宝的目标奋战。坚决执行公司理念的员工将获得丰厚嘉奖，反之则要接受教育，甚至被辞退。

为强化对公司核心理念的认同与执行，马库斯和布兰克还创造了一些“煽情”仪式，各大门店的员工，每天早上都要高喊提振士气的口号。整齐划一的呼喊，从心理上为员工增添了激情与动力。此外，家得宝每开设一家新店，首要任务便是创造愉快轻松的工作环境，且每家新店里要分配15%～30%经验丰富的老员工，以便让新入职员工更快接受公司文化，不至于松懈或断代。

不仅基层员工要参加培训，管理层同样要到第一线锻炼，就连公司律师也不例外。马库斯和布兰克时常去各大卖场同员工和顾客攀谈，掌握第一手资料，这无疑起到极好的表率效应，从最顶层保证了“全心全意为顾客”核心理念的推行。

家得宝获得成功后，各种追随者纷纷涌入市场，如劳氏公司（家得宝的主要竞争对手）就曾从卖场设计到经营方式原样照搬家得宝的模式，但让劳氏不解的是，无论如何复制参照，业绩始终只有家得宝的 60%。究其原因，是企业的文化基因无法复制。

更凶猛的竞争还在后头。Handy City、建筑者广场等一批北美传统零售商大打价格战，意欲以最低价承诺、折扣优惠等促销手段将家得宝拖入"红海"，进而击垮。如家得宝在亚特兰大最大的竞争对手——建筑者广场，曾一连开设 4 家门店，承诺"只要顾客在店内购买同类产品比竞争对手的价格高，将向顾客返还 10 美元"。即便如此疯狂的折扣力度，最终也未能拖垮家得宝，因为顾客在意的不是 10 美元，而是价格之外的独特的知识性服务。在家得宝，大到装修风格、小到螺丝钉型号都是有问必答、有疑必解。

然而，辉煌业绩只代表过去，未来的新增长方式还需要继续探索。1997 年，接替马库斯担任 CEO 的布兰克为此殚精竭虑，他和马库斯都看到了家得宝光鲜外表下潜藏的发展危机，尽管家得宝增速稳定，但低效率很容易受到对手攻击。到 90 年代末，劳氏公司窗明几净、陈设整齐的新门店更受女性消费者青睐，这让家得宝感到巨大威胁。布兰克深知家得宝需要注入新鲜血液，他很快找到接班人鲍勃·纳德利担当复兴重任。这是一位曾在通用电气公司和凯斯公司担任高管、有着丰富管理经验的商界奇才。

尽管从未有过零售业从业经验，但精力充沛、行事严厉的纳德利上任后，从组织架构、门店形态、管理风格等方面开展全方位、颠覆性的改革。尽管纳德利掌权期间公司盈利持续翻倍，但他却低估了根深蒂固的企业文化对员工的深层次影响，改革自始至终"不得人心"。从外部强行植入截然不同的"文化血液"最终只会导致换血式改革的大溃败，而纳德利也在员工的“骂声”中于 2007 年 1 月黯然辞职。

但这并不意味着家得宝又陷入新的危机。在此后的 10 年间，家得宝不断扩张分店数量，在美国、加拿大和墨西哥拥有 2 275 家商店，其中有近 300 家店铺分布在墨西哥和加拿大两大地区，市值达到 1 530 亿美元。从盈利能力来看，家得宝净利润自 10 年前的 58 亿美元提升至 2015 年的 70 亿美元，股价上涨 230%，涨幅是标准普尔 500 指数的 3 倍多。不过，互联网冲击正在给家得宝带来新的挑战，据《华尔街日报》分析，家得宝 25% 的产品已面临线上竞争，这个数据今后还会继续攀升。

时代在发展，新经济的商业模式也需因时而变、因势而变。

新经济并非新企业、新行业。在过去六七百年间，金融、能源矿业、生物医药、零售快消四大领域长盛不衰。这些行业因为流动性、同质性高，容易形成寡头地位、形成高溢价。就拿生物医药来说，强生与辉瑞两大企业历史都超过百年，市值超过千亿美元。进入 20 世纪末期，这两家医药巨头通过变革焕发出勃勃生机，在新经济领域成为全球领导者。

19 世纪后半叶，法国科学家路易斯·巴斯德提出“看不见的细菌”理论，而英国的外科医生李斯特率先将该理论应用于手术中，他使用苯酚碳酸喷雾给手术室消毒以达到无菌状态。在 1876 年的费城博览会上，罗伯特·伍德·强生对李斯特的发明十分感兴趣，他看到制造无菌手术用品的市场机遇。1886 年，罗伯特·伍德·强生与两个兄弟——詹姆士·伍德·强生、爱德华·米德·强生在美国新泽西州的新布鲁斯威克合伙创业，取名“强生与强生”，寓意“强生兄弟”，专门生产无菌外科敷料。

1887 年，罗伯特遇到生命中的贵人——知名药剂师弗雷德·B·基尔默，后者同样看好无菌用品，两人一拍即合，共同创业。1889 年，基尔默加入强生公司，他不仅为强生建立起第一座医学研究实验室，而且帮助强生公司实现了第一次战略转型，研制出“强生婴儿爽身粉”和世界首个急救箱，使得个人护理消费品成为强生的主营业务，并衍生出强生婴儿用品系列、邦迪创可贴、露得清、可伶可俐等品牌。

沧海桑田。1963年后，再也没有家族成员掌管过强生的最高权力，职业经理人成为企业发展的领导者。1989年，拉尔夫·拉森晋升为强生的CEO，他将“强生”视为一种信用的象征严加保护，非经慎重考察，他不会准许下属公司的产品冠以“强生”商标，以此维护强生的信誉和形象。此外，他每年年底都会在纽约订一个旅馆套间，闭关批阅每个部门的业务计划，写出相应建议和对策，寻找并提醒下属注意潜在的问题。

拉森的强项在于其超强的市场洞察力和预测力，能够在变化无常的市场中做到“旁观者清”。他的秘诀在于时刻关注重要的先行性经济指标，以便准确预测即将到来的经济衰退期，适时把握时机，做开疆辟土的领航者。当竞争对手们大肆增产备存时，他却反其道而行之，指挥团队开始削减产量、降低库存。2000年，在经济繁荣达到顶峰时，拉森做出7年来首次资本支出缩减的决定，共减掉1亿多美元，他预测2001年经济必然衰退。果然，美国在2001年出现10年来的首次衰退，全球经济下滑。由于拉森的预见，强生公司的现金储备逐渐提高，在全球经济不景气中收入和利润都实现两位数的增长。

在拉森任期内发生过一场史上最奇特的同行对撼。波士顿科学公司是当时快速崛起的医疗设备新秀，尤以心脏手术医疗设备见长。1995年底的一天晚上，在波士顿著名的Locke－Ober餐厅三层一间维多利亚式豪华会议厅里，拉森与波士顿科学公司创始人之一皮特·尼古拉斯共进晚餐，他企图说服尼古拉斯将波士顿科学公司卖给强生。当时心脏外科手术已变成常规手术，美国老龄化加剧的趋势使得心脏外科手术比例上升，相关设备需求大增，利润丰厚。强生的金属支架产品还不足以满足拉森的野心，他希望拿下波士顿科学公司。

尼古拉并未拒绝，但要价远远高于波士顿科学公司 70 亿美元的市值，而是公司赢利的 45 倍。拉森强硬表示将收购其竞争对手 Cordis 公司以施压，并留给尼古拉斯一天的考虑时间。岂料尼古拉斯并未屈服，谈判破裂。拉森果然“言而有信”，不久就指挥强生下属的邦迪公司发动对 Cordis 的收购，由此与波士顿科学公司的仇怨更深。后来，双方的诉讼和反诉讼官司不间断上演，从盗取专利、秘密在海外建厂到制造流程低劣和诈骗，双方纠缠不休的争斗一直持续至今。

战争给人类带来的灾难罄竹难书，却也成就了某些企业，这其中就包括辉瑞公司。1849 年，从德国移民美国的查尔斯 · 辉瑞开始为自己的美国梦打拼。他利用所学的化学知识，向父亲借来 2 500 美金，与表哥查尔斯 · 厄哈特在纽约曼哈顿的一座红砖小楼里开办了查尔斯 · 辉瑞公司，主要生产碘酒制剂、酒石酸、柠檬酸等化学商品。

1861 年，美国南北战争爆发，辉瑞向代表自由民主的北军提供大量药品，从名不见经传的小公司迅速成长为美国较大的化学品生产企业。“二战”再次为辉瑞创造了大机遇，作为当时唯一使用深灌发酵技术生产青霉素的企业，辉瑞的青霉素不仅产量大，而且价格低，并向美国军方提供了大量廉价的青霉素。到 1945 年，辉瑞的青霉素已占全球产量的一半。

可是此后几十年，辉瑞被同行陆续超越。到 1993 年，根据《财富》杂志的制药企业销售额统计，行业龙头辉瑞已降至第六位，远落后于百时美 - 施贵宝、默克等公司。刚上任两年的总裁兼 CEO 小威廉 · C. 斯特尔展开史上规模最大的拆分行动，他将与制药关系不大的业务全部剥离，卖掉辉瑞赖以发家的化学品业务，重新聚焦制药主业，提升公司核心竞争力。1990年，辉瑞卖掉经营百年的柠檬酸业务；1992年，拆分专业化学品和难溶化学品业务，紧接着出售了化妆品和香水业务。即使是才到手两年的漱口水业务也卖给了高露洁，而心脏瓣膜业务则由意大利菲亚特的子公司接手。

与此同时，辉瑞通过并购不断增强其主营业务的竞争优势。2000年，辉瑞斥巨资并购华纳－兰伯特公司，斯特尔对其明星产品立普妥兴趣浓厚，1999年该产品销售额达到37.95亿美元。并购之后，辉瑞将立普妥运作成全球医药史上第一款销售突破百亿美元的超级药物，成为全球最畅销的处方药，并使辉瑞一跃成为美国第一、世界第二的制药企业。2003年，辉瑞并购法玛西亚，并顺利拿到其解热镇痛的明星药物西乐葆和伐地考昔。然而，2004年“万络事件”爆发，万络药品因危害人体健康被下架，西乐葆被强制冠以“黑框警示”才勉强在市场上得以出现。经过四年努力，直到2008年西乐葆终于成为辉瑞销量第三的药物。

值得一提的是，1998年伟哥的推出令辉瑞达到巅峰。此前不为人所熟知的辉瑞由此家喻户晓。另外，辉瑞不仅自主研发，还从其他公司购买更多药品的专利许可以扩大销售。

任何一家基业长青的企业都没有坦途。新经济比传统企业运营效率更高，商业模式更具竞争力，创新精神更令人鼓舞。但是，互联网浪潮正席卷而来，颠覆者以舍我其谁的霸气将一切推倒重来。

谁又会成为这个商业帝国的主宰？

第14章 颠覆者

2004年，全球互联网投机泡沫破灭留下的伤痕尚未痊愈，勇敢的互联网斗士已慨然上路，以“web2.0”概念卷土重来。相对于“web1.0”而言，它意味着互联网的内容很大一部分将由用户产生，而不像过去只靠网站推送内容。这意味着整个互联网将发生翻天覆地的变化，微软、苹果、Google、亚马逊等互联网巨头各领风骚，美国商业史精彩纷呈。

这一年，Facebook悄然诞生，它年轻的创始人马克·扎克伯格只有20岁。

见过扎克伯格的人对他的标准形象并不陌生：美国街头随处可见，一件灰T恤，蓝色牛仔裤和运动鞋，和邻家小哥没什么区别。在成为亿万富豪之后，他还和女友租住在一室一厅的小房间里，甚至在2007年的科技论坛上，他穿着阿迪达斯拖鞋登台演讲。据说微软高层想和他见面谈谈，他拒绝的理由竟是早上8点会面太早，无法战胜睡魔的侵袭。

天才总是与众不同，扎克伯格行事向来我行我素，他的计算机天赋同样令人印象深刻。10岁时，父母送给他一台电脑。第二年，父亲带他走进默西学院研究生的计算机课堂，老师要求父亲将孩子带出去，父亲只得说明儿子才是学员。12岁那年，扎克伯格已经开始编程，他给父亲的诊所开发出一款能够连接接待室和诊室的软件，接待员只需输入信息父亲就能收到病人来访的讯号。17岁时，扎克伯格曾开发出一款MP3播放软件，既能记住使用者的音乐欣赏习惯，还能自动提供相应作品。这让很多大公司对他刮目相看，纷纷伸出橄榄枝，其中就包括如日中天的微软。但扎克伯格并没有动心，而是去了哈佛攻读心理学。

不过扎克伯格并没有完成学业，而是像比尔·盖茨一样退学创业。2004年2月，扎克伯格和达斯汀·莫斯科威茨、克里斯·休斯、爱德华多·萨维林三位同学用一周时间创办了"The Facebook"。网站上线后风靡哈佛校园，到2月底就有一半以上的哈佛本科生注册使用。他们在这个免费平台上写入个人信息、贴上照片、了解朋友动态、结交新朋友。扎克伯格决定向更多学校进军，没过多久就在麻省理工学院、波士顿大学等知名学府引起关注。6月，扎克伯格将Facebook公司搬到硅谷小镇帕洛阿尔托市。到12月份，Facebook用户已超过100万。

其实，扎克伯格并非开创社交网站先河的领跑者。当时很多知名大学都有自己的小群体，但大都称不上专业。就美国而言，老牌社交网站Myspace虽然用户众多，但终究是虚拟账号，这点与Facebook的实名制有天壤之别。Facebook作为社交网站里的新星，之所以能够大放异彩，更多的是出于自身的优势而非市场空白。

一般而言，优秀的科技产品都有两个显著特质："酷"和"易用"。很显然，Facebook这两方面的特质比同类产品更为优秀。独特的视觉感受和简易的操作让用户能够轻松上手。相比之下，斯坦福大学先于Facebook 推出的社交网站 Friendster，由于过多的功能导致服务器过载，虽然市场扩张速度不输 Facebook，但其基础架构却无法承受其增速，用户一度出现无法登陆的局面。最终，追求实用和简洁的扎克伯格胜出，竞争对手的用户纷纷倒戈，加入到 Facebook 的大家庭里。

为了更好地管理 Facebook，年仅 19 岁的扎克伯格开始思考退学的问题。就在这时，曾经的辍学生比尔·盖茨受邀回母校演讲，内心挣扎的扎克伯格很想听听过来人的说法。有人问他有没有想过“如果微软没有成功该怎么办”，盖茨轻松回答：“如果失败了，就再回到哈佛上学。”

得到校友前辈的鼓励和指点，扎克伯格不再纠结，毅然辍学创业。2005 年末，Facebook 共有超过 2 000 所大学和高中的用户群，并在全球范围内遍地开花，从欧洲到大洋洲，每一所知名学校的学生都能在 Facebook 找到归属感。2006 年 1 月，刚刚成立两年的 Facebook 的访问量就已经超过亚马逊、迪士尼等热门网站。同年 9 月 11 日，Facebook 正式向所有互联网用户开放。虽然争议不止，但扎克伯格依旧坚持开放，将更多的人连接在一起。

向全民开放之后，Facebook 一度成为政治秀场。2008 年美国总统大选时，奥巴马就在 Facebook 上开设个人账号以吸引年轻选民。成功当选后，奥巴马曾盛邀扎克伯格等硅谷精英共进晚餐。有趣的是，奥巴马禁止未成年的女儿注册 Facebook，因为他担心隐私泄露。而关于用户隐私保护问题也是 Facebook 饱受争议的地方。

在扎克伯格看来，钱从来都不是应该考虑的重点，重点在于他要亲手“养大”Facebook。2007 年，微软宣布将收购 Facebook 的部分股份，因为扎克伯格想要保持公司独立，完全收购毫无可能。其实早在 2005 年，MTV 网络就开出 7 500 万美元的价格，到第二年，这个价格被雅虎 CEO 直接抬升到 10 亿美元，但结果显而易见，扎克伯格直接回应：“不是价格的问题，我只想靠自己将我的孩子养大。”其实，扎克伯格“最初就不希望组建成一家公司”，他只希望通过 Facebook 完成创业初心。

在硅谷，很多中小创业公司的经营历程是模式化的，创始人用技术打出一片天地，再雇佣其他专业管理人员开始商业化经营。事实证明，这样的方式未必能得到一个好的结果，因为只有创始人才知道公司的下一个目标在哪里，而不是止步于眼前的利益。当然，扎克伯格或许没有意识到绝对掌控力对 Facebook 有多么重要，他只是坚持做最喜欢的事。Facebook 不断创新，从图片功能到开放平台，从几百万用户到全球 5 亿人口，扎克伯格引领着 Facebook 开疆拓土，走向辉煌。

作为一名年轻的管理者，扎克伯格早在 2007 年就停止了写代码的工作。2012 年，为了和员工更亲近，他重新拾起键盘，再次开始代码生涯。这说明他在管理上愈加成熟老练。

不得不承认，离开 Facebook 的人对扎克伯格的印象并不好，大多数人认为他冷酷无情、过河拆桥。但从管理角度而言，大多数领导无法做到在特定时期用特定人才，这也是扎克伯格最可贵的优点。2004 年，肖恩·帕克加入 Facebook，他用自己的经验教训保护了扎克伯格的股权，让他将 57% 的股份牢牢攥在手里。这么高的创始人持股比例在华尔街实为罕见，这也意味着所有投资人都不能对 Facebook 产生实质性干扰，因为扎克伯格才是老板。

在技术日益成熟的时期，公司需要一个能让商业引擎正常运转的人，范纳塔旋即顶替肖恩的位置，Facebook 的营收从此由 100 万美元飙升到 1.5 亿美元以上。扎克伯格无疑找到了最好的管理者，范纳塔对运营创业公司可谓行家里手，成为 Facebook 爆炸式增长的功臣。但到了 2008 年初，范纳塔推出“Beacon”的广告产品受到外界铺天盖地的批评，他只好卸任以承担责任。

扎克伯格将目光投向谷歌运营和销售部门副总裁雪莉·桑德伯格身上。为了和这位女强人有更多接触，扎克伯格甚至登上谷歌的专属飞机——“谷歌一号”和雪莉交谈。如此光明正大的挖墙脚行为实属罕见，但也正是这样的勇气让他得到了不可多得的人才。这对黄金搭档在此后获得了极大的成功，公司的营收暴涨到近 40 亿美元，由此开创硅谷科技公司的新模式：双巨头联合经营。

2010 年，年仅 26 岁的扎克伯格当选《时代》周刊年度人物，这家全球最有影响力的人物杂志对他不吝赞美之词：“他完成了一项此前人类从未尝试过的任务：将全球 5 亿多人口联系在一起。”作为最年轻的年度人物，扎克伯格在接受采访时说起创办公司的初衷：“我只想让这个世界变得更加开放。”

从 20 世纪 80 年代到 2015 年，美国互联网行业已发展了 30 多年。行业格局被洗牌，商业模式被颠覆，在经历草莽生长、战国争雄之后，已进入巨头垄断阶段，幸存者要么站队投靠、要么入伙并购、要么淘汰消亡，再无第四条道路。然而，互联网瞬息万变，日新月异，一切犹未可知，英雄谁属仍无法预料。

1995 年 3 月，草长莺飞，繁花似锦。在斯坦福大学的校园里，一位刚入学的研究生却无心观赏美景，尽管这是他向往已久的学校，但是对新环境的不适应让他忍不住向身旁的学长抱怨起学校的种种不好。学长皱着眉头，明显对这位喋喋不休的学弟产生了反感，只是出于礼貌而竭力压抑着内心的不耐烦。不过，这点不愉快被共同兴趣爱好——上网冲浪所消弭。两人的“革命友谊”也在参加各种科技展览会、浏览网上信息中慢慢建立起来。这位学长叫谢尔盖·布林，学弟叫拉里·佩奇。

佩奇出生在犹太人家庭，父母都是大学计算机教授。自幼耳濡目染，佩奇从6岁起就对计算机表现出浓厚兴趣，大学期间除学习计算机之外，佩奇还有意识地选修商业课程，为未来创业做充分准备。而出生于苏联的谢尔盖·布林很早就展露出计算机天赋，因为才华出众，斯坦福大学允许他直接从本科跳读计算机博士学位。期间，布林发明了一种超文本语言格式的搜索系统，在学校内部迅速流行，斯坦福大学还专门为这项技术申请了专利。

两位超级计算机天才碰撞在一起必然产生智慧火花。一天早上，佩奇告诉布林："我做了一个梦，在梦中我将整个网络下载下来，以便查看不同页面上的链接，从而以一种全新的方式了解全球信息。"听完佩奇的话，布林沉思了一会，然后很肯定地告诉他，这个梦靠我们就能成真。

两个年轻人趁热打铁，当天晚上就合作写出可以为互联网页面优先排序的代码，并命名为"Page Rank"。不久，两人进一步开发出可以支持互联网搜索的引擎"Back Rub"，谷歌搜索初具雏形。

当然，搜索引擎并不是佩奇和布林的首创发明，当时市面上已经有雅虎、Excite、Infoseek和Lycos几大搜索引擎，但是这些引擎都用是关键字来排列搜索结果，总是显示不相关的网页。佩奇和布林的搜索引擎解决了这个难题，页面列表根据搜索内容关联性大小进行排列，用户能够更快捷地找到想要的东西。

随着Back Rub受欢迎度越来越高，佩奇和布林就想把更多页面加入搜索中，这需要更多的计算机，但是两人没有足够多的资金，他们时常从学校仓库"借用"无人认领的电脑、校园宽带等免费资源。此时，斯坦福大学的包容性凸显出来，校方并没有因为佩奇和布林的无偿借用而苛责他们，佩奇的导师也十分支持学生创业。

在向家人、亲友、导师借到100万美元启动资金后，1998年9月，Google在加利福尼亚州曼罗帕克的一家车库正式成立。佩奇担任CEO，布林以联合创始人的身份担任技术总监。Back Rub 随之更名为 Google。不久，谷歌的日均访问量高达 1 800 万次，如此庞大的访问量大大超出佩奇的预期。尽管如此，在谷歌成立初期，依然面临资金匮乏、人才缺失的窘境，以至于差点夭折。直到 1999 年 6 月，谷歌得到红杉资本与另一家风投基金的 2 500 万美元投资，才迎来爆发式增长。2000 年，谷歌已经可以索引 10 亿个网页，支持汉语、德语、法语等 15 种常见语言。就在这一年，昔日巨头雅虎将 Google 作为默认搜索结果供应商。

然而，红杉资本并非完全无条件支持谷歌，当时双方达成了一个交易条件：佩奇和布林依然持有谷歌绝大部分股份，但佩奇必须让出 CEO 职位，接替者是曾在美国网威、太阳能微系统等名企担任过高管的埃里克·施密特。2001 年 8 月，施密特正式担任谷歌 CEO，佩奇成为产品总监，布林依然是技术总监，谷歌的三驾马车正式聚首。

施密特为谷歌带来不少新变化。在他的主持下，一支强大的销售队伍建立起来，谷歌因此成为全球互联网广告公司的领头羊，广告也成为谷歌的主要收入来源。2004 年，在施密特的领导下，谷歌成功地在纳斯达克上市，每股发行价格 85 美元，到年底就飙升至每股 195 美元。2005 年施密特亲自督办成立谷歌中国研发中心，首创“谷歌”中文概念。2006 年，谷歌收购全球著名视频分享网站 YouTube，一夜之间成为视频网站领导者。

摆脱管理俗务以后，佩奇时常带着照相机开车在加州帕洛艾托城闲逛，每走几英尺都会拍一些照片，回家上传到电脑上。佩奇由此产生一个大胆的想法，谷歌可以在大量的汽车上安装照相机，拍下世界各地大街小巷的面貌上传到谷歌页面，使用户足不出户也能看到世界的真实面貌。在这一伟大构想的激励下，“Google 街景”于 2007 年问世，供全球用户浏览各国实景。

在此期间，谷歌最著名的项目Android手机操作系统成功问世。最开始，佩奇想让每个人都有一个微小型计算机，以便将谷歌服务装到口袋里，随时随地使用。就在此时，佩奇得知苹果公司前高管安迪·鲁宾的安卓公司正在开发手机操作系统，佩奇欣喜若狂，他成功说服鲁宾以5 000万美金的价格将公司卖给谷歌。但是，在真正的产品出来之前，佩奇并没有将此次收购告诉施密特。他还给予鲁宾最大的自由决策权，安卓丝毫不受谷歌干涉，谷歌的普通员工即便有工作证都不能进入安卓的独立办公楼。佩奇为此倾注了大量心血，每天和鲁宾一起参与安卓系统的研发。

2007年1月，乔布斯正式发布苹果iPhone第一代手机，采用独创的IOS系统，开启智能手机时代。到了年底，安卓系统正式问世。谷歌做出一项惊人决定：以Apache开源许可证的授权方式发布Android源代码。第一部安装Android操作系统的智能手机于2008年10月推向市场。从此，以iPhone为代表的IOS封闭系统和以谷歌为核心的安卓开放体系分庭抗礼，在移动互联网时代双雄并立。与此同时，佩奇带领团队推出免费邮箱Gmail，并迅速成为全球第一大电邮网站。

然而，谷歌内外部环境的变化让施密特疲于应对。这一时期，谷歌除了安卓系统、Gmail、Google街景外，鲜有具备市场影响力的新产品问世。随着公司规模扩大，谷歌官僚作风盛行，众多优秀人才流失跳槽到竞争对手麾下。而外部环境也变得日益严峻，苹果与微软分别以窃取专利和破坏用户隐私等丑闻向谷歌发起攻势。

面对内忧外患，施密特决定“还政”于佩奇。

2011年，佩奇重新掌权。他重新整合谷歌，将公司划分为七大事业部：搜索部、广告部、YouTube部、安卓部、Chrome浏览器部、商务部和社交部。七名事业部负责人组成谷歌核心领导层，每个负责人只对本部门负责，拥有自主决策权，启动新项目无须征得公司高管同意，以此提高业务创新效率。

随后，佩奇大胆砍掉偏离谷歌主营业务或没有成功的项目、产品，其中就包括Google Buzz、Google Talk、Google Reader等已在业内小有名气的产品，以便让谷歌更加专注于搜索、广告、安卓等领域的开发创新。此外，针对Facebook的巨大威胁，2011年6月，谷歌有针对性地推出Google+社交网络，重点加强隐私管理，直击Facebook软肋。遗憾的是，Google+最终敌不过Facebook的强劲势头。

着眼未来，佩奇组建了Google X实验室，向人工智能领域进军。这是谷歌最神秘的部门，具体运行方式只有几位核心高层知晓。实验室由布林亲自带队，实现100个震撼世界的创意，其中包括可搭载宽带的高科技气球、智能机器人、可供医生“读取”疾病信息的纳米粒子等。这些只能在科幻电影中看到的物品正一点点变成现实。

2012年，谷歌发布谷歌眼镜，它具有拍照、视频、上网、处理邮件等与智能手机一样的功能。2014年谷歌推出无人驾驶汽车，方向盘和刹车已消失，代之以软件和传感器操作。2016年，由谷歌旗下Deep Mind公司研发的一款围棋人工智能程序Alpha Go战胜围棋冠军李世石，举世震惊，万众恐慌，“机器人取代人类”的讨论在世界每个角落引发忧思。

作为全球最有野心的CEO，佩奇继续与挚友布林一起向未来发起挑战。

拉里·佩奇曾说过，他死后宁愿把财产捐给像埃隆·马斯克这样的人，让他去改变世界，也不愿捐给慈善机构，因为他很欣赏马斯克的火星移民计划。

17岁那年，马斯克做出人生中第一个重大决定，带着弟弟离开故土南非，去往遥远的加拿大寻找新生。他就读于皇后大学，后来转学到美国宾夕法尼亚大学，并拿下经济学和工程学双学位。期间，马斯克经常思考人类哲学的终极命题：人应该去往何方，做什么事情能影响人类的未来。

马斯克想到的是互联网、可持续能源、太空探索、人工智能以及人类基因编码。他把互联网和可持续能源定为第一目标，1995 年，马斯克去硅谷的摇篮——斯坦福大学攻读博士学位，主修材料科学和应用物理，以寻求比传统电池更有效的能量储存方式。

入学第二天，马斯克做出人生第二个重大决定，退学创业。他和弟弟用仅有的 2 000 美金创办了 Zip 公司，主营媒体电子业务，通过自创的网站给传统纸媒提供城市服务指南。1999 年，Zip 被 IT 巨头康柏电脑公司收购，代价为 3. 07 亿美元外加 3 400 万美元股票期权。这一年马斯克刚刚 28 岁。拿到第一桶金后，马斯克买了一辆当时最贵的跑车自我奖励，赛车成为他工作之外的主要爱好。

急流勇退并非马斯克的性格，他随后创办互联网支付公司 X. com，于 2000 年收购 Confinity 之后更名为 Pay Pal（贝宝，地位相当于中国的支付宝）。2002 年，eBay 以 15 亿美元收购 Pay Pal，马斯克因此拥有 2 亿美元。

被称作“硅谷钢铁侠”的马斯克向来特立独行，野心超越人类想象极限。他不为腰缠万贯，而是想改变世界。他的终极理想是让人类拥有更美好的未来。

2002 年，马斯克创办全球首家私人航天公司 Space X，制造火箭及宇宙飞船，并以中国传统精神图腾“龙”为飞船命名。“龙”外形像一颗“子弹”，是世界上第一艘由私人公司研发的航天飞船。马斯克希望不断降低人类移民外太空的成本，让人类突破地球局限，自由移民到其他星球。为此，他阅读了大量火箭和飞船建造书籍，并参与 Space X 火箭的架构设计和建造。

2003 年，马斯克成立全球首家纯电动汽车公司——特斯拉，希望通过发展电动汽车彻底改变全球汽车行业。电动汽车并非马斯克首创，早在 1991 年，通用就推出了第一款量产电动汽车。马斯克的创新之处在于以 IT 理念改造电动汽车，不仅要改变汽车的动力来源，更要让电动汽车跑得比跑车还要快。马斯克亲自担任产品经理，监管产品的开发与设计，并高薪聘请亨里克·菲斯科作为特斯拉电动汽车的设计师，此人曾为宝马和阿斯顿马丁设计过多款经典车型。但是，菲斯科的设计并没有达到马斯克对“艺术 + 技术”完美融合的要求，马斯克不得不推倒重来。

此后，马斯克投资成立太阳能全服务供应商 Solar City（太阳城），他希望在千家万户安装一种大型、分布式的太阳能面板系统，改变目前人类对高耗能、不可再生的石化燃料的依赖。一旦安装太阳能板像装电脑一样方便，不仅环境问题能够轻松解决，人类也能更快地进入可持续能源时代。

理想丰满，现实骨感，即便强大如马斯克也未能躲过现实的重压。2007 年，在没有真正解决电动汽车电池续航能力及成本问题前，特斯拉已经烧光所有资金。而那些注重商业回报的风险投资家们却不再追加投资。马斯克只好把早年创业积累的全部财富投入其中，以解燃眉之急。但这并非长远之计，马斯克跑到德国，向戴姆勒奔驰集团推销特斯拉电池系统，几经周折，总算拿到奔驰电动汽车 Smart 的 7 000 万美元订单。

遗憾的是，2008 年，马斯克因为对事业过度投入导致婚姻破裂。祸不单行，不久，Space X 公司的火箭发射失利，特斯拉 Roadster 因成本高出预期只得提高售价，引起预订顾客不满，特斯拉陷入困境；同时，太阳城公司也问题不断。

2008 年的经济寒冬似乎格外长、格外冷。马斯克曾回忆，那个时候常常半夜醒来，发现枕头已湿。然而，作为超级英雄，暂时的困境只会让他更加坚定信念。马斯克将手中最后的 4 000 万美元投到特斯拉，以维持特斯拉的正常运营。

春天很快来临。随着 Space X 火箭第三次发射成功，美国航空航天局给了马斯克 16 亿美元的大订单。2012 年 5 月，Space X 研制的可回收式中型运载火箭“猎鹰 9 号”将“龙”飞船成功送入太空。2013 年，Space X 成功向地球同步转移轨道发射了通信卫星，由此成为美国第一家进入商业卫星发射领域的私人企业。虽然在发展过程中不断有爆炸事故出现，但科技都是在失败中不断进步。更重要的是，马斯克的出现，打破了国家对火箭、飞船等高新技术的垄断，并使移民火星的计划往前迈进了一大步。

值得一提的是，2013 年 8 月，马斯克表示自己从电影《钢铁侠》的 3D 全息影像操作实验室获得极大灵感，准备和 Space X 团队一起将这个实验室变成现实。一个多月后，马斯克通过手势操作 3D 火箭零件设计图，借助体感装置凭手上动作旋转、缩放、修改设计图，然后用 3D 打印机迅速打印出一个火箭零件。虽然这个体感交互操作系统与真正的钢铁侠实验室相距甚远，但是马斯克再次让不可能变成可能。相信在不久的将来，颠覆工业设计和制造的技术一定会出现。

特斯拉电动汽车也迎来春天。2009 年，美国总统奥巴马和能源部部长朱棣文参观特斯拉工厂，特斯拉获得美国能源部 4 亿多美元的低息贷款，用于汽车量产。2010 年，特斯拉成功登陆纳斯达克，成为唯一一家在美国上市的纯电动汽车独立制造商。2013 年，特斯拉首次盈利，再次成为行业焦点。特斯拉电动汽车因超强续航能力和时尚性迅速成为精英们追捧的对象。太阳城公司也成为全美最大的科学太阳能服务供应商。

因为心怀梦想，所以从未止步于当下。面对荣耀、财富和地位，马斯克从未自满，而是继续在科技海洋中乘风破浪。无论是移民火星的十年计划还是设计制造可以垂直起降的超音速电动飞机，抑或被称作“第五种交通模式”的超级环路——以太阳能为动力、封闭的双向高架管状交通系统，看来像天方夜谭，但是马斯克却用实际行动证明了：这个世界没有不可能。

“在科技发达的世俗时代，我们同样渴望英雄和神话，依旧需要信仰和意义。英雄的意义不仅仅是拯救世界，而是让我们更超凡出尘。”作为超级英雄的马斯克不断颠覆传统，改变着世界。

如今，靠互联网创业成功的科技新贵屡见不鲜，长期亏损却始终在纳斯达克活跃的企业也不少见。但是，连续 20 多年保持低增长却成为全球最大电子商务帝国的公司就极为罕见了。杰夫·贝佐斯创办的亚马逊就是这样独具魅力的奇特公司。

贝佐斯最初的兴趣点并不在计算机上，他更痴迷太空与宇宙，曾经梦想当一名宇航员或物理学家。直到进入普林斯顿大学主修计算机科学，他与互联网的情缘才真正开始。此时，以计算机为主导的信息技术革命正如火如荼，贝佐斯坦言：“我已经陷入计算机不能自拔，正期待着某些革命性的突破。”

1986 年，贝佐斯以优异的成绩毕业，他拒绝英特尔与贝尔实验室的高薪聘请，而是选择年轻的高科技公司 Fitel，从事计算机系统开发。之后跳槽到纽约一家定量对冲基金公司，后来又与人一起组建套头基金交易管理公司，不到 30 岁就成为公司副总裁。

此时，贝佐斯已小有成就，衣食无忧。1994 年，他偶然在网上看到一组数据——网络用户正以每年 2 300% 的惊人速度增长。贝佐斯列出 20 多种可开发的商品，逐项淘汰后只剩下图书和音乐制品。几番思量，他最终决定将图书作为首个创业项目。当时美国出版的图书有 130 万种之多，而音乐制品才二三十万种。图书发行市场巨大，年销售额高达 2 600 亿美元，而即便美国最大的连锁书店年销售额也只占 12%。同时，图书十分适合在网上展示，当时人们还没有意识到网上卖书会创造巨大的市场空间。

1995年，贝佐斯举家搬到西雅图，这里有大量技术人才，而且距离大型渠道分销商Ingram图书部的俄勒冈仓库不远。有趣的是，贝佐斯的创业计划是在搬家路上匆匆书写的，而且他给网店注册的名字叫Cadabra，由于Cadabra的发音与cadaver（尸体）十分接近，很多接到推广电话的客户误以为这是一家殡葬服务公司。贝佐斯只好另选名字，改用世界著名的河流"亚马逊"来命名，希望亚马逊能成为网上最大的零售公司。

当时贝佐斯只有30万美元启动资金，只能在西雅图郊区租一间车库作为办公场所，由太太担任会计，再雇请两名程序员。创业初期亚马逊生意十分冷淡，为提振士气，贝佐斯命人编写了一个程序，每当有订单就响铃一次。幸运的是，没过几天，雅虎创始人杨致远打电话给贝佐斯，称赞网站不错，愿意为亚马逊做宣传。在杨致远的协助下，亚马逊的业务量猛增，响铃不断，只好撤掉。亚马逊仅运营一个月业务就覆盖了全美50个州和全球45个国家。

为进一步扩大知名度，贝佐斯于1996年夏推出新政策：如果其他网站把顾客推荐到亚马逊买书就可以拿到8%的佣金。这不仅为亚马逊创造了一个数十亿美元的产业，而且让亚马逊迅速成为各大网站的宠儿，知名度再次提升。1997年，亚马逊成功上市，仅用一年时间市值就由4.29亿美元上升到105亿美元，并成为全球最大、最知名的网络书店。更重要的是，亚马逊不像传统书店那样受中间商抽成剥削，几乎每天都在打折促销，即便一些最新畅销图书也能降到五折优惠。这种价格优势迅速击败大批实体书店，就连美国最大的实体连锁书店巴诺书店也受到巨大威胁，在1997年开设了网上销售渠道。

1998年，亚马逊音乐商店上线。一年后，亚马逊投资药店网站、宠物网站、家庭用品网站。为吸引更多用户，2000年又与网络快运公司合作，使用户在一个小时内收到所订购的商品，用户随之突破1 500万。经过快速扩张，亚马逊由纯网上书店变成全能网络超市，图书、服装、母婴用品、体育用品等各色商品一应俱全，用户还能享受到酒店预订、旅游指南等服务。

然而贝佐斯并不满足于网络零售商的成就，他计划实现AWS（亚马逊云端储存业务）的成功运营。早在2006年贝佐斯就提出了这个业务构想，尽管被批评为“不务正业”，但他却创造了整个世界获取计算资源模式的云时代。在AWS的云服务下，企业不必关注和业务创新无关的底层技术，无须估算IT系统的容量，只要拿出信用卡在云端注册账号开启云服务，即可按实际使用量支付费用，“随用随付费”。以往企业要试验一项新技术可能要花费数十亿美元成本，使用云计算之后试验成本几乎为零。企业只需花几分钟在AWS平台上开启上千台服务器，就能检验创意是否可行。

AWS的云服务推出后，惠普、戴尔、甲骨文等传统IT巨头的业务受到极大冲击。如今，Instagram、Netflix等网络新贵、美国国家航天局、中央情报局等政府机关以及中国的小米、猎豹移动、芒果TV等都是AWS的用户。据统计，2015年，尽管AWS业务在亚马逊整体销售额的比重不到8%，但利润却超过亚马逊全球产品销售利润的一半，成为亚马逊成长最快、获利最佳的业务。

快速成功的背后是贝佐斯对用户需求的极度重视，为换得客户的长期信任，他不惜牺牲公司的眼前巨大利益。明知Kindle电子书阅读器推出会危及亚马逊纸质书的销售，贝佐斯依然推出，而且坚持以付给作家约七成的版税（最大的传统出版商只为电子书支付17.5%的版税）支持电子书发行，因为他觉得这样更便于读者阅读。更重要的是，在Kindle开发之初，贝佐斯坚持Kindle无须电脑也可使用，无论有没有网络都能运行，还要求不能强制性包月消费。因为便捷性和实用性，Kindle成为亚马逊的明星产品，2012年被美国科技博客网站Business Insider评为21世纪迄今为止最重要的十大电子产品之一。

贝佐斯认为最好的购物体验应该是用户迅速完成一切，根本不需要联系客服，亚马逊为此开发出“一键下单”功能，用户只要设置好配送地址和支付方式，在任何商品页面点击“一键下单”按钮都会直接生成一份订单，无须再次填写地址和支付方式。

作为管理大师，公司经理级别以上员工开会时，贝佐斯总要求留一把空椅子，他无数次告诫在座的每一个人，做任何决定时必须考虑坐在椅子上的消费者——会议室里最重要的人。在这种会议上，贝佐斯禁止参会人员使用PPT做汇报，在他看来，PPT对报告者而言很容易，但听众看到的却只是总结性要点，根本接收不到有效信息，导致信息传递效率非常低。他要求参会人员每人准备一份不超过6页的备忘录，言简意赅地说清问题、提出解决对策或建议。

做强、做大已成为企业发展潮流，贝佐斯却要求亚马逊团队尽可能地缩小，并提出著名的“两个比萨原则”——如果两个比萨喂不饱一个团队，就说明它太大了，必须缩减人员。在亚马逊50人以上的部门，经理不得不解雇那些表现最差的人。工作一旦出现失误，时常会招来贝佐斯的无情谩骂，这导致员工压力倍增，离职率很高。

当然，贝佐斯总有办法吸引全球最顶尖的优秀人才，亚马逊依然蒸蒸日上。

这个时代最伟大的颠覆者非史蒂夫·乔布斯莫属，他生前时刻都思考着如何改变世界。

2011年10月6日，这一天对全球亿万“果粉”来说无疑是最灰暗的一天。苹果创始人、首席执行官史蒂夫·乔布斯，一位兼具天才设计师、梦想家、演说家、极端狂热分子和完美主义者特质的教父级人物安静地离开了这个世界。在他 56 年的璀璨人生中，始终在坚持去做他认为应该做的事，从未停止过与世俗世界和保守势力的抗争，他所走的每一步都激发起创意与科技的完美融合。他坚信“活着就是为了改变世界”，他不断颠覆传统，创造出划时代的杰作——iPhone，用科技与艺术影响着人类文明进程。苹果公司在悼词中说：“苹果失去了一位有远见和创意频出的天才，世界失去了一位出色的人类。”

1976 年，乔布斯和朋友史蒂夫·沃兹尼克设计出一款微型电脑。乔布斯卖掉大众汽车，说服沃兹尼克辞职联合创办了一家新型科技公司——“苹果”。1977 年 4 月，苹果推出世界上第一台个人电脑——Apple II。1980 年 12 月 12 日，苹果公司登陆纳斯达克，股价一路飙涨，乔布斯和沃兹尼克旋即成为亿万富翁，苹果公司也跻身世界五百强之列。

然而，天有不测风云。在乔布斯 30 岁那年，他被董事会踢出了亲手创办的苹果公司。遭受毁灭性打击的乔布斯卖掉了手中持有的苹果公司股票，发誓要干一番更伟大的事业。他将新公司命名为 Next，最初为研究机构和学院提供专业配置的电脑。1986 年，他以 1 000 万美元买下日后大名鼎鼎的皮克斯公司，初衷是想通过这家公司研发出可绘制动画的电脑。在乔布斯的推动下，皮克斯连续推出《玩具总动员》、《海底总动员》等系列动画电影并大获成功。

就在乔布斯风生水起的时候，苹果公司却江河日下，连换数任总裁也无法挽回颓势。1996 年，乔布斯将 Next 卖给迫切需要新技术的苹果，并于次年重回苹果掌门人之位。

卷土重来，乔布斯对苹果公司进行了全面、彻底的整顿，在短短 10 个月内开发出极具个性化、塑料外壳包装的 iMac 电脑。为了设计出独特的外形，他甚至向糖果公司的包装专家讨教，iMac 震惊了整个业界，沉寂已久的苹果公司重现往日生机勃勃的繁荣景象。坚持“个性化”成为苹果公司各类电子产品的一贯风格，并引发IT产品的革新风潮。2001年，苹果从单一的电脑硬件生产向数字音乐领域转变，推出个人数字影音播放器iPod。到2004年，全球iPod销售额突破45亿美元。到2005年下半年，通过苹果iTunes音乐商店销售的音乐数量高达5亿首，占据美国合法音乐下载服务的82%。

2007年6月，苹果公司推出颠覆电信产业的iPhone手机，这是在乔布斯精益求精的执着中诞生的划时代科技产物。低价是苹果受人青睐的公开秘密，尽管它的价格看起来与同类产品相比高不可攀。第一代8G版iPhone曾将零售价由599美元直降到299美元，而成本就需要280.83美元；3G版iPhone更犀利，成本237.43美元，可官方定价却是199美元。乔布斯一向精明，怎么可能做亏本买卖？答案就在iPhone的利润模式上。与苹果合作的AT&T电讯公司为每部3G版iPhone最多补贴499美元，以补偿苹果硬件收益的损失，但后者也不是“慈善家”，顾客要使用3G版iPhone必须锁定两年与AT&T的合约，这样电讯运营商和苹果才能双赢。后来这种模式被全球推广，iPhone也得以在全球范围内迅速扩大销售。

自始至终，苹果的设计都以炫和酷为主题，从iPod开始，乔布斯就清醒地认识到，消费者固然喜欢苹果的漂亮设计和强大功能，但真正促使他们掏钱的还是价格因素，因此苹果十分关注价值链的分享，而挑选合作伙伴就是重中之重。比如2003年iPod销量猛增之后，苹果在2004年与宝马合作，在其年度新款车型的储物小格中加入iPod转接器，随后克莱斯勒、福特、本田等汽车制造商也纷纷加入，此后有20多万家公司与苹果签署了协议，70%的新款美国车都配备了iPod转接器，大约10万个飞机座位也同样配备了iPod转接器。由此可见，苹果的消费群体除了千万“果粉”，还有为数不少的财大气粗的大客户。

2010年1月，乔布斯向世界展示苹果的最新产品——iPad平板电脑。然而，这款介于电脑和手机之间的产品在上市之初却备受质疑，一些行业观察家认为它不伦不类，根本不会有市场。然而，乔布斯坚信iPad比PC用起来更方便和直接，“它的软件和硬件之间的交互作用也比PC机紧密，这才是今后发展的方向”。

所有这些成就，都得益于苹果的创新精神，乔布斯说：“从硬件到软件，从设计到功能，苹果的产品全部由我们自己制造，我们可以随时改变，创新每天都在发生，我们关注产品中的每一项技术，只有这样才能使每一项创新顺利地变为产品。苹果的创新就在于我们能够掌握每一个零件。”这就是苹果对待技术创新的态度，乔布斯认为，对未来消费类电子产品而言，软件都将是核心技术。这样苹果就不会如戴尔或惠普那样，要等到微软发布最新操作系统才能推出新的硬件产品，苹果不仅可以随意修改系统，还能为iPod和iPhone制作特别版本。经历公司控制权丧失之痛后，乔布斯坚持苹果必须始终是一家能“全盘掌控”的公司。

但乔布斯一直被认为是一个喜怒无常的人，并且以“疯狂的高标准”著称，他追求的是一种“残忍的完美”：每一件苹果产品都必须是尽善尽美的艺术品，产品外观必须是漂亮的圆角矩形，所有设计必须遵循极简主义，即使是消费者无法看到的内部零件都要镀上华丽的金属层，即便为此花费更多的人力、物力和财力也在所不惜。这种近乎变态的完美主义还体现在苹果产品的发布会上。每一页PPT都被乔布斯修改过六七遍，每一句话都经过反复斟酌，力求达到最佳效果。每场发布会都要经过无数次排练，乔布斯对灯光的要求尤其严苛，务必要使灯光恰到好处地照射出苹果产品的独特魅力。

每到周一，乔布斯会和高管一起回顾公司的运营情况，包括前一周的销售项目、每个正在开发以及麻烦缠身的产品。他经常说：“有些业务我们能够为之，有些则无能为力，但无论怎样，我都感到自豪。”他曾经全然不顾华尔街投资者的满腹牢骚大力削减产品的品种，把原有的10多个品种消减至4种。他曾要求iPhone的研发团队用最短的时间拿出不同的封装设计，而当时产品离面市已经为期不远，他走进公司说："我不喜欢这个东西。我无法说服自己爱上这个玩意儿，而这是我们做过的最重要的产品。"iPhone 系列手机就是在这种精益求精的执着中诞生的。

苹果之所以受到全球用户的热烈追捧，与乔布斯推行的宗教式营销密不可分。乔布斯从来不直接营销产品本身，而是营销产品所代表的文化和精神。他凭借超于常人的想象力和洞察力，把苹果塑造成特立独行的梦想家、正义的化身，或者被视为敢向传统与权威发起挑战的革命者，然后唤起"信徒"的忠诚追随。在 2011 年 iPad2 的发布会上，乔布斯演讲的重点不是这款平板电脑的性能，而是花费大量时间讲解产品的智能封面——一块带有磁性转轴的塑料片。

苹果沉浮兴衰的故事堪称世间少有。海明威在《老人与海》中写道："一个人可以被毁灭，但不能被打倒。"乔布斯和苹果身上都有这种气质。作为"苹果"创始人，乔布斯既是对手眼中的恶魔撒旦，又是万众疯狂崇拜的精神领袖。他拒绝平庸，渴望独一无二。他改变了一个时代，在事业巅峰时惨遭流放，跌到地狱，却在 12 年后卷土重来，并赋予呆板、冰冷的科技产品以艺术般的极致美感。尽管这种成功不可复制，但苹果重创新、挖需求、降价格、联伙伴等秘诀并非神话，而是遵循着商业经营的普遍客观规律，科学创新，改变世界。

这是互联网巨头的时代，也是所有人的互联网时代。当移动互联网、云计算、大数据、物联网、人工智能、虚拟现实等颠覆传统的技术诞生，尤其是"互联网+"时代的到来，传统产业与高新技术、实体与虚拟发生完美融合，人类的文明进程正在以前所未有的速度狂飙突进。

在这样一个伟大时代，任何人都有可能成功。我们需要敢为天下先的勇气，也需要勇于挑战权威、颠覆传统的魄力。当然，还需要一些耐心和智慧，更要以开放包容的心态拥抱不可预知的未来。

致　谢

在过去九年里，我阅读了大量中外企业史和企业家传记，尤其是世界五百强企业和顶级商界领袖的史料。交叉对比阅读时，我发现目前国内还没有一本书来系统性梳理全球大企业的发展史，对纷繁复杂、割裂模糊的全球商业史变迁做完整描述，甚至连讲述商业史的著作都很少，除了财经作家吴晓波在中国商业史领域卓有建树的研究。想到这些，我突然冒出一个念头：立足当下，为全球商业史留下一些可供参考和研究的文字。

激情归于平静之后，我被自己的冲动和无知吓了一大跳。虽然这些年我写过近十部企业史和企业家传记作品，深入企业访谈、调研，查阅、搜寻、核实浩瀚企业史料，每天置身于喧嚣与浮华之外。不过置身于全球商业史浩繁史料的故纸堆中，我逐渐意识到这是项不可能完成的浩大工程。我非新闻、中文科班出身，没有人教过我如何从事专业写作，更无专业历史研究功底。豪情满怀地提笔之后，却无数次有过放弃、绝望的念头。

为了自我鼓励，我开始在《芭莎男士》（商业版）、《企业观察家》、《支点》、《中国民商》等杂志开设专栏，长期撰稿。一边研读企业史、企业家传记，一边进行商业史写作，前后两年有余。在此期间，我完成

第一部商业史作品——《全球商业一百年 1914－2014（上）：大商崛起》，这本书是一次大胆而成功的尝试，我因此信心倍增。不过，在创作过程中，我深刻感觉到全球商业史无法由一部书稿叙说详尽，需要扩大成“全球商业史”系列漫说开来。

我的写作方法是以国家为分类，以教父级企业家与代表性企业为主体，以时间为顺序、以史料为标准真实记录，融合国别体与编年体于一炉。选取国别的逻辑是从全球 GDP 排行榜入手，通过长期研究，我发现全球 GDP 国家排名与世界 500 强公司数量、全球有影响力企业家数量、全球富豪数量的各国排行次序高度正相关，换句话说，国家经济发展水平是企业竞争力和商业影响力的真实映照，国家的较量在于企业家的较量。

依此思路，我开始从事美国、日本、德国、法国这四个国家商业史的研究和写作。当然，我希望日后能将“全球商业史”系列不断完善，将更多国家在商业领域的有益探索和成功经验奉献给读者。

在这里，我不想用太多的文字来倾诉写作过程的艰辛与困苦，尽管这是我迄今为止耗费时日最长的一次写作经历。相较而言，我愿意多花点时间，对刘冰峰、王景超、王晶、王桂娟、胡世同、张晓义等诸位朋友表示感谢，你们为“全球商业史”系列图书的资料查找和初稿梳理付出颇多。

感谢“全球商业史”系列图书的策划编辑李红霞老师，你一如既往的耐心和热情令我十分感动。感谢责任编辑侯景华老师，你的严谨认真令我铭记于心。感谢封面设计师周琼同学，你的才华和创意常充满惊喜，为这套作品锦上添花。

为创作“全球商业史”系列图书，我查阅了大量杂志和报纸，包括网络资料，引用近百部企业史、人物传记图书中的史实，我要感谢所有精彩报道和图书著作的写作者。

坦白说，整个写作过程堪称一项不知天高地厚的冒险历程，甚至有些勉为其难，错漏之处难以避免。但我相信在认真、严谨、客观的努力创作中，每本书都有精彩、闪光、值得回味的故事和道理，无论写作还是阅读，面对浩瀚商史，全球巨擘，谦虚者总是收获更多。

商业本身就是一场冒险，失败的概率远高于成功，但正是所有冒险者的前赴后继，才共同书写出荡气回肠的全球商业史。这种向上、不屈的力量摄人心魄，催人奋进，让我更加坚定写作“全球商业史”系列作品的信念。

陈 润

2017 年 1 月 18 日凌晨于北京